岭　南　世　界　经　济　丛　书

主　编◎王　曦　　　副主编◎黄静波

# FDI、贸易开放度与经济增长

## —— 基于中国的经验分析

黄新飞◎著

FDI,Openness and China ' s Economic Growth-Based on China ' s Empirical Analysis

经济管理出版社
ECONOMY & MANAGEMENT PUBLISHING HOUSE

**图书在版编目（CIP）数据**

FDI、贸易开放度与经济增长：基于中国的经验分析/黄新飞著. —北京：经济管理出版社，2010. 10

ISBN 978 - 7 - 5096 - 1110 - 4

Ⅰ. ①F… Ⅱ. ①黄… Ⅲ. ①外国投资：直接投资—研究—中国②经济增长—研究—中国 Ⅳ. ①F832. 6 ②F124

中国版本图书馆 CIP 数据核字(2010)第 186159 号

出版发行：经济管理出版社

北京市海淀区北蜂窝 8 号中雅大厦 11 层

电话：(010) 51915602　邮编：100038

印刷：世界知识印刷厂　经销：新华书店

组稿编辑：王光艳　责任编辑：王光艳　赵伟伟

技术编辑：杨国强　责任校对：陈　颖

720mm × 1000mm/16　11.75 印张　224 千字

2010 年 10 月第 1 版　2011 年 1 月第 2 次印刷

印数：3001—6000 册　定价：38.00元

书号：ISBN 978-7-5096-1110-4

# 摘要

改革开放以来，中国经济持续快速增长，开放经济在中国经济中占据非常重要的地位。中国已经成为吸收外商直接投资（以下简称 FDI）最多的国家，随着中国贸易总额不断扩大，贸易开放度持续上升。学术界在理论模型和实证检验上，运用跨国和时间序列数据分析了 FDI 和贸易总额对经济增长的促进作用，但是一般不涉及 FDI 对中国经济增长的负面影响。本书综合分析 FDI 和贸易开放度对经济增长的促进效应以及 FDI 引发的通货膨胀对经济增长的减缓效应，旨在增加人们对开放经济与中国经济增长的认识。

本书提出了三个问题：第一个问题是中国经济是否存在出口贸易导向型经济增长（ELG）假说，贸易开放度与经济增长的影响机制是什么？第二个问题是 FDI 引发通货膨胀的机制是什么以及通货膨胀与经济增长的关系如何？第三个问题是 FDI、通货膨胀与中国经济增长的总效应是多少？

首先，古典贸易理论、新古典贸易理论和新贸易理论都强调出口贸易导向经济增长，但不同学者进行实证检验得出的结论并不一致。基于现有实证研究在模型设定、变量选择和数据处理方面的不足，第三章建立了包括 FDI、出口贸易开放度与实际 GDP 三变量在内的 VAR 模型，检验 ELG 在中国的运用。本书利用中国的季度数据，运用协整分析方法、方差分解法和因果检验进行分析，结果表明：出口贸易开放度与中国的长期经济增长呈显著的正相关，出口贸易开放度是影响中国短期经济波动的主要因素。在证实中国 ELG 假说命题成立后，我们从产业发展的角度研究贸易开放度与中国经济增长的影响机制，根据中国 39 个产业的数据，构造了产业专业化指数。研究结果显示：以生产率为权重的产业专业化指数能够较好地刻画贸易开放度与中国经济增长的相互作用机制。贸易开放度的增加，加快了优势行业的技术进步，促使生产率较高行业的专业化生产从而促进中国经济的长期增长。

其次，伴随着 FDI 的大规模流入，通货膨胀的压力也逐渐凸显出来。第五章分析了 FDI 的流入对通货膨胀的影响机制，建立一个六个变量的 VAR 和误差修正模型，利用 1994 ~ 2004 年的中国季度数据研究 FDI 与通货膨胀率的关系，结果发现 FDI 的流入引起了国际收支账户、贸易开放度、国内社会固定资产投资和货币供给量的变化，从而引起了通货膨胀的持续上升。同时实证分析显示贸易开放度与通货膨胀在长期内呈负相关关系，这一结论验证了 Romer（1993）提出的通货膨胀一致性理论。为了进一步揭示贸易开放度与通货膨胀之间的影响机制，本书建立了一个开放经济和价格粘性的模型，研究贸易开放度与通货膨胀的影响关系，结果表明：未被预期到的扩张性货币冲击会形成通货膨胀缺口，通货膨胀缺口会带来社会福利的增加，政府可以从通货膨胀缺口中获得收益。贸易开放度越高，政府从通货膨胀缺口中所获得的收益越小，因此政府会采取紧缩的货币政策来降低通货膨胀率。通过对 1978 ~ 2003 年中国数据的因果检验，发现贸易开放度是通货膨胀变化的原因，提高贸易开放度有利于降低通货膨胀率。

FDI 会引发通货膨胀，进而对经济增长产生影响。通货膨胀与经济增长的关系一直以来是宏观经济学的核心问题，一方面，我们采用 Ball（1994）的特定周期法衡量由通货紧缩所引发的实际产出牺牲率，结果显示中国有一个季度通货收缩期和四个年度通货收缩期，平均实际产出牺牲率分别为 2.8% 和 0.3%，通过国际比较的分析发现快速的通货收缩速度、偏高的初始通货膨胀率和较高的贸易开放度是导致中国实际产出牺牲率偏低的主要原因。另一方面，我们采用货币进入生产函数的设定，在货币增长模型基础上研究中国通货膨胀与经济增长的关系，结果发现：货币供应量的增加是促进经济长期增长的要素，通货膨胀率与长期的经济增长呈负相关关系，通货膨胀与长期经济增长存在因果关系。因此降低通货膨胀有助于提高长期的经济增长率。

本书综合分析 FDI 对中国经济增长的正效应和负效应，建立一个 FDI、通货膨胀率和实际 GDP 三变量的 VAR 和误差修正模型，利用 1994 ~ 2004 年的中国季度数据研究 FDI 与中国经济增长的总效应，发现 FDI 对中国经济增长的总效应为正。

最后，对全书进行了总结，提出了我国如何利用 FDI 的相关政策建议以及关于贸易与经济增长进一步的研究方向。

# Abstract

China's economic has been developing continually and swiftly since the onset of economic reforms in 1978. Open economy took up importance place in China economy. China has become the country that absorbed the most amount of foreign direct investment inflow. As the total amount of trade extended constantly, openness increased continuously. The traditional wisdom material used theoretic model or empirical test on cross – countries and time – series data and analyzed that FDI and the total amount of trade had positive effect on economic growth. However, they ignored negative effect of FDI on China economy growth. This book analyzes synthetically the accelerating effects of FDI and openness on economy growth and the decreasing effects of inflation caused by FDI on economy growth. The intention is to make people recognize better about open economy and China's economics growth.

This book puts forward three questions: The first question is whether there exists ELG hypothesis in China's economics and what the mechanism of openness and economy growth is? The second question is what the mechanism of inflation caused by FDI. The last question is what the aggregate effects for FDI, Inflation and China economy growth.

Firstly, all classical trade theory, new classical trade theory and new trade theory emphasized that export trade leaded to economy growth. However they got different conclusion by empirical test. Based on the deficiency of model designing, variable selecting and data processing in modern empirical analyze, the third chapter set up a model including variable of FDI, export openness and real GDP to test the exertion of ELG, in China. This book carries out Cointegration analyze、Variance decomposition and Granger causality test avail of quarterly data of China. The conclusions include two aspects. One is export openness has significantly positive relationship with China economy long growth. The other is export openness is the main factor of influencing China economy short fluctuant. When the ELG hypothesis in China verified, we could analyze the influence mechanism of openness and China's economics growth from the direction of industry development. We constructed three industrial specialization indexes according the data of 39 industries in China. The research results show that specialization index took productivity as weight describes the mutual mechanism of openness and China's economy growth. Increasing of degree of openness promotes technological progress of industrial with comparative advantages, leading to the specialization of industry with high productivity, and promoting the long - run economy growth of China.

Secondly, inflation pressure becomes apparent with the FDI inflow greatly. The fifth chapter analyzes the theory foundation of the influence of FDI inflow and inflation and set up a VAR and ECM model including six variables such as FDI, inflation rate, and so on. It studies the relationship between FDI and inflation rate avail of China quarterly data from 1994 to 2004 and finds that FDI inflowing leads to the change of balance of payments accounts, openness, domestic social fixed assets investment and currency supply amount, then leads inflation to go up continually. At the same time, empirical analyze also show that openness has negative relation with inflation in the long term. This conclusion validates the inflation consistency theory put forward by Romer (1993). To expose the mechanism of openness and inflation, we started from monetary shock, studies the relation of openness and inflation based on the model of open economy and sticky price. The conclusion shows that a unexpected expanding monetary shock leads to surprise inflation. The surprise inflation increases the social welfare gain which makes government benefit. Higher openness brings less gain for government, so government will adopt the constrictive monetary policy to decrease the rate of inflation. We carry out cointegration test and analysis of ECM model by China's data from 1978 to 2003. It shows openness is the Granger causality of inflation rate decreasing and the stabilization of cointegration is good to decrease inflation rate.

FDI would lead to inflation and influence economy growth. The relationship between inflation and economy growth is the core problem of macroeconomics all along. On the one hand, we calculate China practical outputs sacrifice ratio made by deflation according to the method of specific episodes developed by Ball (1994). The conclusion shows that the average sacrifice ratio are 2.8 percent of a quarterly disinflation episode and 0.3 percent of four yearly disinflation episodes. Quick speed of deflation、high initial inflation and high openness are the main causes, leading to the low practical outputs sacrifice rate of China based on the analysis of international compare. On the other hand, we adopt the suppose that money enters into product function and study the relationship between China's inflation and economic growth based on monetary growth model. The conclusion shows: money supply growing is the factor increasing long - run economic growth; inflation rate is negative with economic growth in the long run; inflation is the Granger causes of the long - run economic growth. So decreasing inflation rate could be good to increase long - run economic growth.

This article analyzes comprehensively the positive and negative effects of FDI on China economic growth, and establish a VAR model and ECM including FDI. Inflation ratio and practical GDP variables. We study the aggregate effects of FDI and China economic growth based on China quarter data between 1994 and 2004, and find that the aggregate effects of FDI on China economic growth are positive.

Finally, we summarize this book. Put forward some policy suggestions on how to utilize FDI and the next study orientation on trade and economic growth.

**Key Words**: FDI; Openness; Industrial Specialization; Inflation; China 's Economy Growth

# 目　录

# 第一章　导　　言

## 第一节　问题的提出

发展中国家如何实现经济的可持续增长以赶超发达国家是发展中国家的重要课题。对此，许多经济学家展开了大量研究和实证分析，形成了不同的经济增长理论。20世纪70年代中期以来，一些发展中国家的发展战略由进口替代型转变为出口导向型，正是基于这些战略的变化才产生了世界经济增长史上的奇迹（林毅夫，1999），其中以中国实施的改革开放政策最有成效。中国通过实施渐进式改革以及加快对外开放的步伐促进经济增长，对外开放吸引了大量的外资流入，促进了贸易发展以及经济增长（渐进式改革的相关文献详见林毅夫的一系列文章①）。图1.1显示的是1979～2008年中国吸收FDI和贸易总额的发展趋势，以亿美元为单位。

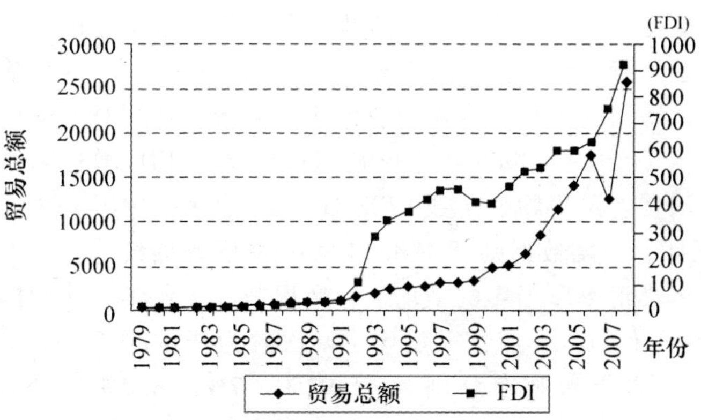


**图1.1　1979～2008年中国吸收FDI和贸易总额的发展趋势（单位：亿美元）**

① 林毅夫（1999）认为改革开放政策主要是渐进式改革和对外开放。中国传统经济体制是为了在资金稀缺的条件下实现资金密集型重工业优先发展战略的目标，以扭曲产品的生产要素价格的宏观政策环境、高度集中的计划资源制度，以及没有自主权的微观经营制为特征的三位一体模式。而作为具有帕累托改进性质的渐进式改革以改进激励机制、提高微观经营效率为目标，从放权让利入手，以改变传统的发展战略。

改革开放以来，我国吸收外商直接投资（FDI）迅速增长，从1993年以来我国成为全球仅次于美国的第二大FDI流入国。1997年，我国吸收外商直接投资达到452亿美元，占当年流入发展中国家的外商直接投资总额的1/3；到2008年达到924亿美元，是1979年的100倍。与此同时，FDI的引入促进了中国贸易总额的增长，从1979年的293亿美元增长至2008年的25616亿美元，年平均增长速度为17%，贸易开放度从11%上升至70%，提高了59个百分点。FDI的大量流入和贸易开放度的急剧增长极大地促进了中国经济增长，在此期间中国经济保持持续快速增长，GDP从1979年的3898亿元上升至2008年的30.67万亿元，[①]年平均增长率为9.8%。

FDI的流入和贸易总额的持续增长极大地促进了中国经济增长，加快了中国产业升级的步伐，改变了中国经济增长的方式。同时，FDI的流入会引发通货膨胀，进而对中国经济增长产生影响。大多数学者都集中于研究FDI和贸易对中国经济增长的促进效应，一般不涉及FDI引发的通货膨胀对经济增长的负向效应。本书研究的出发点是FDI和贸易对中国经济增长的正向效应和负向效应，因此提出四个方面的现实问题：

第一，FDI流入带来了中国通货膨胀率上升的压力。舒元和王曦（2002）建立ADL（1，1）模型得出的结论是通货膨胀变动对应经济增长率的长期影响系数为-0.834，进一步的实证分析发现通货膨胀的影响因素是国内因素（货币供应量、产出、财政赤字等）和开放经济因素（人民币贬值、外汇储备）等，并且利用单位根检验、协整检验和差分方程回归认为货币供应量和通货膨胀率具有显著的数量关系，货币供应量是影响通货膨胀变动的原因。本书就是在此基础上的延伸和完善，即研究外部因素对通货膨胀的影响，进而对经济增长的影响。

图1.2显示了1979~2008年中国通货膨胀率与FDI增长率的变动趋势，通货膨胀率是以消费者零售物价指数CPI的增长率表示，中国FDI的年度数据是从1983年开始统计，季度数据则从1982年第一季度开始统计，FDI的数据全部换算成人民币，名义汇率取当年的平均值，数据来源于各年的《中国统计年鉴》。

20世纪80年代以来，我国共发生了两次较为严重的通货膨胀：第一次是在1985~1988年，通货膨胀率分别为11.92%、7%、8.8%和20.68%。这四年FDI增长率均超过30%，分别为66.6%、32.7%、33.1%和38%。第二次发生在1993~1995年，这也是中国通货膨胀率最高的时期，通货膨胀率分别达到14.71%、24.10%和17.1%。这三年是改革开放以来FDI增长最快的时期，1993年和1994年都比上年增长了161%，即使在如此高的增长率下，1995年的FDI增

① 数据按照1952年可比价格计算，来源于《中国统计年鉴》。

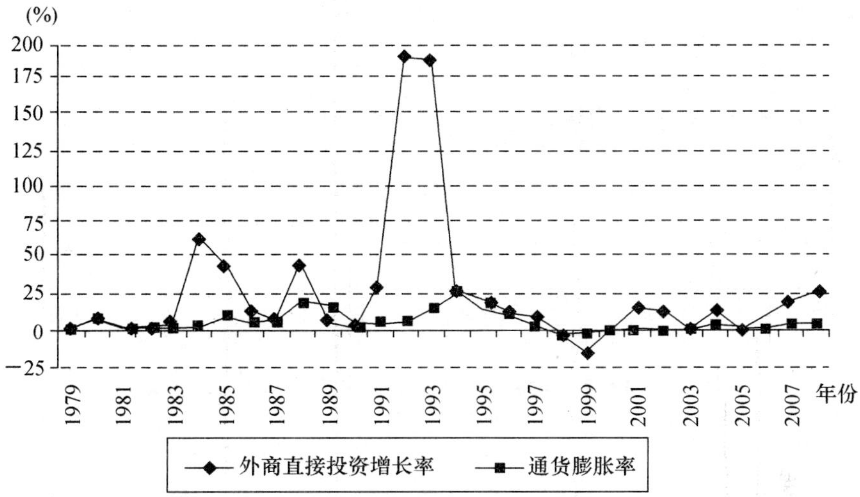


**图 1.2　1979～2008 年中国通货膨胀率和 FDI 增长率趋势**

长率仍然达到 84%。从图 1.2 来看，FDI 与通货膨胀的变化并非同步。关于 FDI 与中国通货膨胀的影响机制和长期关系研究将在本书第五章详细分析。

第二，对外开放加快了中国产业专业化生产。亚当·斯密指出产业专业化分工得益于国家或地区之间贸易的发展，只有贸易通畅，各个国家或地区才可以用各自专业化生产的产品进行交换，以满足生产或生活的多样性需要。此后经济学家都遵循亚当·斯密的观点研究贸易与经济增长的关系，主要的观点是贸易开放导致了产业的专业化分工，从而促进了经济增长，但是在度量产业专业化指数方面就出现了问题。本书第四章采用中国 39 个产业数据，构建了体现产业专业化水平的 Herfindahl 指数，通过实证分析发现贸易开放度促进中国经济增长的影响机制是：贸易开放后中国会在一些具有比较优势的产业中进行专业化生产，从而提高劳动生产率，促进经济增长。

改革开放以来，随着对外贸易关系的不断深入，一些具有比较优势的产业进行专业化生产，图 1.3 显示的是 1986～2008 年增加值为前五位的产业所占比重。

从图 1.3 可知，20 世纪 90 年代中后期，中国前五位增值产业所占比重从 1998 年的 33.87% 上升至 2008 年的 42.3%。中国主要集中于电力蒸汽热水生产供应业、电子及通信设备制造业、交通运输设备制造业、黑色金属冶炼及压延加工业、化学原料及制造业、石油和天然气开采业、电器机械及器材制造业的生产。产业专业化生产提高了劳动生产率，促进了中国经济增长。

第三，中国出口贸易与中国经济增长是否存在 ELG 假说。出口贸易促进经济增长一直被新古典学派誉为最有效的发展战略，亚洲新兴工业化国家和地区（NICs），特别是中国香港、新加坡、韩国和中国台湾实行出口导向型发展战略极大地促进

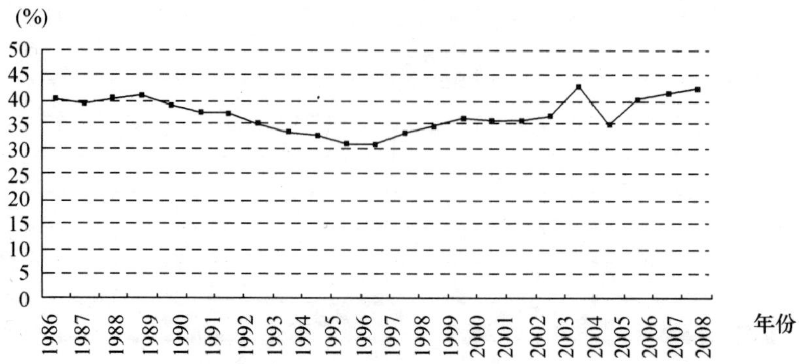


图 1.3　1986～2008 年增加值为前五位的产业所占比重

了经济增长。新古典学派代表人物 Bhagwati、Krueger 和 Krugman 深入分析了出口贸易与经济增长的关系，提出了出口导向型经济增长（Export - Led Growth，ELG）假说命题，引起研究者的广泛关注。大量的研究文献针对不同国家，运用不同的模型与分析方法进行研究，得出了不一致的结论，因此很难从现有的文献中判断中国的 ELG 假说命题是否成立。

中国改革开放以来，出口贸易取得了快速增长，中国出口贸易从 1980 年的 181.2 亿美元增加到 2008 年的 1.4 万亿美元。与世界的年平均增长速度相比，1980～2000 年世界出口贸易年平均增长速度为 6.14%，中国的年平均增长速度为 14%，是世界的 2.28 倍。[①] 与此同时，中国保持持续高速增长率，图 1.4 显示了 1978～2008 年中国出口贸易开放度与经济增长率的趋势。

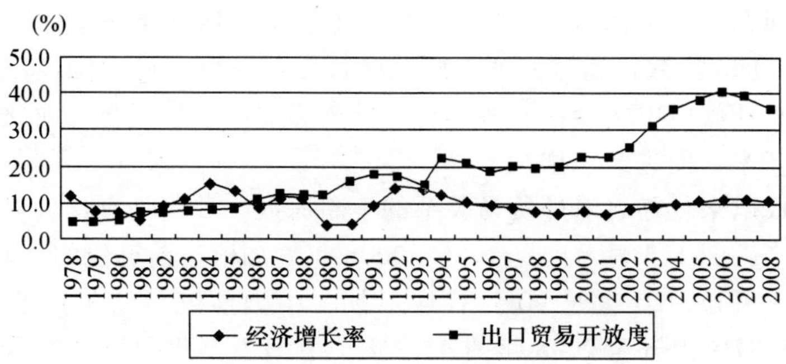


图 1.4　1978～2008 年中国出口贸易开放度与经济增长率趋势

从图 1.4 中我们难以推断出中国出口贸易开放度与经济增长的关系，这是一个值得我们深入研究的宏观经济现象。中国的出口贸易与经济增长是否存在长期

---

① 资料来源于赖明勇等所著的《出口贸易与经济增长：理论、模型及实证》一书的第 103 页。

的动态均衡关系？是出口带动经济增长还是经济增长拉动出口增长？两者之间的关系又是什么？

第四，中国通货膨胀与经济增长的影响机制。对于通货膨胀对经济增长的影响，国内外学术界存在着较大争议，主要观点分为“促进论”和“促退论”。在实证方面，以 Fischer（1993）和 Barro（1996）为代表的负相关观点与以 Hanson（1983）为代表的正相关观点一直争论不休。中国学者就此问题也未达成一致意见。刘霖和勒云汇（2005）发现通货膨胀在长期内阻碍经济增长。陈玉宇和谭松涛（2005）估计了稳态通货膨胀下的经济增长率，发现当前经济增长率对通货膨胀有正向影响。黄先开和邓述慧（2000）以 1980～1997 年的数据为基础，采用 OLS 方法分析预期的货币供应增长对产出的效应，结论是货币非中性。这些分析在理论模型、样本数据和变量的选取上存在不同的问题，很难得出正确的答案，具体的讨论将在本书第八章展开。从图 1.5 可知中国通货膨胀率与经济增长率呈某种交替关系，这种交替关系是否是负相关关系？这种关系是否处于一种长期均衡状态？本书选择货币增长模型，通过实证研究分析两者之间短期动态和长期稳定的关系。

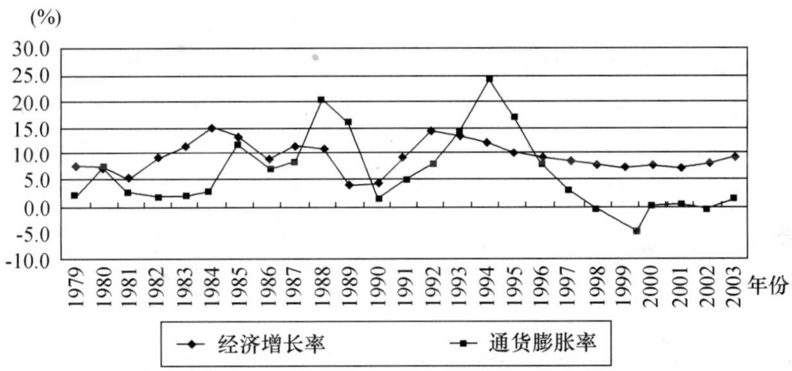


**图 1.5 1979～2003 年中国通货膨胀率和经济增长率趋势**

以往的文献主要从两个角度来分析改革开放以来中国经济增长的问题，一方面是外资流入（主要是 FDI）对中国经济增长的影响，另一方面是贸易开放度的扩大与中国经济增长的关系。

自 Chenery 和 Strout（1966）提出“两缺口”模型以来，FDI 就被认为是弥补发展中国家“储蓄缺口”和“外汇缺口”的重要手段。江小涓（2002）研究发现：FDI 为中国经济提供了大量的资金，增加了税收，扩大了出口。[①] 而且，

① 江小涓给出了具体的数据作为支持，2002 年工业固定资产投资总额中 24.06% 的比例来自外商直接投资，2001 年外商投资企业税收占全国税收增加值的 26.64%，2001 年外商投资企业的出口增加额占全国出口增加值的比重为 81.2%。

FDI 通过改变中国的经济增长方式来提高中国经济增长的质量，比如通过技术转移促进经济增长（陈国宏等，2000），通过开放度的增加来引起制度变迁，通过示范效应促进中国企业改革以加快中国的国际化步伐（Huang，1998）等。FDI 与中国经济增长的正相关关系已被许多学者的研究所证实，比如江锦凡（2003）、沈坤荣和耿强（2001）、萧政和沈艳（2002）等。当前国内外学者将研究集中在 FDI 对我国经济增长的正向效应和出口贸易导向，很少有人研究 FDI 对我国经济增长的负向效应。实际上 FDI 流入会引发通货膨胀，进而对经济增长产生影响，这在国内外均没有得到专门和系统的研究，大多数学者着重于研究通货膨胀与中国经济增长的关系，在这种情况下，全面了解并发挥 FDI 对经济增长的效应是有困难的。

随着改革开放的不断深入，FDI 的大量流入对中国经济增长产生了多方面的影响。本书将 FDI 对中国经济增长的效应分解为正向效应和负向效应：正向效应是 FDI 的大量流入扩大了出口贸易，从而导致经济增长模式由单纯追求产出的产业集聚向追求技术含量和产出规模的产业专业化生产的转变，促进了中国经济增长；负向效应是指 FDI 流入 FDI 会通过影响国际收支、国内投资和货币供给量等因素，进而导致通货膨胀的持续上升。通货膨胀率无论是持续上升还是持续下降，都会减缓中国经济的长期增长。最后我们在一个统一的分析框架内，总结了 FDI 与中国经济增长的效应，在 VAR 模型中检验 FDI 与中国经济增长的总效应。

## 第二节　研究思路与研究方法

本书综合分析 FDI 对中国经济增长的正向效应和负向效应：

第一，从理论上探索 FDI 与通货膨胀率之间的影响机制。此前中国学者针对 FDI 与物价指数进行简单回归，发现两者之间存在显著的正相关关系，不过这些研究都没有被列入主流的经济文献，而且没有系统分析两者之间的影响机制。本书在前人研究的基础上，从国际收支和国内宏观经济两方面分析 FDI 与通货膨胀率的关系，并通过实证分析 FDI 对中国经济发展的正向效应和负向效应，有助于人们理解 FDI 对中国经济增长的全面影响。

第二，从实证分析的角度澄清改革开放以来关于中国经济增长的问题。中国学者在 ELG 假说、通货膨胀与经济增长的关系等问题上尚未达成共识。本书从引起实证结果的分歧出发，采用单位根检验和扩大样本数的办法避免 OLS 回归的偏差，建立协整方程和 ECM 模型探讨各个变量之间的长期关系和短期动态关系，尽可能用相对准确的方法分析这些问题。

第三，本书将FDI与中国经济增长的效应分解为正向效应和负向效应。正向效应主要指FDI的流入促进贸易的增长、全要素生产率、技术外溢等方面提高经济增长率；负向效应主要是指FDI引发的通货膨胀对中国经济增长的减缓效应。并将经济增长、FDI对通货膨胀纳入一个模型分析总效应，旨在全面分析FDI对中国经济增长的影响。

在研究方法方面，本书采用理论模型和实证研究相结合的方法研究FDI、贸易开放度与中国经济增长之间的关系。

在理论模型方面，首先，本书在开放经济条件下把中国通货膨胀的形成过程模型化，研究政府受到货币冲击后所采取的货币政策，进而导致的通货膨胀水平。结果发现：未被预期到的扩张性货币冲击会形成通货膨胀缺口，通货膨胀缺口带来社会福利的增加，政府可以从通货膨胀缺口中受益。贸易开放度越高，政府从通货膨胀缺口中所获得的收益越小，因此政府会采取紧缩的货币政策来降低通货膨胀率。其次，本书采用货币进入生产函数的设定，在包含货币因素的Ramsey模型基础上研究通货膨胀与中国经济增长的关系，并利用1994~2004年的季度数据在VAR模型中检验两者之间的关系。

在实证分析方面，本书采用倒推法，即假设已知理论模型的结论成立，采用实证方法来检验，如中国ELG假说、FDI引发中国通货膨胀的影响机制和贸易开放度与通货膨胀一致性理论。通过协整分析和建立ECM模型，利用季度数据扩大数据样本期以此克服数据不平稳带来的回归误差，得出的结果都能验证理论模型的结论。而且第七章借鉴修正后的特定周期法，利用Hodrick－Prescott filter（HP滤波）分析，根据季度数据和年度数据将中国分为一个季度通货收缩期和四个年度通货收缩期，估算出中国实际产出牺牲率的季度和年度平均水平为1.85%和2.68%，这为研究通货收缩与中国经济增长的关系提供了一个初始的材料。

另外，本书还在国际视角下研究了中国实际产出牺牲率的问题。[①] 这是因为我们想了解中国由于通货收缩所带来的实际产出损失与其他国家相比是否偏低，以及影响实际产出牺牲率的因素是什么，以便为政府制定货币政策提供参考依据。

## 第三节 数据来源及其说明

实证分析是本书的一个重要组成部分，本书的数据主要来源于《中国统计年鉴》，世界发展银行和国际货币基金组织公布的数据，专业网络数据库，以及专

① 由于数据的限制，本书其他国家是指西方七国集团，即美国、德国、加拿大、日本、法国、英国和意大利。

业书籍附带的数据等。

统计年鉴是最重要的数据来源。本书的研究涵盖 FDI、外汇储备、贸易总额、汇率和经济增长等宏观经济变量，同时也涉及了各行业 1985 ~ 2003 年的总产值、增加值、全员劳动生产率等产业数据。这些数据来源于国家权威的统计年鉴，如《中国统计年鉴》、《中国工业统计年鉴》、《中国季度 GDP 核算：1992 ~ 2002》以及《新中国 50 年统计资料汇编》。

专业网络数据库成为本书数据来源的另一个重要组成部分。原始数据的输入本身就是一个浩瀚的工程，从查找数据到输入数据再到核对数据，虽付出极大的努力但仍可能出错，而专业数据库大大简化了原始数据库的整理工作。我们利用中山大学岭南学院购买的中经数据库、中宏数据库以及中行资讯行获得季度数据。

第七章分析中国实际产出牺牲率的水平所用的西方七国季度数据来源于 OECD《国际金融统计年鉴》、世界银行公布的《世界发展指标》和 IMF 的网络。另外一种方法就是查找本专业书籍，我在刘莉亚（2004）所著的《新兴市场国家（地区）金融危机理论研究》一书中获得了 1982 年第一季度至 2002 年第二季度外汇储备、FDI 和开放度的数据。

有些数据由于没有公开数据而无法获得，比如季度 CPI 在 1994 年之前的数据无法通过网站和中国各年统计资料获得。笔者以同一研究领域的学者处获得相关数据，比如从陈玉宇和谭松涛处获得了 1988 年第一季度到 2004 年第二季度的 CPI 和实际 GDP 数据。①

## 第四节　创新之处

本书是在前人研究成果基础上的完善与创新，边际贡献主要有：

（1）丰富了现有的关于 FDI 与中国经济增长的分析框架。以往文献多注重于 FDI 对经济增长的促进作用，如资本效应、技术溢出和制度变迁等，很少分析 FDI 引发的宏观经济问题。本书系统分析了外资流入引发通货膨胀，进而对经济增长的影响，将 FDI 和通货膨胀纳入分析框架，形成了完整的分析框架（见图 1.6）。

（2）在现有文献的研究框架基础上的扩展。现有的文献通常从内生经济增长模型分析贸易开放度与经济增长之间的关系（Rodriguez、Rodrik，2000），本书在研究视角上进行创新，首次将产业发展纳入贸易开放度与经济增长的研究框架，构建了产业专业化指数，以此分析贸易开放度与中国经济增长的影响机制。

① 陈玉宇和谭松涛（2005）在研究稳态通货膨胀下中国经济增长中提及了 1992 年之前的季度 CPI 和实际 GDP 的数据来源和处理方法。

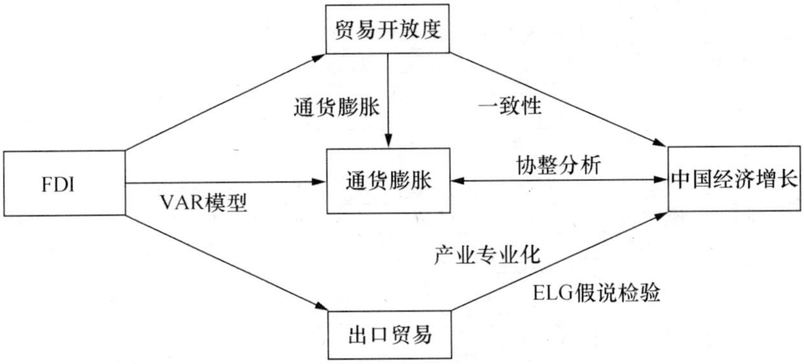


**图 1.6 FDI 与中国经济增长分析框架**

(3) 补充中国相关理论研究的不足。第一，以往实证研究注重于中国通货膨胀率与经济增长的关系，并没有考虑中国通货收缩对经济增长的影响。本书用 Ball (1994) 的特定周期分析法来计算由于通货收缩所引发的实际产出的损失，即计算中国实际产出牺牲率水平，并在国际比较的视角下分析实际产出牺牲率水平的影响因素。第二，尚未有学者分析中国贸易开放度与通货膨胀的关系。本书在包含货币冲击的社会福利分析框架内讨论了两者的关系，并用实证分析验证了理论模型的结论。

(4) 实证分析方面的创新与发展。首先，以往的文献在检验中国 ELG 假说时一般采用年度数据，对出口贸易和中国经济增长进行 OLS 回归得出结论，不仅得出的结论不一致，而且难免会产生回归的偏差。本书利用季度数据，建立 ECM 模型进行协整分析和因果检验，在加入 FDI 因素的情况下重新检验中国 ELG 假说，运用脉冲响应和方差分解法研究出口贸易开放度与中国经济增长的短期动态关系。其次，此前的文献分析 FDI 与中国通货膨胀时对两者的年度数据进行简单的 OLS 回归，缺乏研究的理论基础。本书利用季度数据，在包括六个变量的 VAR 模型基础上研究 FDI 与中国通货膨胀的长期关系和短期变化情况。最后，此前的文献在研究通货膨胀与中国经济增长时并未考虑两者之间的理论基础。本书构建货币增长模型，将货币纳入生产函数研究通货膨胀率与中国经济增长的长期关系。

## 第五节 研究的技术路线

本书研究的技术路线演进如图 1.7 所示。

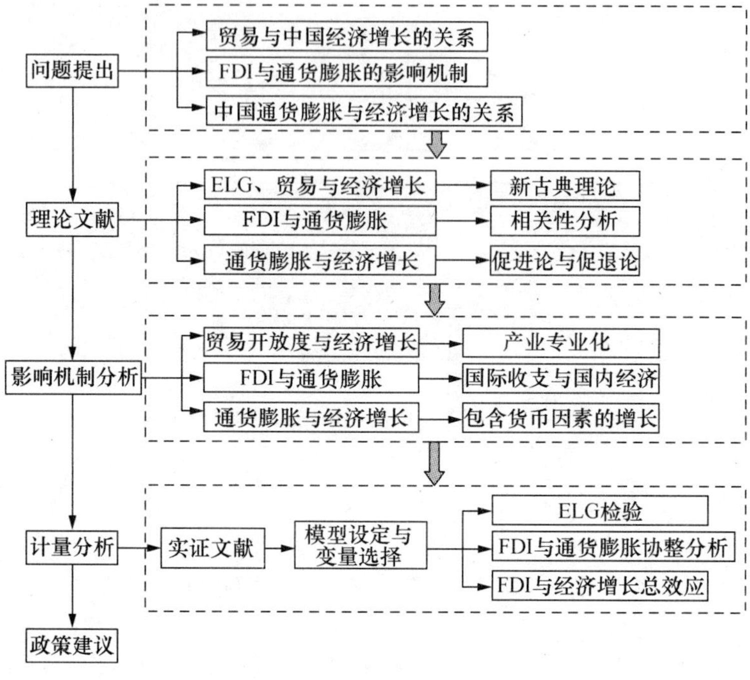


**图 1.7　本书研究的技术路线演进**

## 第六节　结构安排

全书分为十章。第一章为导言，简单概括了本书所要研究的问题、研究的意义、研究方法和创新之处，并就数据来源和结构安排做了说明，让读者对本书有个初步的印象。

第二章是文献综述。综述回顾了与本书研究密切相关的理论及前人的研究成果，根据本书的研究内容，分为贸易与经济增长的理论综述、开放经济与通货膨胀率的理论综述、通货膨胀与经济增长的理论综述以及经济计量模型四个部分。

第三至第七章是本书的主体部分。第三章分析出口贸易与经济增长的影响机制，指出现有实证研究方法存在的问题和缺陷，加入了 FDI 这一相关变量，在包括 FDI、出口贸易开放度与实际 GDP 三变量的 VAR 模型中研究出口贸易与中国经济增长之间的动态变动和长期稳定关系。

第四章揭示贸易开放度与经济增长的影响机制。随着对外开放的加快，中国产业发挥了专业化生产的优势。本章从产业发展的角度，利用中国 39 个产业构造了体现劳动生产率水平的产业专业化指数，从理论和实证方面分析中国贸易开放度与经济增长的影响机制。

第五章主要是分析FDI引发通货膨胀的机制，建立ECM模型检验FDI、其他影响机制和通货膨胀之间的关系，FDI的流入引发了中国通货膨胀率的上升，两者之间的影响机制是FDI的流入引起了国际收支账户、贸易开放度、国内投资和货币供给量的变化，从而拉动了物价水平的持续上升。FDI对通货膨胀率波动的影响效应存在递增趋势。

第六章建立了开放经济的模型讨论贸易开放度与通货膨胀的关系，验证Romer（1993）提出的通货膨胀一致性理论。协整分析发现中国的贸易开放度与通货膨胀在长期中存在稳定关系，贸易开放度每增加1%会导致通货膨胀下降0.78%，同时还通过ECM和因果检验分析了贸易开放度与通货膨胀之间的短期和因果关系。

第七章用实际产出牺牲率表示通货膨胀率的下降所带来的实际产出的损失，传统的测算方法Ball（1994）的特定周期法忽视了长期影响。本书采用HP滤波分析重新估计潜在产出，中国季度牺牲率为1.85，年度牺牲率平均值为2.68，考虑了货币政策的长期影响后的牺牲率将上升，对OECD和中国总共31个国家的跨国研究发现通货收缩速度、初始趋势通货膨胀率和贸易开放度是影响牺牲率水平的因素，通货收缩速度、初始趋势通货膨胀率和贸易开放度都与牺牲率呈显著的负相关关系。

第八章总结了国内外学者对通货膨胀与中国经济增长关系的研究的问题，依据开放经济货币增长模型，建立ECM模型和协整方法分析通货膨胀与经济增长之间的长期稳定和短期动态关系。通货膨胀率的提高，代表性个体持有两种投入即要素物质资本和货币资本积累的速度降低，而物质资本和货币资本对经济增长具有促进作用，因此最终导致减缓了长期的经济增长。通货膨胀是引起长期经济增长放缓的原因。

由于引起通货膨胀进而对经济增长产生了减缓效应，FDI对中国经济增长存在双向效应。第九章将FDI与中国经济增长的效应分解为正向效应和负向效应，并在VAR模型中研究FDI、通货膨胀和中国经济增长的总效应。FDI与中国经济增长的长期总效应仍然为正数，并且FDI是引发中国经济增长的Granger原因，保证稳定的经济环境成为长期经济增长的前提条件。

第十章是对理论分析与实证检验结果的总结，并对此提出相应的政策建议和后续研究方向。

# 第二章 文献综述

根据本书的研究内容，文献综述主要分为四个部分：第一节是贸易与经济增长的理论回顾，主要分析出口贸易与经济增长的关系和贸易开放度与经济增长的影响机制。第二节是开放经济与通货膨胀的理论回顾，主要分析 FDI 与通货膨胀的影响机制和贸易开放度与通货膨胀的影响机制。第三节是介绍本书所使用的经济计量模型。

## 第一节 贸易与经济增长的理论

中国实行改革开放政策以来，经济得到了持续增长，因此改革开放以来中国经济持续增长的原因、内在机制及其实现途径就成为中国经济学家不断探索的问题。主要文献包括两个方面：一方面是吸收 FDI 对中国经济增长的促进作用，另一方面就是贸易总额的扩大促进了中国经济增长。关于前者，许多学者做了大量的研究工作，得出了许多有益的结论，比如 FDI 提高劳动生产率（De Gregorio，1992；Borensztein，1998；De Mello，1999），通过技术外溢效应提高人力资本和 R&D 资本（Graham 和 Krugman，1995），FDI 对国内投资、产出和就业产生乘数和加速作用（Jansen，1995；Sun，1996），[①] 等等。具体讨论参见江小涓（2002）《中国的外资经济——对增长、结构升级和竞争力的贡献》一书，本书的重点并不在此，故不再赘述，笔者所关心的是贸易对中国经济增长的影响机制。

本书从理论和实证分析两方面来回顾贸易与中国经济增长的文献。国际贸易的理论都强调出口贸易导向型经济增长。如何度量贸易与经济增长的促进效应成为当前研究的热点问题，接着本书从三个方面来分析贸易开放度与中国经济增长的关系：①贸易开放度的度量方法。②贸易开放度与经济增长的相关关系。③贸易开放度与经济增长的影响机制。

---

① 他们发现 FDI 能够刺激国内产业部门的增长，这种产业联系既包括前向联系，如为当地企业提供中间投入；也包括后向联系，如从当地购买投入品，FDI 所产生的这种诱导性要素需求，将对国内部门产生多方面的需求，由此对国内投资、产出和就业产生乘数和加速作用。

## 一、出口贸易与经济增长的文献综述

国际贸易的理论划分为三个理论学派：古典贸易理论、新古典贸易理论和新贸易理论。古典贸易理论的代表人物是 Ricardo，他在亚当·斯密的绝对优势学说基础上提出了比较优势学说，强调专业化生产和比较利益是国际贸易的基础，从而奠定了国际贸易理论的基石。新古典贸易理论的领军人物 Ohlin 在专业化生产的基础上提出了要素禀赋理论，Balassa 和 Bhagwati 在解释东亚奇迹时提出 ELG 假说，认为出口贸易促进经济增长是当今发展中国家实施赶超战略最有效的政策，不过他们的研究都是在规模报酬不变的框架下进行的。Krugman（1979）提出了著名的产业内贸易学说，认为将规模经济和比较优势相结合是导致国际贸易发生的原因，开创了新贸易理论，成为当前国际贸易领域的经典之作，现阶段绝大多数实证分析都是在新贸易理论的框架下展开的。

1. 古典贸易理论

古典贸易理论强调贸易是增加国民财富的主要途径，对外贸易就是用自己生产具有优势的商品与国外产品进行交换以促进经济增长，这样就出现了国际分工和专业化生产。亚当·斯密在现代经济学的开山之作《国富论》中认为，对外贸易所导致的分工大大提高了劳动生产率，原因是：第一，专业化生产提高劳动者的技巧。第二，专业化分工可以减少一种工作转换到另一种工作的时间成本。第三，简化劳动和缩减劳动的机械的发明使得一个人能完成多人的工作。因此每个人专门从事一种产品的生产，然后彼此进行交换，则对每个人都有利，推广到国与国之间的对外贸易也是同样的。如果各国按照在各自有利生产条件下生产的产品去交换，将会大大提高劳动生产率和增加物质财富，这就是著名的绝对优势学说。大卫·李嘉图在此基础上发展了亚当·斯密的观点，他于 1817 年在其著作《政治经济学及赋税原理》中提出了比较优势学说。他认为在资本和劳动力在国际间不能自由移动的条件下，根据比较优势的原则进行国际分工，可使资源配置更加合理，对贸易各国都有利。

约翰·穆勒在《政治经济学原理》一书中从市场规模方面揭示了贸易对经济增长的促进作用。他认为对外贸易会扩大市场，改善生产程序，采用更广泛的分工，创造新发明和改进新技术，克服国内市场对生产的约束。

综上所述，古典贸易理论关于出口贸易促进经济增长的影响机制主要是：

（1）专业化生产提高了劳动生产率。无论绝对优势学说还是比较优势学说，都强调各国按照自己的比较利益分工，专业化生产带来资源的最有效配置，产生较高的劳动生产率，促进经济增长。但是从历史上看，比较优势学说倡导的资源有效配置因受到贸易保护主义的影响而很难实现。

（2）剩余产品出口（Vent for Surplus）。亚当·斯密提出剩余产品出口学说，如果一国存在闲置资源，出口扩大可以利用原有的剩余资源，必然会导致国民生产总值增长。20 世纪 30 年代罗伯特提出了“对外贸易是经济增长的发动机”（engine for growth）的命题，他认为落后国家存在大量的农产品以及原料闲置资源，这些国家一旦受到先进工业国的进口刺激就会利用闲置资源，扩大出口产业。刘易斯于 1954 年提出的二元经济模型，强调工业部门不断吸收农业部门的剩余劳动力，从而推动国民经济增长。

（3）贸易乘数的效应。凯恩斯认为需求不足问题可由对外贸易乘数理论解决，他假设本国就业不足，需要通过扩大出口来增加国内需求，从而刺激经济增长，实现充分就业。同时可利用国外经济增长、需求旺盛之时，扩大本国出口生产，从而带动本国经济增长，传导机制为国外经济增长→进口扩大→本国出口扩大→国内经济增长，通过发展出口贸易加快要素和商品在各个产业部门之间的流动，带动整个国民经济的增长。

2. 新古典贸易理论

新古典贸易理论开创者、瑞典经济学家赫克歇尔、俄林提出相对资源禀赋理论，他们认为，各国间要素禀赋的相对差异和生产要素投入比例不同是国际分工和国际贸易产生的原因，而且劳动不再是唯一的投入，但生产的规模报酬仍然不变。

相对资源禀赋理论强调每个国家生产要素供给的禀赋不同，各国会在各自生产要素相对充足的产品上进行专业化生产，通过国际贸易可以弥补国际间生产要素分布不均的缺陷，使各国都能更有效地利用各种生产要素，实现合理的国际分工，提高贸易各国的福利。根据 H－O 模型，如果一个国家劳动资源相对充裕，该国的比较优势就在劳动密集型产业。如果这个国家遵循比较优势原则多发展轻工业即劳动密集型产业为主的产业，由于生产过程使用较多的廉价劳动力，减少使用昂贵的资本，其产品成本相对来说就比较低，因而在国际市场上具有竞争力，从而利润可以作为资本积累的量也就比较大（林毅夫等，1999）。

随着日本和亚洲“四小龙”的崛起，学术界从多个角度对此进行了阐述，林毅夫等（1999）归纳为以下几种：①儒家文化影响。②政治地缘学说。③政府实施自由经济。④外向型发展政策。林毅夫等（1999）[①]、Amsden（1989）[②] 对前三种进行了驳斥。而第四个结论从理论上强调了国际贸易尤其是出口贸易对经

① 林毅夫等认为中国是儒家文化的发源地，但是它的经济发展绩效并非得益于文化传统。而根据政治地缘学说，菲律宾和拉丁美洲国家都应该是经济成功的典型，但事实并非如此。因此，政治地缘只能是经济发展的辅助因素而非决定性因素。

② Amsden 和 Wade 反驳世界银行提出的自由市场经济观点，他们认为这些经济的成功是政府有意识地扭曲价格、限制市场作用，利用产业政策来扶持某些关键性的战略产业。

济增长的作用，受到了新古典贸易理论的推崇，并且成为发展中国家实施赶超战略最有效的办法。

以 Ramsey、Kavoussi、Bhagwati 和 Kruger 为代表的新古典经济学家进一步阐述了出口导向型贸易政策的促进作用。他们认为出口贸易促进经济增长的主要原因是：①出口贸易加快了一国的资本积累的速度。②出口贸易提高了专业化水平和优势资源的效益。③出口贸易扩大了有效市场规模，从而提供了较大的规模经济。④发挥了闲置的生产能力，促进经济增长。⑤出口贸易加快了技术进步的步伐。

关于这种观点，经济学家也提出了一些质疑，出口导向型的发展战略究竟是经济增长的结果，还是导致经济增长的原因？于是学者们从出口贸易与经济增长的相关性、因果检验等方面论证 ELG 假说，详细讨论见本章第三部分。

3. 新贸易理论

新古典框架内报酬递增与竞争均衡是相冲突的，新贸易理论与内生经济增长理论是围绕着报酬递增与竞争均衡两难问题展开的。Krugman 是将规模经济与垄断竞争结合起来研究贸易理论的集大成者。他于 1979 年提出著名的产业内贸易学说，运用 Dixit 和 Stiglitz（1977）的模型解释了贸易完全因报酬递增而产生的情形，他主张“把规模经济和比较利益相结合，作为贸易产生和贸易利益的主要原因”，全面论述了在规模报酬递增的条件下，通过出口扩大增加产量，降低成本，推动经济增长的机制，从而开创了内生增长理论与国际贸易相结合的领域。

在经济增长理论发展史上，Paul Romer 做出了巨大的贡献。他先是于 1986 年在《规模报酬与长期经济增长》一文引入知识投资的外部性，解决了报酬递增生产函数的竞争性均衡解；接着于第二年在《由专业化导致的基于规模报酬的增长》一文中以中间产品种类增加了内生技术进步，解决了报酬递增与平衡增长路径稳定性之间的问题；最后在 1990 年所作的经典论文《内生技术进步》中在内生增长模型中研究技术进步的问题。

根据 Krugman 和 Romer 的研究，大量的学者通过内生经济增长模型解释国际贸易的增长效应。我们概括为以下几个方面：

（1）贸易具有增长效应。在新古典贸易理论中，贸易对资源配置只能引起水平效应，而不会产生增长效应。而新贸易理论则认为贸易既有水平效应又有增长效应。Johes 和 Manuelli（1990）建立了一个具有无限生命周期的 AK 模型，论证了贸易自由化具有增长效应。Fischer（1995）扩展了 Johes 和 Manuelli 的模型，考虑了代理人之间不同的时间偏好，强调自由贸易能够促使富国和穷国的经济增长率趋同，发展中国家能够通过促进贸易最终赶上富国。Young（1991）从干中学和规模经济角度分析贸易与增长的关系，认为自由贸易和贸易开放度的提高会形成劳动力丰富的不发达国家对发达国家的经济赶超，因为学习效应是产品规模报酬递增的增函数，而且他还发现一国政府在开放经济中对高技术产业的暂时性补贴有可能促使其获得长期的比较优势。

（2）贸易具有资本积累效应。Foster 和 Rosenzweig（1995）提供了知识积累和学习的外部效应对增长的强有力的证据，贸易对长期经济增长的作用也要依赖于本国的知识积累程度。Lucas（1993）扩展了他在 1988 年提出的模型，强调人力资本积累与贸易的关系，贸易的开放加快了资本积累的速度。并且认为增长的主要动力是人力资本积累，而干中学是最主要的积累方式，这种学习大规模发生时就意味着该经济是个大型的出口者，劳动力不断向前沿产品生产转移，从而不断积累与商品生产相对应的特定人力资本。

（3）贸易具有比较优势效应。Grossman 和 Helpman（1991）在他们的模型中讨论不同经济的国家可能会收敛于同一路径。在开放经济条件下，如果其中一个国家专业于增长率较低的部门，另一个国家专业于政府保护有比较优势的部门，可能会导致更快的经济增长。

（4）贸易具有外部溢出效应。早在 1978 年 Findlay 已指出国际贸易的溢出效应主要有：①传染效应。越是开放的国家通过国际贸易从其他国家学到先进技术的机会就越大。②干中学效应。通过出口，国外消费者会对产品的性能进行反馈，企业在激烈竞争的国际市场中根据市场需求改进产品，促进企业创新和学习新技术。③示范效应。在国际市场中，通过对新产品的演示，容易使其他企业获得新产品的信息，通过技术外溢进行学习、模仿和创新，可以使企业以更低的成本开发出相似的产品。④竞争效应。出口部门迫于国际市场压力而不断加大 R&D 的力度，提高生产效率。但是真正意义上研究国际贸易与技术外溢的经典代表作是 Grossman 和 Helpman 于 1991 年合著的《全球经济中的创新与增长》和 1995 年发表的论文。

Grossman 和 Helpman（1991）详细分析了开放经济中贸易增长和技术进步之间的关系，为这一领域的研究作出了重要贡献。他们在开放经济条件下将内生技术转移纳入经济增长模型，全面讨论了世界经济中两国之间的长期创新率、模仿率和增长率如何受国际贸易、经济规模和政策的影响。贸易促进了知识的国际溢出，技术通过中间产品的投入产生传递和扩散：如果经研究与开发后生产的新的中间产品与现有的中间产品不同（“水平差异投入”模型），或比现有的中间产品更好（“质量阶梯”模型），当这些中间产品出口时，进口国的生产力就会通过其贸易伙伴的研发效应和技术传递得到提高。进口新的或更好的中间产品对进口国技术进步的影响包括很多方式。首先，更多种类的中间产品能够增加最终产品的生产效率，进口国不必对新的中间产品支付额外的费用，生产效率的提高得益于外部收益和外溢效应。其次，专业化生产的中间产品的进口会刺激进口国对这些产品的学习和模仿，甚至开发出具有竞争性的相似产品，从而促进进口国的技术进步。因此贸易促进了知识的国际溢出，激发了创新者之间的竞争，减少了研发活动中的重复劳动，提高了 R&D 部门的生产率。在技术存在国际溢出效应时，两个具有相似要素禀赋的国家之间的贸易必定会提高每个国家的创新与增长率。

Grossman 和 Helpman（1995）假定劳动是生产所有产品的唯一要素且规模报酬不变，一国生产一单位 $i$ 产品所必需的劳动不仅依赖于该国劳动者生产这种产品时原有的生产率，而且依赖于生产这种产品所获得的累积知识。假定生产函数的形式为：$z_i = A_i(\cdot)\dfrac{L_i}{a_i}$，其中 $z_i$ 代表产量，$L_i$ 代表生产 $i$ 产品的劳动力投入量，$a_i$ 表示投入系数，用来衡量原有的劳动生产率，$A_i(\cdot)$ 表示技术水平的相关指数，是一国生产产品 $i$ 所获得经验的函数。

假设技术可以在全球范围内扩散，即技术通过直接或间接（如通过贸易）的途径跨越国界传播，这样各国的生产者都能够分享到外国技术进步的成果。假定世界经济只有本国和外国，两国贸易则意味着 $A_i = A_i^* = \delta_i(Q_i + Q_i^*)$，这里 $Q_i$ 是 $i$ 产品在本国的累积产出，$Q_i^*$ 表示 $i$ 产品在国外的累积产出。因此本国和外国生产一单位 $i$ 产品所需要的相对劳动投入$\dfrac{a_i}{a_i^*}$，从而学习既不会增强也不会削弱其原有的比较优势。进一步假定本国和外国分别生产两种产品 X 和 Y，根据各国固有的技术水平和资源配置状况，本国在产品 X 上具有比较优势，外国在产品 Y 上具有比较优势。初始贸易均衡时，本国会专门从事产品 X 的生产和出口，而外国则专业化生产和出口 Y 产品。如果外国掌握了生产 X 产品的更先进的技术，拥有了绝对优势，它就有可能会转而生产 X 产品。但由于存在国际间的技术外溢，本国很快也会获得并掌握生产 X 产品的更先进的技术，提高了其本来就有比较优势的生产率。这样，从长期来看两国在 X 产品和 Y 产品生产上的相对生产能力并没有根本性的改变，因而长期内两国的贸易模式仍由最初的比较优势因素决定。所以当技术溢出是全球性的时候，两国的生产者可以获得同样的技术信息，因而知识的积累不会影响他们生产任一产品的相对生产能力。即由国际技术扩散带来的技术进步不会改变各国本来的比较优势，这时的贸易模式仍由传统的比较优势因素决定，但是贸易会影响一国的生产率和产出增长。

Paul Romer 在归纳国际贸易促进经济增长的机制时，认为主要有五个方面的原因：第一是规模收益，贸易的自由化扩展了国内企业所面对的市场有效范围。第二是贸易通过国际技术外溢效应影响经济增长。第三是一国可以通过国际贸易消除研究部门的重复工作，提高效率。第四是自由贸易政策所引起的生产布局和竞争。第五是贸易加速资本的积累。

## 二、贸易与经济增长的实证分析文献

古典贸易理论、新古典贸易理论和新贸易理论一致认为贸易对经济增长具有促进作用，并在理论方面对两者之间的关系进行了深入的阐述。针对学者提出的是出口贸易导向型经济增长的命题（ELG）假说还是出口贸易是经济增长的结果，大量的研究文献从实证的角度对贸易与经济增长的关系进行了分析，得出了不同的结论。贸易与经济增长的实证分析分为两个方面：一方面集中于检验出口贸易是否对经济增长具有促进效应，以及两者之间的因果关系；另一方面测算这种效应的大小，主要是通过度量贸易开放度的指标，分析贸易开放度与经济增长的相关性及其影响机制。

### 1. 出口贸易与经济增长的实证分析文献

自从新古典贸易理论提出发展中国家应采取出口贸易的政策发展经济以来，ELG 假说一直成为研究关注的焦点。大量的研究文献针对不同国家和地区，运用不同的模型与分析方法得出不一致的结论，因此直到现在对 ELG 假说检验的研究仍然在继续。相关的文献综述见 Greenway 和 Sapsford（1994）与赖明勇等（2003）。本节关于 ELG 假说的实证研究主要集中于出口贸易与经济增长的相关性和两者之间的因果关系。

已有的文献主要分为两类：一类是跨国数据的横截面分析，另一类是对单个国家的分析。所使用的分析方法是 OLS 回归、协整方法和因果检验。如果发现代表出口的变量与产出的变量存在显著的正相关关系，就支持 ELG 假说。

跨国数据分析中多采用 OLS 和协整回归方法，增加一些相关变量来分析出口贸易与经济增长之间的关系。Balassa（1978）采用 11 个半工业化国家 1960 ~ 1966 年和 1966 ~ 1973 年的数据，协整分析结果表明实际 GDP 增长率和实际出口增长之间存在显著的正相关关系。并且对同样的数据增加劳动力增长率、国内投资占产出的平均比例和外资所占比例等变量，运用 OLS 回归结果支持 ELG 假设。Feder（1982）构建一个两部门模型，将投资所占 GDP 比重、人口增长率等变量纳入模型，运用 OLS 方法，分别对 19 个国家和地区及 31 个国家和地区两组样本 1964 ~ 1973 年的数据进行研究，结果也支持 ELG 假说，并且分析出口贸易促进经济增长的影响渠道。[1] Dollars (1992) 采用 OLS 回归，分析了 92 个国家1976～1985 年的数据，同样支持 ELG 假设。

近年来对于单个国家数据的时间序列主要分析出口贸易和经济增长的关系。由于模型设定和选择的变量不同会导致不一致的结论。Chow (1987) 利用年度数据，建立双变量的 VAR 模型研究 8 个新兴工业化国家和地区 1960～1984 年实际制造业出口与产出之间的关系，因果检验发现墨西哥支持 ELG 假说，在巴西、中国香港、韩国、新加坡、以色列和中国台湾存在双向的因果关系，而在阿根廷不存在因果关系。Dhawan 和 Biswal (1999) 利用协整分析在考虑了贸易条件变量的基础上分析了印度 1961～1993 年实际 GDP 与实际出口的关系，发现了 ELG 假说短期现象，不存在长期稳定关系。Lawrenace 和 Weinstein (1999) 质疑东亚奇迹是出口导向型发展战略的结果，他们在研究韩国和日本的案例时发现出口贸易开放度与经济总要素生产率并不存在显著关系，因此不支持 ELG 假说。

1978 年以后，中国实行改革开放，出口的增加导致了国内生产总值的迅速上升。在这种背景下，许多学者开始研究中国的经济增长是否是出口导向型增长，这类代表性的文献有杨全发和舒元 (1998)、杨全发 (1998)、沈程翔 (1999)、Shan 和 Sun (1998)、孙焱林 (2000) 等。

杨全发和舒元 (1998) 将 Balassa (1978) 模型和 Feder (1982) 模型运用到中国的实际分析中，结论是：改革开放以来，中国经济增长的主要动力是资本投入的不断加大。他们还发现中国的初级产品出口增长和经济增长呈正相关，但制成品出口增长和经济增长呈负相关。因此他们认为中国在提高制成品出口的过程中，制成品的增长仍然停留在粗放型增长上，并没有通过技术进步、提高产品质量等实现集约型发展。

杨全发 (1998) 用 1994 年中国的数据去检验中国是否存在临界发达水平效应，并把全国的省份分为人均 GDP 大于 3000 元和小于 3000 元两组，回归分析表明人均 GDP 大于 3000 元的一组出口增长率和 GDP 增长率有着显著的相关性，另一组显示不出显著的相关性，从而证实了中国各省存在着临界发达水平效应。

Shan 和 Sun (1998) 在一个六变量 VAR 模型中，运用 Toda 和 Yamamoto (1995) 的增广因果检验法，在考虑能量消耗、劳动力、实际进口与资本支出变量的基础上，分析中国 1978～1996 年实际工业产出与出口的关系，发现两者存

① Feder 在研究出口贸易与经济增长的关系时，将经济分为出口贸易部门和非出口贸易部门，结果表明出口通过两个渠道影响经济增长，出口贸易通过两个渠道影响经济增长：外部经济效应（即非出口贸易部门得益于模仿出口贸易部门的成熟管理技术、生产技术和市场营销战略等）和要素生产差别效应（出口贸易部门有比非出口贸易更高的边际要素生产，从而使得资源从相对资源的非出口部门向高效率的出口贸易部门流动，使得资源得到更优的配置，进而促进经济增长）。

在双向的因果关系。

不过也有学者对于中国出口导向型经济增长的假设提出异议：沈程翔（1999）在一个 VAR 模型中对中国 1977～1998 年的数据进行 Granger 因果检验，发现中国出口与产出存在双向因果关系，但没有发现两者之间具有长期稳定的均衡关系。孙焱林（2000）的研究发现经济增长和出口没有统计显著性，即使在 50% 的水平上仍不显著。因此孙焱林得出的结论是，出口导向型经济增长战略并不具有普遍性，中国现阶段不宜实施出口导向型经济增长战略，而应该实行进口替代战略。沈坤荣和李剑（2003）利用 1978～1999 年的中国数据，运用 Frankel 和 Romer（1999）的引力模型，发现中国国际贸易比重和人均产出呈显著的正相关性。但是受到数据的限制无法进行因果检验，因此尚未确定中国是否能够证实 ELG 假说。

国外有部分研究者对中国出口贸易与经济增长的关系进行了研究。Koo et al.（1999）在工业、农业二元经济框架下发展了 Rain 和 Fei 的中国工业农业经济增长模型，生成线性化动态方程，并采用三阶最小二乘估计方法对 30 个省份的面板数据（Panal data）进行了分析，在与其他要素比较中得出对外贸易对中国的经济发展有显著贡献。Sun et al.（2001）修改了 Feder（1982）提出的模型，将中国分为沿海、中部和西部三个宏观经济区域，分别使用不同区域的面板数据检验在中国的不同地区经济增长是否是出口导向的，实证结论为出口在不同地区作用不同，但整体而言出口对经济增长具有正向的促进作用。

综上所述，无论是跨国数据还是一国数据，无论是采用 OLS 回归还是协整分析、因果检验都得出不一致的结论，主要是：

（1）ELG 假说受到一国经济结构、政治体制等多因素影响，很难得出普遍性的结论。由于各国采取的发展战略不同，在经济、政治、体制等方面存在差异，贸易与经济增长的影响渠道自然不一致。有些国家实行自由市场经济发展对外贸易，而另一些国家在发展初期通过扭曲价格、限制市场的作用扶持某些关键性的战略产业。跨国数据分析时假设所选取国家都是同一经济结构和相似生产技术，往往会导致虚假的结论。Sprout 和 Weaver（1993）的研究表明由于选取不同的国家而导致了结论的差异。

（2）结论受到选择变量的影响。计量的结果很大程度上受到变量之间相关性的影响，因此遗漏相关变量和增加多余变量都会改变整个结论。不同的文献选择人口增长、国内投资和国内贸易等作为解释变量，不同的选择方法自然会产生不一致的结果。如何选择正确的解释变量对于结果是非常关键的。

（3）计量方法的运用。OLS 回归可能会出现三种偏差：第一，对小样本回归会出现回归偏差。第二，对不平稳的数据序列回归会出现伪回归的结果。第三，

OLS 回归结果所反映的只是一种静态而非动态行为，而且并不能揭示出口贸易与经济增长具有导向的因果关系。协整分析回归虽然能够说明两者之间共同变化的长期趋势，但是它不能反映两者的短期动态关系，也不能说明因果关系。

（4）受到样本数据的影响。样本数据会改变回归的结果，这是因为：第一，受数据期间的限制。关于中国的实证研究采用的年度数据大多数从 1978 年开始，最多不超过 30 年，这样对小样本回归得到虚假结果的可能性很大。第二，受经济周期的影响。一个国家在经济衰退与繁荣时期出口对经济增长的影响效果存在巨大的差异。日本在 20 世纪 70 年代的崛起时期和 20 世纪 90 年代的萧条时期出口贸易对经济增长的影响是不一样的，Greenway 和 Sapsford（1994）、Burney（1996）指出由于选择数据时期的不同而导致 ELG 假设检验结果的不同。第三，数据的临界点效应。Michaely（1977）指出如果出现了“临界影响”问题，我们就不能认为所有国家一律都存在显著性正相关关系。他的研究是把 41 个国家按人均收入水平分为两组，运用协整相关检验法，发现 23 个高收入水平国家组成的一组出口增长与经济增长在通过显著性水平为 1% 的检验，表明两者存在正相关关系，而低收入国家一组相关性几乎为零，因而他得出结论：出口对经济增长的影响只有在这些国家达到某个最低水平才会发生。

*2. 贸易开放度与经济增长的文献回顾*

各种贸易理论表明贸易对经济增长存在促进作用，那么如何度量贸易与经济增长的关系就成为实证研究的重点。本书概括为三个方面的内容：第一，如何选择度量贸易开放度的指标。第二，贸易开放度与经济增长的相关性检验。第三，分析贸易开放度与经济增长的影响机制。

（1）贸易开放度的度量。自从 1982 年 Balassa 采用外贸依存度（trade intensity）和出口增长率来比较各国的贸易开放度以来，在较长一段时间里学术界通常用外贸依存度作为衡量贸易开放度的指标。外贸依存度等于一国对外贸易额占该国 GDP 的比重。早期外贸依存度一般用货物进出口总额占 GDP 的比重来衡量，随着服务贸易的发展，越来越多的经济学家认为忽视服务贸易的外贸依存度并不能完全反映该国所有市场对外开放的程度，因此外贸依存度就变为货物贸易与服务贸易之和所占 GDP 的比重，这类观点的文献见刘似臣（2004）。作为一个内生变量，贸易开放度受到各种经济因素的影响，外贸依存度能否真实反映该国实际的贸易开放度成为贸易增长理论研究的热点。

改革开放以来，中国外贸依存度逐渐上升，从 1978 年的 9.8% 增长到 2004 年的 70%，[①] 远远超过美国、日本等发达国家。如此之高的外贸依存度是否意味

① 数据来源于 1978 年和 2004 年的《中国统计年鉴》。

着中国的对外开放达到了很高的程度？不同的学者给出了不同的解释。一种看法是担心中国过高的对外依存度会损害中国经济。沈骥如（2004）认为过高的外贸依存度会带来四个弊端：①激发他国与中国的经贸冲突，比如近年来中美贸易摩擦与中欧贸易摩擦。②加大中国经济所面临的国际经济和政治风险。③使中国在能源和原材料等问题上“代人受过”。④在中国外贸依存度已经很高、许多产业出现供大于求的今天，在短缺经济时期形成的吸引外资优惠政策（如低工资、低成本、税收减免和以市场换技术等政策）正在对中国的和平发展和可持续发展产生负面作用。另一种看法是认为中国实际外贸依存度并没有那么高。隆国强（2000）认为，如果考虑不同国家 GDP 构成的差异，就商品贸易占 GDP 的比例来看，中国的外贸依存度低于世界上主要的经济大国，如美国、德国等。再有，外贸依存度要受到汇率因素的影响，人民币汇率自 20 世纪 80 年代以来大幅度贬值，人民币名义汇率比世界银行公布的其购买力平价汇率（PPP）低 3 倍左右。根据世界银行计算的各国商品贸易额占 GDP 的比重，中国的外贸依存度并不高。陈家勤（2002）认为，导致中国外贸依存度高估的原因有三个方面：人民币兑换美元汇率被高估、中国国民生产总值和国内生产总值被低估、中国加工贸易出口额被高估。因此如何衡量中国的贸易开放度成为中国学者关注的问题。

贸易开放度作为一个经济指标，应该具备两个方面的作用：第一，判断一个国家的经济对外国市场的依赖程度，进而可对不同的国家进行比较。第二，判断对外贸易在本国经济中的地位和作用。

从 20 世纪 90 年代开始，国外对如何度量贸易开放度出现许多不同的研究方法，许多学者认为外贸依存度不能全面、真实地反映贸易政策，需对其进行不断的修正与完善。比较归纳主要体现为两种方法：

第一种方法是指标法，一些研究者根据贸易扭曲程度，选择一些与贸易政策相关的指标来度量贸易开放度。第二种方法是模型构建法，这种方法首先选取一定的指标，其次运用回归计量方法测算理论预测值，最终通过比较选择指标的实际值与理论预测值的差异来度量贸易开放度。

指标法的研究可分为单一指标法和综合指标法。单一指标法通过比较国内市场与国际市场上商品销售价格的差异。由于该方法反映了各种影响价格、关税、配额、汇率以及补贴等贸易政策因素，特别是在一些国内没有政策扭曲的国家，因此价格比较是一种测度贸易政策理想的方法（Harrison，1996）。Dollars（1992）列举了一个单一指标法的例子，他用商品实际价格对贸易开放条件下价格的偏差程度来表示贸易开放度，假设美国市场价格为自由贸易条件下的价格，贸易开放度的计算公式为：$D=p_i^T/(E_ip_{USA}^T)$。其中 $p_i^T$、$p_{USA}^T$ 分别代表特定的某国 $i$ 和美国国内可贸易商品价格，$E_i$ 代表该国对美元的名义汇率。如果 $D$ 大于 1，则表示该国贸易开放度较低，反之亦然。然而 Rodrik（2001）运用 Dollars 方法作为解释国家和地区间经济增长不同时期的贸易开放度指标时发现，Dollars 的贸易扭曲指标对于模型构造和分析数据的适度变化很敏感，并且利用 Dollars 方法计算的贸易开放度有时会出现明显的失常。

另外有学者使用与贸易限制有关的变量作为贸易开放度指标，比如平均关税率、贸易数量限制（QRs）、集成关税率（GTR）等。Anderson 和 Neary（1994）指出，只有关税是贸易保护的唯一形式时，贸易开放指标才能用福利均衡的平均关税来度量。于是其他学者选择其他指标替代外贸依存度，如 Levine 和 Renelt（1992）采用外汇市场的黑市交易费用来替代外贸扭曲程度。

在利用单一的指标作为贸易开放度指标的基础上，一些学者综合运用多种指标来全面考察一国的贸易开放度，其中典型的例子就是 Sachs 和 Warner（1995）的二进制法。他们选择关税、非关税壁垒、黑市费用、主要出口产品的垄断和社会经济体制五类指标构造贸易自由化指标（简称为“SW 标准”），以此将国家分为开放与不开放两种类型。如果一国满足以下 SW 标准的所有条件，即该国的平均关税或者非贸易关税壁垒超过 40% 以上、在 20 世纪 70～80 年代黑市市场汇率价格相对于官方汇率贬值在 20% 以上、国有垄断在出口市场占主导地位、Kornai（1992）定义的计划经济体制的国家，该国将被认为是封闭经济，否则为贸易自由化国家。由于 Sachs－Warner 指标构建简单且比较完整，所以被广泛地使用，Charles（2003）认为该指标作为一个合成的指标方式，每一部分都包括了“反开放”政策的一个方面，如果这些政策失灵，那么将导致宏观经济的扭曲，因此，认为 Sachs－Warner 指标是最值得参考和采纳的贸易开放度指标。Wacziarg 和 Welch（2003）采用扩展的 SW 方法对各国的贸易开放度进行了估计，他们利用贸易自由化的时期构造了 1970 年、1980 年和 1989 年三个不同时期的贸易开放度虚拟变量，通过分离那些在最初阶段开放的国家，避免了 SW 分类方法存在的问题。

Heritage Fuondation 贸易政策指数（Johanson 和 Sheely，1996）根据关税和其他贸易扭曲程度将国家分成 5 种类型。Edwards（1995）将已有的 9 种贸易开放度度量方法加以综合而形成一种度量方法，他将 9 种指标分为两类：一类是与贸易自由化呈正向相关关系的三种指标，比如 SW 开放度指数、世界发展报告（1987）外向指数和 Leamer 开放度指数，指数越高，贸易自由化程度越高；另一类是衡量贸易政策导致的扭曲程度的指标，比如平均外汇黑市交易费用、制造业的平均进口关税、非关税壁垒的平均覆盖率、国际贸易扭曲传统基础指数、关税收入比率以及 Wolf（1993）进口扭曲指数，指数越高意味着贸易扭曲程度越高。实证研究表明该度量方法的确比以往任何方法都有明显提高。

Harrison（1996）采用7种度量贸易开放度的指标分析了贸易开放度与经济增长的关系。Harrison运用了不同时期的数据分析时发现，当采用5年平均数据时，7种贸易开放度指标中有3种与增长有积极关系；而使用年度数据时，7种指标中有6种统计意义显著。Wacziarg（1998）采用三种指标：平均进口关税率、平均非关税率（NTB）和Sachs－Warner指数的线性组合来表示反映贸易政策的开放度。

（2）模型构建法。一些研究者通过建立回归方程来构造贸易开放度指标，利用真实值与预测值之间的差异作为贸易开放度度量指标，由于这种方法可以看做是真实值与预测值差异的一个原因，所以这种方法也可以看做是基于贸易政策的影响结果而构建的。从已有文献来看，采用的模型主要有以下几种：要素禀赋模型、引力模型、出口总量结构模型、贸易强度模型等。

Leamer（1988）使用包含9个要素的Hecksher－Ohlin模型，对53个国家三位数分类标准（SITC）的183种商品估计净贸易流量和贸易强度，然后利用贸易强度的预测值和实际值之差作为贸易开放度指标。在此之前，Balassa（1985）构造了一个“出口总量结构模型”，以出口量为因变量，人均收入、人口、可用矿产资源为自变量，利用43个国家1973～1979年数据估计贸易比重，若其残差值为负，则该经济体就被解释为“对内导向型”；反之，则为“对外导向型”。

Wolf（1993）扩展了Leamer的方法，采用更多的生产要素、更细分的商品类别以及三个不同的基期，构造了一个贸易倾向指数：实际贸易与模型预期贸易之差作为贸易开放度的指标。Harrison（1996）采用Summers－Hesten数据，用消费品相对价格对城市化指数、土地禀赋以及人口等变量回归得到的残差值来衡量价格扭曲指数，较高的回归残差值意味着较严重的价格扭曲程度。Pritchett（1996）利用回归分析法构造了一个建立在贸易强度模型上测度贸易开放度的方法——把贸易比重作为人口、地域面积、运输费用、石油虚变量、人均GDP、人均GDP的平方的函数，通过该结构调整贸易强度模型估计贸易比重，然后把实际值与预测值之差作为贸易开放度的指标。Patrick等（1998）运用对外贸易依存度对国内生产总值GDP的平方、人口、人均GDP的平方做回归，并以此对贸易依存度进行修正作为贸易开放度指标。

20世纪90年代以来，一些学者把贸易引力模型引入到贸易开放度的度量研究中来。Stewart（1999）以引力模型为基础，提出以该国与其他所有贸易往来国的双边贸易流量为基础计算开放度的方法。Stewart方法以贸易实际流量与以引力模型为基础的贸易流动预测值之比作为贸易强度（trade－intensity），以计算出来的贸易强度来代替贸易开放度。Stewart将贸易强度分为出口强度与进口强度两类。

一些文献对跨国数据进行实证研究时发现出口贸易依存度（出口额/GDP）或者一些其他贸易开放度的度量指标在解释经济增长中起了显著的作用，比如 Feder（1982）、De Long 和 Summers（1991）、Eusufzai（1996）。Edwards（1993）在对全要素生产率作回归分析时，与影响全要素生产率变量的其他变量一起，加入贸易开放度的两种形式的度量指标，一种指标是对外贸易依存度，另一种是总关税收益率（关税收益额/对外贸易总额），发现在各类回归结果中，贸易开放度的替代指标都非常重要。

国内关于贸易开放度的研究主要是以外贸依存度为研究对象，如贾良斌和李丰（1999）对传统的出口依存度计算进行了分析，提出了修正后的出口依存度计算公式。黄繁华（2001）对第二次世界大战以后关于贸易开放度的主要度量方法和分歧进行了分析，并对 20 世纪 90 年代以后出现的度量贸易开放度的新方法进行了概述。陈家勤（2002）采用通用的出口贸易依存度计算方式，根据新中国成立以来对外贸易政策变化情况分析了出口贸易依存度，他认为我国出口贸易依存度在很多年份高于美国和日本等发达国家的主要原因是我国的出口贸易依存度被高估。胡立法（2004）采用修正的 Dollars 指数法以及回归分析法对中国的贸易开放度进行重新估计。

综合看来，各类贸易开放度的代理指标大都存在共同弊端，即难以准确刻画贸易开放度代理指标与真实的贸易开放度之间变动的必然联系。如道格拉斯方法简单地把价格偏差看做是贸易政策作用的结果，但实际上运输成本、货币及汇率政策等对商品价格都有影响，因此很难断定价格偏差的波动到底是贸易开放度变化的结果，还是其他影响贸易商品价格的因素发生变化的结果。Sachs - Warner 的方法也存在类似问题，如用“黑市汇价是否超出官方汇率 20%”作为区分贸易开放度的标准之一，因为黑市汇价超出官方汇率 20% 的国家，基本上都是些通货膨胀率高、外债占本国 GNP 比重大以及贸易条件和经济体制差的国家，这些国家的黑市汇价与官方汇价的偏差与贸易政策缺乏必然的相关性。

因此，尽管关于贸易开放度指标衡量问题的研究取得了很大的进展，出现了许多不同的度量方法，但是大部分的指标都有其局限性，所以许多研究者在实证分析贸易开放度与经济增长关系时，往往同时采用两个或多个贸易开放度指标以进行比较。

在分析贸易开放度与中国经济增长的影响机制时，我们仍然采用外贸依存度作为贸易开放度的衡量指标，主要是因为：第一，国内尚未就贸易开放度的度量指标达成一致意见，使用外贸依存度指标有利于与此前的文献进行对比分析。第二，国内具有代表性的文献如包群等（2003）根据国外方法度量五种贸易开放度的指标，发现只有外贸依存度才能很好地刻画贸易开放度对经济增长的影响机制，至少到现阶段外贸依存度仍然是解释中国经济增长的客观指标。第三，缺乏构造贸易开放度指标的其他数据，比如黑市费用等。

（3）贸易开放度与经济增长的相关性分析。贸易开放度的提高能否促进经济增长？学者们用实证方法进行了分析，无论是采用单个国家的时间序列数据（Edwards，1998），还是跨国平行面板数据（Harrison，1996），都得到了一致的结论：贸易开放度与经济增长存在正相关关系。

Edwards（1992）利用Leamer（1988）的6个贸易开放度变量和其他8个各不相同的贸易开放度指标研究了贸易开放度对经济增长的影响，得出了贸易开放度对经济增长的影响依赖于所选择的贸易开放度度量方法。

Harrison运用了不同时期的数据分析发现：若按年度数据，7种开放度指标中有6个开放度指标统计显著；若按五年平均数据，7种指标中有3种统计显著，即BMP和Dollars（1992）的两个指标；然而当利用截面数据时，7种指标中只有1种统计显著。

Edwards（1998）利用一组包括Sachs－Warner（1995）指标、世界银行（1987）世界发展报告中的对外导向型指标等9种贸易开放度度量指标对93个国家1960～1990年的数据分析了贸易开放度与生产率增长的关系，得出贸易开放度的提高加快了生产率增长的结论。学者在研究平均关税税率表示的贸易开放度与经济增长的关系时发现它们之间的关系很弱，Rodriguez和Rodrik（2001）分别运用Dollars（1992）、Ben－David（1993）、Sachs－Warner（1995）、Edwards（1998）提出的贸易开放度度量方法，使用世界银行的1980～1990年43个国家的数据发现平均关税税率与TFP之间存在显著的积极关系。

另外，其他学者利用模型构建法构建的贸易开放度指标研究贸易开放度与经济增长之间的关系。Levine和Renelt（1992）在分析119个国家1960～1989年的贸易政策对经济增长的作用时，应用Leamer（1988）的Extreme－Bounds分析方法，采用了一组指标包括Dollars（1992）价格扭曲指标、平均黑市交易费用（BMP）、Leamer（1988）的贸易开放度指标验证了贸易开放度与经济增长的关系，得出结论认为贸易开放度与经济增长之间通过投资而存在一种重要的联系。Lee（1993）构造了一个国家正常的进口比重来衡量贸易壁垒对经济增长的影响的评估方法，研究发现以其构造的自由贸易开放度为基础构建的贸易开放度与经济增长之间具有明显的负相关关系。Pritchett（1996）利用结构调整的贸易强度模型构造的贸易开放度指标，通过回归后得出贸易开放度与经济增长之间不存在双向的因果关系的结论。

国内关于贸易开放度与经济增长关系的研究见兰宜生（2002）等。兰宜生以外贸依存度与外资依存度之和表示对外开放度，利用相关分析和一元回归分析方法分析了我国各地区 1985～1998 年对外开放度与经济增长的关系，认为对外开放度与各地区经济增长有显著的正相关关系，对外开放有力地推动了我国国民经济的发展。

由于贸易开放度和经济增长存在内生性问题，OLS 回归会产生有偏估计。内生性问题是指经济增长与贸易开放度存在双向正相关关系，即贸易开放度的扩大会提高产出，相应地经济增长会刺激贸易的增长，扩大贸易开放度。Dollars 和 Kraay（2003）用以下公式来表示两者之间的内生性问题：

$$GDP = \alpha Openness + \varepsilon_t \tag{2.1}$$

$$Openness = \beta GDP + \eta_t \tag{2.2}$$

其中，GDP、Openness 分别表示实际产出和贸易开放度，$Cov(Openness, \varepsilon_t) = \frac{\beta}{1-\alpha\beta}\sigma_\varepsilon^2 \neq 0$，[①] 贸易开放度与扰动项存在相关关系，对式（2.1）进行 OLS 回归会出现有偏估计，因此许多学者都选择制度等因素作为工具变量（IV 估计）分析两者之间的关系。Frankel 和 Romer（1999）将地理因素（与贸易国的距离）作为工具变量引入回归方程，回归结果显示贸易开放度通过地理因素作为工具变量对人均 GDP 和经济增长产生正的影响，他们证明这种回归具有很强的稳健性。Rodriguez 和 Rodrik（2000）运用卫生状况和机构效率，Baldwin（2003）运用自然资源的可获得性作为贸易开放度的工具变量进行回归，均发现贸易开放度与经济增长存在相关关系。

（4）贸易开放度与经济增长的影响机制。关于贸易开放度与经济增长的影响机制，经济学家从多种角度研究给出了不同的观点，并通过实证分析进行检验，主要体现在以下几个方面：

1）政府行为。较早的理论研究贸易开放度和经济增长的关系时，表明政府干预可以提高经济增长率和社会福利，其中一点就是政府对幼稚产业保护的问题。传统的贸易模型（如 Dornbush et al.，1977）认为每个国家都有一个最优的保护水平以影响贸易增长。Brecher（1974）发现，当国家处于不充分就业时政府保护可以提高人均收入，这是因为由 Mundell－Fleming 模型中推论出贸易保护政策会使支出曲线向国内产出方向移动，从而提高人均收入。

Fischer（1993）认为，为了保证国内企业在贸易自由化的进程中参与国际交易有一个竞争性的环境，政府应保持宏观政策的稳定性，反过来宏观政策的质量会对经济增长产生较大的影响。事实上宏观经济的稳定可以降低价格的不确定水平，更稳健的公共赤字和债务降低了未来税收增长的可能性，增强了国内企业在

① 关于贸易开放度与经济增长内生性问题的具体讨论见 Ha Yan Lee and Luca Antonio Ricci，Once Again，Is Openness Good for Growth? *NBER Working Paper* No. 10749，2004. Cambrigde MA。

国际市场上的竞争力。

近年来的研究表明政府保护政策只能在一定程度内促进经济增长。Sachs (1996) 在研究政府主导的工业化产业的生命周期时，认为各国通过财政赤字扩展和各种各样的政策干预以支持产业发展，短期内贸易保护主义政策可以带来较快的经济增长，但长期内会减缓甚至带来经济衰退。Redding (1999) 的模型表明比较优势具有内生性，过去的技术进步可以决定现在的技术进步水平，从而影响到将来的技术水平。在自由贸易的条件下，一个经济会专业于具有静态比较优势的部门生产。只有受政府保护的在潜在生产率增长上具有比较优势的部门，其部门专业化生产可以提高社会福利并促进更快的技术进步，否则会降低经济增长。

Rodrik (1996) 研究了贸易开放度与政府支出的关系，认为如果更加开放的国家遭受更大外生供给和需求的冲击时，一个更大规模的政府可以更好地提供保险和再分配后的平滑消费，或者其他形式的社会项目等。同时贸易开放度的提高可以导致经济更加自由化、限制税收的额度以便保持经济中价格的竞争性和对外商投资者的吸引力。虽然有理论认为政府支出在公共活动的生产功能和税收的自然扭曲之间选择一个最大化经济增长的水平，但是 Barro (1991) 在跨国数据的截面实证分析中发现以公共产品和服务来衡量的政府规模指标对经济增长产生负的影响。Wacziarg (1998) 构造了新的贸易政策自由化指数，运用 57 个国家 1970～1989 年的数据研究发现政府的贸易政策自由化对经济增长产生正的作用。

2）专业化生产。Quah 和 Rauch (1990) 在 Lucas (1988) 的内生增长模型基础上，建立了一个开放度与经济增长率的模型，发现贸易开放国家有着更高的产品替代弹性，使其不受投入品不足的困扰而专业于具有优势的最终产品生产，促进经济增长。提高贸易开放度会通过干中学导致更高的专业化水平，更高的专业化水平会提高经济增长率。Paul Romer (1986) 认为由于专业化生产产生规模报酬递增，进而促进经济增长。Kim (1995) 运用多种分析工具研究 1860～1987 年美国经济时发现，专业化指数与人均 GDP 的关系呈倒 U 形曲线，在经济发展初期专业化指数能够促进人均 GDP 的增长。

Weinhold 和 Rauch (1999) 进一步论证了 Quah 和 Rauch (1990) 模型的结论。他们构造了体现制造业产业专业化程度的 Herfindahl 指数，运用 39 个发展中国家制造业的数据，分析动态截面回归方程的时间效应时发现贸易开放度与产业专业化指数和生产率增长呈显著的正相关关系。

黄新飞和舒元 (2007) 利用 1986～2003 年中国制造业 39 个行业的数据，构造了三种产业专业化指数，协整分析和因果检验表明：贸易开放度的增加，促进生产率高的产业发展和产业专业化程度的提高，加快优势行业的技术进步，导致中国专业于在生产率较高的行业生产，从而促进中国经济的长期增长。

3）内生技术转移。在内生经济增长的文献中，有学者认为，如果知识外溢是长期经济增长的稳定动力，开放经济就更容易在世界范围内吸收提高生产率的知识，那么技术转移是贸易开放度影响经济增长和经济收敛的渠道（Barro 和 Sala－i－Martin，1997）。贸易开放度的提高可以促进国内企业的技术转移，主要有两个途径：第一，更加频繁和持续的国际贸易使国内生产商更容易模仿国外技术，并将这种知识运用于生产过程中（Edwards，1992）。国内厂商既可以直接从国外购买技术产品，也可以在国际贸易中获得创新的来源，这样可以转化为在国际市场上与先进国家竞争的能力，Krugman（1985）分析东亚国家经济奇迹时就指出东亚国家通过模仿美国和欧洲国家的先进技术，成功将经济由农业国转变为以重工业为主的出口国，最终成为以高科技产品为主的中等发达国家。第二，外商直接投资企业可以模仿从发达国家进口的资本物品或者吸收发达国家知识和专业技术，以引导先进技术的国际转移。也有学者认为 FDI 是贸易开放度的替代品，因为 FDI 在东道国建厂而非进口从而避开贸易壁垒，减少了贸易总额。这一观点受到大多数学者的驳斥，Harrison 和 Revenga（1995）认为贸易开放度的提高给外国投资者显示出一种信号，即该国承诺宏观经济政策稳定和出口导向型的发展战略，相比于封闭国家，开放经济更加容易吸引外商直接投资；Krugman（1995）认为贸易开放让外商直接投资企业进口中间产品以便生产，同时向国内转移利润和扩大产品的出口；Wacziarg（1998）利用 50 个国家 1970～1993 年的数据研究国际技术转移时，发现制造业厂商出口和 FDI 对国际技术转移具有显著的正效应。

Edwards（1992）、Obstfeld 和 Rogoff（1996）认为更加开放的国家有更强的吸收先进国家新思想的能力。Romer（1992）、Grossman 和 Helpman（1991）、Barro 和 Sala－i－Martin（1995）等学者认为更加开放的国家相对于世界其他国家而言具有更强的吸收发达国家先进技术的能力。Barro 和 Sala－i－Martin（1995）考虑了世界上只有两类国家的技术转移模型，一个是发达国家，另一个是发展中国家，两类国家在投入品上有差异，并且资本不流动。技术创新首先发生在发达国家，发展中国家在与发达国家的国际贸易中模仿新技术，发展中国家的均衡经济增长率取决于模仿的成本和知识的初始存量。如果模仿的成本低于技术创新的成本，那么发展中国家的经济增长速度会高于发达国家，这就出现了收敛的趋势，反之亦然。在这个模型中将模仿成本与贸易开放度联系起来，即贸易开放度越高的国家，吸收先进技术的能力越强，其经济增长率越高（Obstfeld 和 Rogoff，1996）。Helpman（1997）认为贸易开放度的提高和日益频繁的贸易转移有助于先进的 R&D 技术溢出、提高学习知识的能力和贸易各国的经济增长率。

1995 年 Coe 和 Helpman 在扩展的 Cobb – Douglas 生产函数的基础上，采用部分均衡模型，通过比较本国和外国研发关于 TFP（全要素生产率）的弹性来说明国际技术扩散对本国技术进步和生产率增长的重要性。他首次对进口贸易在国际技术扩散中的重要性提供了实证证明，考虑贸易中包含新技术的中间资本商品，通过计算 22 个工业化国家的国内与国外 R&D 对 TFP 的贡献，得出外国研发对本国 TFP 有正的显著影响，并且国内的开放度越高，影响越显著；国际研发外溢与进口的产品结构相关，来自高技术国家的进口对本国生产率的影响比来自低技术国家的进口影响大；技术扩散也受到进口水平的影响，在那些进口额比较高的工业里其技术扩散也比较大，进口额和外国研发存量之间的相互作用与本国生产率呈正相关。其论著也成为研究国际技术外溢的经典文献。

然而 Keller（1998）在重复 Coe 和 Helpman（1995）回归模型进行检验时，发现进口额对技术扩散的影响与 Coe 和 Helpman（1995）所得出的结果是不一样的。Eaton 和 Kortum（1996）、Keller（2002）指出，如果改变 Coe 和 Helpman 模型中国外研发投入加权权重的构造方式，或者是引入其他对国际技术外溢产生影响作用的相关变量，都会对实证结果产生本质的影响。Eaton 和 Kortum（1996）使用一般均衡方程，发现在 Coe 和 Helpman 模型中引入贸易距离等变量，作为国外 R&D 支出权数的双边进口额则无助于解释国际技术溢出。其研究 1988 年 19 个经济开发与合作组织国家的专利申请数据证明技术扩散对生产率的影响，得出美国对全世界生产率增长的贡献是最大的，接下来是日本和德国，德国对欧洲经济影响相当强，同样日本在其他地方的影响也是可观的。Keller（2002）认为尽管有很多证据表明贸易与国际研发外溢是相关的，当进行双边进口时会产生正的外国研发效应，但并不是进口越多效应就会越大。

国际上对国际贸易与国际技术扩散关系的研究已经有了相当的发展，不仅发展了多种研究方法（部分均衡、一般均衡、单方程和部分均衡），而且研究的结果都表明国际贸易是国际技术扩散的重要渠道，国际技术扩散对本国生产率增长有很大的促进作用，同时技术扩散所带来的效应也会因为国家的不同而不同，然而这些研究的对象基本上是基于发达国家之间（OECD，G7）。

4）促进国内要素资源配置。Grossman 和 Helpman（1991）运用 Lucas 两部门内生增长模型，发现贸易开放度的提高促进了国内资源在物质生产部门和知识产品之间的要素优化配置，从而促进经济增长。结论是发展中国家通过贸易可更好地利用发达国家的已有知识存量，因此发展中国家的贸易利益要高于发达国家。

贸易开放度的提高会通过提高国内的资源配置效率来实现经济增长（Krueger，1985），比如贸易开放度的提高能提高国内投资率（Levine 和 Renelt，

1992）、促进资本形成（Rodrik，1988）等。Wacziarg（1998）利用57个国家的5年平均数据，发现贸易开放度主要通过带动投资促进增长，其影响超过各类因素影响总效应的60%。Baldwin和Seghezza（1996）论述了贸易开放度的提高会促进投资的增长，这是由于：①相对于非贸易部门而言，贸易部门是资本密集型。②投资品的生产使用进口的中间品和最终品，贸易开放度的增加会扩大投资品的产出。③国际市场上的机器和资本设备的竞争降低了资本的价格。Lee（1995）建立新古典增长模型论证，如果国外资本物品相对于国内资本物品更容易获得，那么增加贸易开放度可以促进经济增长。

此外还有学者从政治经济学的角度分析，认为贸易开放度使经济活动更加透明，减少寻租活动，将资源用于生产活动以促进经济增长（Grossman和Helpman，1991）。Vamvakidis（1999）利用跨国面板数据研究固定效应时发现贸易开放度与国内投资率和经济增长率存在显著的正相关关系。

5）外部效应。Edwards（1998）使用了9种期间贸易开放度的替代指标来分析93个国家1980~1990年贸易开放度与生产率增长之间的关系，得出贸易开放度的提高促进了要素生产率增长的结论。

Feder（1982）的模型显示出口贸易具有极强的外部性效应。贸易开放度的增加不仅允许更有效率的厂商进入到出口市场，而且出口厂商会通过管理模式和生产技术的改进对非出口厂商的生产率产生正的影响。新古典增长理论认为贸易开放度促进经济增长的渠道主要来源于贸易开放带来的规模经济效应，提高了劳动生产率（Krugman和Helpman，1985；Meier，1989）。Esfahani（1991）指出贸易开放度的增加有利于缓解国外汇率和国内市场的限制，更加容易接近世界市场和吸收前沿技术。Clerides等（1998）研究哥伦比亚、墨西哥和摩洛哥的实践经验表明，贸易开放度与经济增长之间正的关系主要是由于更多有效率的企业进入出口市场，增强了出口企业的竞争力。

也有学者提出质疑，Lee（1996）运用1963~1983年韩国产业的数据，发现贸易保护减少了劳动生产率的增长速度和全要素生产率，从而降低了经济增长速度。

国内的研究有：沈坤荣和李剑（2003）运用中国的数据证实国际贸易通过提升国家要素禀赋结构和加快变革进程对人均GDP产生了正的作用；包群等（2003）选取外贸依存度和开放度、实际关税率、黑市交易费用、可贸易商品价格（Dollars，1992）和可修正的贸易依存度五种指数测算开放度与中国经济增长的作用，结果只有外贸依存度较好地反映了中国经济开放程度与经济增长程度之间的关系，并且将经济增长各要素和贸易开放度进行脉冲响应和方差分解法分析，结果发现贸易开放度对中国经济增长的促进存在明显的时间波动，与要素投入相比，现阶段中国贸易开放度还不是经济增长的主要影响因素。

综上所述，本节主要从以下三个方面介绍现有的研究成果：①贸易开放度的度量方法。②贸易开放度与经济增长的相关关系。③两者之间的影响机制。图 2.1 显示了国内外的研究对比。

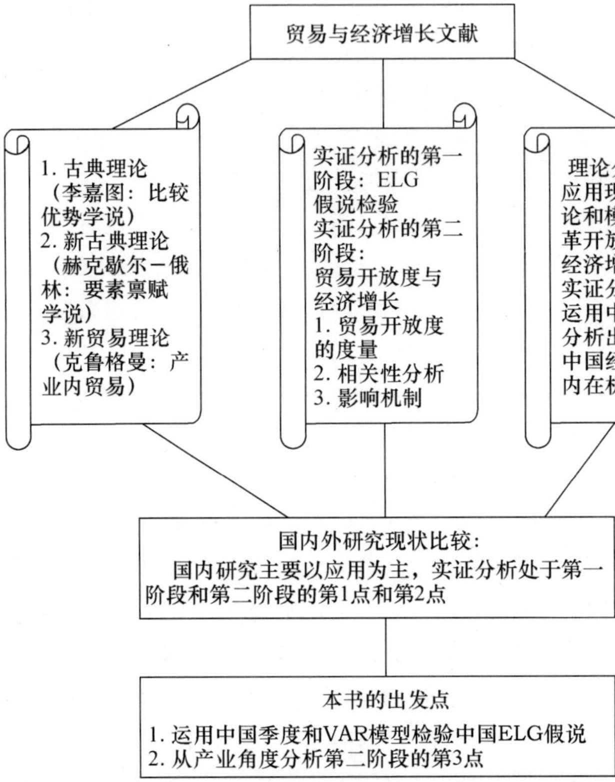


**图 2.1　贸易与经济增长的文献演进**

## 第二节　开放经济与通货膨胀的理论

关于开放经济与通货膨胀的研究主要有两类文献：一是 FDI 的流入对通货膨胀的影响。二是贸易开放度与通货膨胀的关系，即 Romer（1993）提出的通货膨胀一致性理论及其检验。

### 一、FDI 与通货膨胀的文献回顾

从实证分析来看，中国学者绝大多数集中于 FDI 对经济增长的促进作用的研究，极少深入研究 FDI 与通货膨胀的关系。闫先东、冯克然（1997）对我国国际资

本流动的研究发现，实际利用外资总额增加1亿美元，对物价指数的贡献是0.11；对外借款增加1亿美元，对物价指数的贡献是1.17；FDI增加1亿美元，对物价指数的贡献是0.11。张明玉（1998）的实证研究也证实了FDI与通货膨胀之间的正相关关系。孙婉洁和臧旭恒（1995）分析两者具体的传导机制为：FDI流入增加→国际收支顺差→国家外汇储备增加→中央银行以外汇占款形式投放的基础货币增加→国内货币供给总量增加→通货膨胀上升，但是并未进行实证检验。

由此可见，关于中国FDI的流入与通货膨胀的研究主要存在以下几个问题：①缺乏理论研究的基础。所有的实证分析仅仅将FDI与物价水平进行简单的回归，并未研究两者之间内在的理论联系和影响渠道。②以简单的OLS回归来分析两者之间的关系可能结果不可靠。首先，时间序列的样本数不够，实证分析最多是从1978年到20世纪90年代中后期，样本数也不过20个，这样对小样本回归很可能导致有偏估计。其次，时间序列的不平稳性会导致伪回归。事实上，宏观经济变量的时间序列大多不平稳，Charles Nelson和Charles Plosser（1982）研究发现美国大多数宏观经济变量的时间序列数据是不平稳的，它们是I（1）过程。最后，利用两个变量进行简单回归会产生错误的结果。Lutkepohl（1982）指出由于遗漏变量会使模型的参数估计产生偏差，如果仅对两个变量进行Granger因果关系检验，得到的结论不一定可靠，一旦引进与这两个变量相关的其他变量构造模型，那么因果检验的结论就有可能发生变化。实际上涉及宏观变量与通货膨胀之间的关系相当复杂，多变量模型较双变量模型更加合理。③有关中国的实证研究中尚未涉及FDI与通货膨胀的短期效应、长期关系和因果检验方面的研究。

## 二、贸易开放度与通货膨胀的文献回顾

贸易开放度与通货膨胀的关系是困惑国际经济学的问题之一（Temple，2002）。该问题的研究始于Romer对动态不一致性的研究。Kydland和Prescoott（1977）提出了著名的通货膨胀货币政策的动态不一致性问题，他们证明尽管产量—通货膨胀交替（tradeoff）在长期内不存在，但如果政策制定者无力承诺执行这种低通货膨胀政策，也会导致过高且无效率的通货膨胀。Barro和Gordon（1983）进一步论证了这一问题，认为如果预期通货膨胀较低，额外通货膨胀的边际成本也较低，则政策制定者将采取扩张性政策以将产量暂时维持至正常水平，如果公众知道政策制定者有这个激励，那就意味着公众实际上并不会预期通货膨胀较低，最终结果是政策制定者采取的相机抉择政策未使产量增加，却导致更高的通货膨胀。[①] 不过有些学者持反对的观点，Taylor（1983）认为经济中存

① 有关动态不一致性的讨论详见Romer. D. Advanced Macroeconomics，pp. 478～482。

在规则或者机制可以消除政策制定者引发通货膨胀的企图，Rogoff（1985）提出，任命一个厌恶通货膨胀的人控制货币政策，就可以降低无效率的高通货膨胀。Romer（1993）对动态不一致性问题的研究是在开放经济的框架内和价格僵硬条件下展开的，他发现未预期到的货币扩张导致实际汇率贬值，在越开放的经济中，实际汇率给经济带来的好处越小，政策制定者会采取降低通货膨胀的货币政策，并用114个国家的截面数据进行实证分析，得出了贸易开放度与通货膨胀存在负相关关系的结论，即著名的通货膨胀一致性理论。

Romer（1993）的文章一发表，立即引起众多学者的讨论。Lane（1997）建立了一个价格僵硬的小型开放模型，发现在贸易开放度越高的国家其非预期性的货币扩张所能获得的利益越低，因此应采取紧缩的货币政策，而且实证分析也支持Romer（1993）的观点。Gruben和McLeod（2002）认为更高的开放度可以产生低通货膨胀政策的承诺机制以降低平均通货膨胀率。但是并非所有学者都支持Romer的观点，Terra（1998）对Romer的实证分析提出质疑，他根据各国负债的情形，将国家分为严重负债国家、适度负债国家和较少负债国家，认为只有在债务危机时严重负债国家才会一致性显示贸易开放度与通货膨胀呈显著的负相关关系，而高收入国家的贸易开放度与通货膨胀呈正相关关系。Temple（2002）采用菲利普斯曲线替换比率与贸易开放度的关系来验证Romer的通货膨胀一致性理论，实证结果并未显示两者存在显著的关系。Bleaney（1999）运用跨国数据分析发现贸易开放度与通货膨胀的负相关关系在20世纪70年代成立，20世纪90年代两者之间不存在显著关系，而且高收入与通货膨胀呈负相关关系。

综上所述，本书认为现有关于贸易开放度与通货膨胀的研究主要有两个方面的问题：

（1）影响机制。所有学者在价格僵硬和开放经济的框架内只研究未预期到的货币冲击对汇率波动和政府行为的影响，忽视了货币冲击、汇率波动对社会福利（包括人们的消费、投资和生产行为）的影响，而政府的货币政策正是基于社会福利的变化而做出的（Dixon，1994；De Gregorio et al.，1994）。Obsrfeld和Rogoff（1995）在Mundell－Fleming－Dornbush模型的基础上，分析货币冲击对财政政策和汇率变化的影响，进而影响到社会福利的变化。Akerlof和Yellen（1985）、Mankiw（1985）等在粘性价格中发现货币冲击所带来的社会福利的增加，不过他们的研究都未能将贸易开放度的变化与社会福利结合起来。Obstfeld和Rogoff（1995）在其附录中引入非贸易品部门，分析均衡状态下经济行为以及受到冲击后的汇率变化，但是它没有在社会福利的框架里分析，也没有引入政府的行为。

（2）实证分析。首先是数据的来源，由于Romer（1993）的结论是从许多国家的横截面数据得出的，而各国的经济发展不一致，很难排除一些特殊结构的国家会显著影响实证结果，因为经济结构容易影响进口比率与通货膨胀的关系。即使在经济结构相似的国家也无法得出一致的结论，比如日本的开放程度显著高于美国，但是通货膨胀率却依然高于美国，亚洲“四小龙”除了新加坡之外，[①] 其余都违反 Romer 的论点。而比较 Temple 与 Romer 的研究时发现两者实证结果的差异性可能源于后者剔除了前者极端的样本。因此数据的来源对于实证结果有直接的影响。其次是实证分析的方法，所有的实证结果都是基于 OLS 回归得出的，但是大部分宏观数据是非平稳的序列，这样可能会出现缪回归的结果。

国内有关贸易开放度的研究仅限于与经济增长的相关性、影响机制等，具体见包群等（2003），尚未讨论与通货膨胀的关系。

## 三、通货膨胀与经济增长的理论

各国政府都将通货膨胀和经济增长的关系作为宏观调控的重点。首先，从经济周期理论来看，经济增长和通货膨胀是判断经济周期的两个重要指标，将两者结合在一起研究有利于我们全面分析宏观经济活动；其次，支持政府宏观调控的学者认为宏观经济政策在治理通货膨胀和刺激经济增长两方面都可以取得成效，有效的宏观经济调控可以维持稳定的经济环境和长期的经济增长。

1. 理论分析

通货膨胀与经济增长的关系是宏观经济学的核心问题之一。当前学术界在这一问题上存在重大分歧，分为正相关关系、负相关关系和中性论三种观点。传统的菲利普斯曲线认为短期内经济增长与通货膨胀存在正相关关系，因为货币冲击带来的总需求会引起产出的同向变动。实行扩张性的货币和财政政策会提高物价水平，短期内通货膨胀与就业存在正相关关系。但是长期内通货膨胀与经济增长的关系如何成为经济学家争论的焦点。以 Tobit 等为代表的经济学家认为长期内经济增长和通货膨胀存在正相关关系，他们的结论是通货膨胀通过影响实际余额的变化、菲利普斯曲线中的潜在增长率、投资扩张以及影响二元经济结构来促进产出的增加等。以 Fischer（1993）和 Barro（1996）为代表的经验研究却发现通货膨胀与经济增长存在负相关关系，因此他们对 Tobit 的传导机制进行了反驳，认为通货膨胀影响了储蓄行为、劳动生产率、价格体制等，从而减缓了经济增长，而且大部分实证分析认为两者存在负相关关系，如 De Gregorio（1993）从投资率、Patnaik 和 Joshi（1998）从实际利率、Wilson 和 Culver（1999）从通货膨胀的预期不确定性等角度得出通货膨胀与经济增长呈负相关关系。但是实证分析

① 吴中林、林金龙（2003）分析了亚洲“四小龙”、日本和美国的通货膨胀与贸易开放度的关系。

的处理方法和理论模型基础都未能达成一致，[①] 人们对负相关关系的结果产生了怀疑。随着理性预期理论和货币中性论的完善，人们越来越多地认识到通货膨胀对经济增长可能不产生实质性影响，货币中性论认为从长期来看，货币数量对实际经济活动不会产生任何实质性的影响，即货币是中性的。而理性预期则认为，经济中的个体会理性地形成他们对通货膨胀的预期，并且只会产生非系统性的预测误差，这样，通货膨胀系统的（可预期的）变动不会带来任何实际反应。对同一问题出现不同的解释将会对货币政策的导向产生重要影响。

2. 实证检验

Wassom（1969）认为如果发展中国家在劳动力的规模和生产率、资本/产出比率、税收、国际收支等方面满足一定假设条件，且通货膨胀并非逐渐累积走高或者长期保持，通货膨胀就可以成为促进经济增长的有效政策工具。Hanson（1983）在研究拉美五国时发现"未预期"的通货膨胀每提高 10 个百分点，经济的增长率就会增加 1 个百分点。[②]

与此对立的是以 Fischer（1993）和 Barro（1996）为代表的负相关关系观点。Fischer（1993）发现通货膨胀率 10 个百分点的上升带来产出年增长率 0.4 个百分点的下降。同样的，Barro（1996）的估计表明通货膨胀率每额外提高 1 个百分点，将会使经济增长率降低 0.02～0.03 个百分点。Kim 和 Willett（2000）在实证研究中引入对通货膨胀造成冲击的结构变动因素，具体地，用 1973 年第一次石油危机和 1982 年债务危机作为对发展中国家的冲击，而以 1973 年和 1979 年两次石油危机作为对 OECD 国家的冲击。结果发现了通货膨胀和经济增长之间的负相关关系，效应大小因不同国家和经济体而有所不同，对工业化国家来讲，这种效应最大。使用不同国别的数据仍得到一致的结论，Loungani 和 Sheets（1997）对东欧 25 国 1991～1994 年数据的分析与 Alexander 和 Robert（1997）以 pool 时间序列和截面分析的方法考察了 OECD 12 个国家的数据表明通货膨胀和经济增长之间存在着显著的负相关关系。

由于学者们在实证上不一致，于是大家纷纷寻求理论上的支持，这样就出现了两种理论：促进论和促退论，我们回顾一下两种理论的主要观点：

（1）促进论。经济中存在着一个高于现实经济增长率的潜在增长率，这个增长率的存在是因为经济中的有效需求不足，生产要素不能充分利用，劳动力市

---

① Levine 和 Renelt（1992）提到，即使针对同一样本，仅仅是回归设定的不同，也会带来通货膨胀和经济增长关系上质的差异。Clark（1997）在 OECD 国家样本中剔除冰岛和卢森堡两个国家，其结果就由显著的正相关关系变为显著的负相关关系，如果样本期改变会带来完全不同的效果。

② 他的结论是基于规范化后的菲利普斯模型（Phillips Model），把产出和增长率的名义值的偏离归于实际/预期物价的变动得出的。

场也没有完全出清，因而实际产出量在生产可能性边界以内。在这种情况下，政府可以实施通货膨胀政策，[①] 如增加赤字预算、增加投资支出、提高货币供给增长率等，以有效利用闲置资源，达到扩大总需求和总供给的目的，促进经济增长。

（2）促退论。通货膨胀会阻碍经济的增长，不利于资源的合理有效配置，破坏正常的社会经济秩序，导致经济活动的低效率，严重的通货膨胀还会危及社会政治的稳定。原因如下：①通货膨胀导致价格信号扭曲，干扰了资本市场的正常运转，增加投资、生产和经营活动的风险并给投资收益带来不稳定因素。②通货膨胀会降低借款成本，从而诱发过度的资金需求，金融机构一方面会加强对信贷的配额管理，另一方面又会在过量需求的诱导下加大对经济部门的投入，同时企业为了获得资金又会产生寻租行为，种种非市场的行为削弱了金融体系的运营效率并加大了其风险，影响了经济增长。③通货膨胀导致本国货币贬值，汇率相应提高，进而导致出口受阻，而进口的成本提高，使国际收支状况趋于恶化。

改革开放 30 年来，我国通货膨胀波动十分频繁，经济增长率也大起大落，对通货膨胀和经济增长的关系判断直接影响到中国宏观经济政策的取向，中国的学者对此进行了大量的研究，如黄先开和邓述慧（2000）以 1980 ~ 1997 年的数据为基础，采用 OLS 方法分析预期的货币供应增长对产出的效应，结论是货币非中性。国家统计局和中国人民大学课题组（2004）建立 ARMAX 模型发现通货膨胀并不会抑制投资并损害长期经济增长，两者之间不存在因果关系。李槿一（2004）建立开放经济的 Ramsey 模型，认为外资流入导致的通货膨胀，会使得经济增长的稳态位置降低（包括资本和产出存量），并且使经济的长期均衡增长率降低（或是向均衡状态转移的动态收敛速度降低）。陈玉宇和谭松涛（2005）估计了稳态通货膨胀下的经济增长率，利用 1990 ~ 2004 年的季度数据发现当前经济增长率对通货膨胀有正向影响。刘霖和勒云汇（2005）基于协整分析发现通货膨胀在长期内阻碍经济增长。

## 第三节 经济计量模型

本书广泛使用单位根检验、协整分析、因果检验等计量模型，下面概述所用的计量方法。

---

① Bruton, Henry J.（1961）认为，通货膨胀应该成为发展经济的政策工具，而不是政策控制的目标。

## 一、ADF 检验法

扩展的 Dickey - Fuller 检验法（Augmented Dickey - Fuller Test），简称 ADF 检验，是检验变量平稳性的方法，将检验单位根的 DF 方法推广到一般的单位根过程，其中的随机扰动项 $\{\varepsilon_t\}$ 服从一平稳过程。在 DF 检验中都假设了扰动项 $\varepsilon_t$ 是 $i.i.d$ 过程，但如果 $\varepsilon_t$ 是相关过程时，由 Dickey - Fuller 给出的检验就不能认为是正确的。由此 Dickey、Fuller 提出了扩展的 DF，即 ADF 检验。

ADF 方法的一个重要特点是：假设数据生成过程 $\{y_t\}$ 服从有单位根的 $p$ 阶自回归过程。

设随机过程 $\{y_t\}$ 服从 $p$ 阶的自回归过程 $AR(p)$，设 $y_t$ 有表示形式：

$$y_t = \sum_{i=1}^{p} \phi_i y_{t-i} + \varepsilon_t, \varepsilon_t \sim i.i.d \qquad t = 1,2,\cdots \tag{2.3}$$

检验序列含有一个单位根的原假设为：$H_0$: $\sum_{i=1}^{p} \varphi_i = 1$。

为了检验上面的假设，使用一些等价的变换会使问题变得更加简单。设 $\Delta$ 为差分算子，即 $\Delta y_t = y_t - y_{t-1}$，则式（2.3）可化为：

$$y_t = \rho' y_{t-1} + \sum_{i=1}^{p-1} \varphi'_i y_{t-i} + \varepsilon_t \tag{2.4}$$

其中，$\rho' = \sum_{i=1}^{p} \varphi'_i$，$\varphi'_j = -\sum_{i=j+1}^{p} \varphi_j$，$j=1, 2, \cdots, p-1$，从而相应的检验单位根原假设变为：$H_0$: $\rho' = 1$（即 ADF 方法检验的原假设）。

而模型（2.4）又等价地可写为：

$$\Delta y_t = \rho y_{t-1} + \sum_{i=1}^{p-1} \varphi'_i y_{t-i} + \varepsilon_t \tag{2.5}$$

其中，$\rho = \rho' - 1$，此时的 ADF 检验单位根的原假设变为 $H_0$: $\rho = 0$。

Dickey - Fuller（1981）表明，在数据生成机制为高阶自回归条件下，通过回归式（2.4）或式（2.5）而得到的 DF 统计量仍然有效。这种为了保证方程中的 $\varepsilon_t$ 是白噪声而加入了滞后差分项的检验方法称为 ADF 检验。经过变换而得到的式（2.5）在实际应用中更为普遍。

由于滞后长度的选取直接影响检验结果，因而近年来有许多专家对此问题进行了分析，提出了不同的方法：①固定滞后长度法。②选取滞后长度为样本容量的固定函数。[①] ③基于使残差项达到白噪声序列，以确定滞后长度。④基于某种

① 在实际中，经常使用的一个规则是用 Schwert（1989）中的方法选取滞后长度，其计算公式为：$k = \text{int}\{c\ (t/100)^{1/d}\}$，其中 $c$、$d$ 是给定的常数，Schwert（1989）使用了 $c=4$、12，$d=4$。

信息准则决定滞后长度。一种常见的滞后长度选取方法是通过某一目标函数来决定，即通常所称的“信息准则”，这也是目前使用最广泛的方法之一。其中主要的准则有：Akaike（1974）提出的 AIC 准则（Akaike Information Criterion），$AIC(k)=Ln(\hat{\sigma}_n^2)+2k/n$；FPE 准则（Akaike Minimum Final Prodiction Critrion），$FPE(k)=\hat{\sigma}_n^2(n+k)/(n-k)$；Schwarz（1979）提出的 SC 准则：

$SC(k)=Ln(\hat{\sigma}_n^2)+k(Ln(n))/n$；HQ 准则：$HQ(k)=Ln(\hat{\sigma}_n^2)+k(2Ln(n))/n$。

其中，$n$ 是样本容量，$k$ 是解释变量个数（包括常数项），$\hat{\sigma}_n^2$ 是残差方差的最大似然估计，即 $\hat{\sigma}_n^2=\sum_{i=1}^{n}\varepsilon_i^2/n$，通过使上面各式达到最小来确定滞后长度。

## 二、协整分析（Co－intergration）

一般地，在对变量间的相互关系进行分析时，常常使用回归分析方法，但这种回归分析要求变量都是平稳的（至少是趋势平稳），在变量是非平稳的过程时，这种回归分析的结果一般不能作为推断的依据，有可能产生伪回归（Spurious Regression）现象，系列研究结果表明，许多的宏观经济时序数据都是 $I$（$i$）过程，因此不能用传统的回归分析方法来说明变量之间是否存在均衡关系。

协整（Co－intergration）分析技术是近年来出现的处理非平稳经济时间序列的有力工具，现已成为宏观经济动态分析的标准范式，也是研究长期均衡关系的一种有力的方法。

Granger（1981）、Engle 和 Granger（1987）讨论了非平稳时间序列协整的一般定义，现已为经济学家广泛接受和使用。

设 $X_t=(x_{1t},\ x_{2t},\ \cdots,\ x_{nt})'$为一 $n$ 维的向量单位根过程，它的每一个分量 $\{x_{it}\}$（$i=1,\ 2,\ \cdots,\ n$）为一单变量单位根过程，即 $x_{it}\sim I(1)$。如果存在一非零的 $n$ 维向量 $\alpha=(\alpha_1,\ \alpha_2,\ \cdots,\ \alpha_n)'$，使得 $X_t$ 的线性组合：

$$Y_t=\alpha'X_t=(\alpha_1,\ \alpha_2,\ \cdots,\ \alpha_n)\begin{bmatrix}x_{1t}\\x_{2t}\\\vdots\\x_{nt}\end{bmatrix}=\sum_{i=1}^{n}\alpha_i x_{it}$$

成为一平稳过程，即 $Y_t=\alpha'X\backsim I(0)$，则称向量 $X_t$ 是协整的，$\alpha$ 称为协整向量。

在协整的定义中，有几点需注意：

(1) 任何协整向量 $\alpha$ 都至少含有两个非零元素。因为任何一个 $I$（1）变量的倍数还是一个 $I$（1）变量。所以只含有一个非零元素的向量 $\alpha$ 不可能使 $\alpha'X_t$ 为一个 $I$（0）变量。

（2）对 $n$ 维向量 $X_t$ 来说，若存在一协整向量，则存在无穷个协整向量，因为一个协整向量的任何倍数仍是一个协整向量。

（3）对于由 $n$ 个 $I$（1）分量构成的向量 $X_t$ 来说，最多可以找到 $n-1$ 个线性无关的协整向量。

为了更清楚地说明协整的意义，以下以一个二维的随机向量进行说明，考虑二维系统：

$$x_{1t} = \gamma x_{2t} + u_{1t}$$

$$x_{2t} = \gamma x_{2,t-1} + u_{2t}$$

其中，$\{u_{1t}\}$ 和 $\{u_{2t}\}$ 为独立的白噪声过程，系统的第二个方程表明 $x_{2t}$ 为一随机游走过程，第一个方程 $x_{1t}$ 也为一 $I$（1）过程，第一个方程还表明 $\{x_{1t}\}$ 和 $\{x_{2t}\}$ 是协整的，因为 $\alpha' X_t \backsim I$（0），这里 $\alpha =$（1，$-\gamma$）$'$，$X_t =$（$x_{1t}$，$x_{2t}$）$'$，$\alpha$ 为随机向量 $X_t$ 的协整向量。

若向量单位根过程 $X_t$ 的维数 $n>2$，则可能存在多个线性独立的 $n$ 维常数向量 $\alpha_s$（$s=1$，2，…，$r$），使得 $\alpha_s X_t \backsim I$（0），将 $r$ 个协整向量构建 $n \times r$ 维矩阵 $A$：$A =$（$\alpha_1$，$\alpha_2$，…，$\alpha_r$），矩阵 A 称为协整矩阵，由于向量 $\alpha_s$（$s=1$，2，…，$r$）线性独立，则其秩为 $r$，$r$ 也称为协整秩（Co－integration Rank）。

## 三、因果检验

判别一个变量的变化是否是引起另一变量变化的原因，是计量经济学中的一个常见问题，Granger（1969）和 Sims（1972）提出的因果关系检验是解决这类问题的常用方法。

在作 Granger 因果检验时，为了检验 $x$ 是否为 $y$ 的原因，考虑回归模型：

$$y_t = \sum_{i=1}^{p1} \alpha_i y_{t-i} + \sum_{j=1}^{p2} \beta_j x_{t-j} + u_t \tag{2.6}$$

检验原假设：$H_0$：$\beta_1 = \beta_2 = \cdots = \beta_{p_2} = 0$，其中 $y_t$ 和 $x_t$ 的滞后长度 $p_1$、$p_2$ 要预先选定。

Sims（1972）考虑了另一种检验变量之间因果关系的方法，为了检验 $y$ 是否为 $x$ 的原因，考虑回归模型：

$$x_t = \sum_{i=1}^{p1} \alpha_i y_{t-i} + \sum_{j=1}^{p2} \beta_j y_{t+j} + v_t \tag{2.7}$$

检验原假设：$H_0$：$\beta_1 = \beta_2 = \cdots = \beta_{p_2} = 0$，其中 $y_t$ 的滞后长度与超前长度 $p_1$、$p_2$ 要预先选定。在进行 Sims 检验时，其中一个问题是回归残差项一般是序列自相关的，由此，使用 Sims 检验时必须对残差序列自相关进行处理，处理时一般有两种方法：一是使用可行的广义最小二乘估计；二是采用 Geweke、Meese 和

Dent（1983）提出的变换的 Sims 检验，同时 Geweke、Meese 和 Dent（1983）表明，变换的 Sims 检验要优于广义最小二乘估计。

使用变换的 Sims 检验法消除残差项的序列自相关滞后，式（2.7）可写为：

$$x_t = \sum_{k=1}^{p_0} \gamma_k x_{t-k} + \sum_{i=1}^{p_1} \alpha_i y_{t-i} + \sum_{j=1}^{p_2} \beta_j y_{t+j} + \varepsilon_t \tag{2.8}$$

原假设为：$H_0$：$\beta_1 = \beta_2 = \cdots = \beta_{p_2} = 0$，其中模型中的滞后长度和超前长度都已预先取定。

在选定了模型的滞后结构后，进行 Granger 和 Sims 因果关系检验时，即检验模型中的一些系数是否为零，其中最常用的是使用 F 检验统计量，但这里要根据无限制回归和有限制回归的残差平方和来构造统计量。

对于 Granger 检验，除了估计无限制的式（2.8）之外，还需估计如下有限制回归：

$$y_t = \sum_{i=1}^{p_1} \alpha'_i y_{t-i} + u'_t \tag{2.9}$$

基于两个模型回归的残差平方和，构造统计量：

$$F = \frac{(RSS_c - RSS_u)/p_2}{RSS_u/(T - p_1 - p_2)} \backsim F(p_2, T - p_1 - p_2)$$

上述 F 统计量在原假设成立的条件下服从自由度为（$p_2$，$T - p_1 - p_2$）的 F 分布，其中 $RSS_c$ 是有限制回归的残差平方和，$RSS_u$ 为无限制回归的残差平方和。

对于 Sims 检验，处理估计无限制回归式（2.9）之外，还需估计如下有限制回归：

$$x_t = \sum_{k=1}^{p_0} \gamma'_k x_{t-k} + \sum_{i=1}^{p_1} \alpha'_i y_{t-i} + \varepsilon'_t \tag{2.10}$$

基于两个回归模型的残差平方和，构造统计量：

$$F = \frac{(RSS_c - RSS_u)/p_2}{RSS_u/(T - p_0 - p_1 - p_2 - 1)} \backsim F(p_2, T - p_0 - p_1 - p_2 - 1)$$

上述 F 统计量在原假设成立的条件下服从自由度为（$p_2$，$T - p_0 - p_1 - p_2 - 1$）的 F 分布。由此可以对 $x$ 不是 $y$ 的原因的原假设作出检验。在检验过程中，除了使用 F 检验之外，还可以构造不同的渐近等价的协整检验统计量，如 Wald 检验（W）、似然比检验（LR）、拉格朗日乘数检验（LM），且这三个检验统计量都渐近服从于自由度为 $p_2$ 的卡方分布，同样，我们也可以根据这些统计量对原假设进行推断。

# 第三章　加入 FDI 的中国 ELG 假说检验

一般文献都认为出口贸易与经济增长存在正相关关系，但是在 ELG 假说都存在以下问题：①数据结构。运用跨国数据时并没有考虑不同国家的特殊性，而是假设所选取的国家具有共同的经济结构和相似的生产技术。国家之间不仅在体制、政治与经济结构方面存在差异，并且对外部冲击的反应也不一样，所以当选取不同的国家作为分析的对象时，可能会导致虚假的结论。① ②计量方法的选择。OLS 回归会出现数据序列不平稳而存在伪回归，而协整方法只是说明了两者存在长期的影响关系，它们都不能说明两者之间的导向因果关系和动态反应。③变量的选择。出口贸易与经济增长的回归结果可能与其他解释变量相关，比如投资占 GDP 的比重、人口的增长率、国外居民收入，但是却没有考虑 FDI 对出口贸易与经济增长的影响，于是就出现了模型设定的问题。②

本章阐述了 FDI 与 ELG 假说的关系，在一个简单效用模型的分析框架里，将 FDI 纳入 ELG 假说检验框架中，利用中国的季度数据，建立一个包括三变量的 VAR 和误差修正模型检验中国 ELG 假说命题。

## 第一节　FDI 与出口贸易的理论基础

FDI 与国际贸易的内在联系是分析贸易效应的基本前提。FDI 的贸易效应分为两类：其一是以蒙代尔为代表的学者提出的贸易替代效应，即从静态角度，一种商品可以通过贸易或投资方式进入一国市场，选择了投资，便会替代贸易，尤其是在两国生产函数相同或类似的情况下（Mundell，1957）。其二是以小岛清为代表的学者提出的贸易创造效应，即 FDI 可以在母国和东道国之间创造新贸易机

① Sprout 和 Weaver（1993）的研究就指出由于选取不同的国家集而导致了结论的差异，Mchaely（1977）就指出如果出现了“临界影响”问题，我们就不能认为所有国家一律都存在显著性正相关关系，Moschos（1989）在一个用截面数据的生产函数分析中发现了一个临界转变点，得出结论：存在这样一个临界点，在欠发达国家产出增长主要受出口增长和资本形成的影响。

② 如 Cuandos et al.（2004）、Kwan 和 Kwok（1995）等。

会，使贸易在更大的规模上进行（小岛清，1987）。本章从 FDI 与出口贸易的正向关系入手，分析 FDI 的出口贸易效应。

日本一桥大学的小岛清（Koyimo）教授发表了大量国际直接投资和国际贸易方面的论著，认为早期的国际直接投资理论忽视了国际分工的原则，国际直接投资应包括资本、技术、经营管理和人力资本的总体转移。并在此基础上结合日本的实践经验，提出投资国的对外直接投资应从本国处于比较劣势的边际产业开始依次进行，同时，投资国可以集中精力创造和开发新的技术和比较优势，从而使两国间的比较成本差距扩大，为更大规模的贸易创造条件。由此可见，国际直接投资并不是对国际贸易的简单替代，在许多情况下，国际直接投资也可以创造和扩大对外贸易，即存在一定程度的互补关系。

经济自由化过程不仅扩大了出口，而且还增加了 FDI 的流入。许多学者都证明出口贸易与 FDI 存在正向关系。Wilkins（1974）对美国对外投资研究发现，经济大萧条时期，由于许多国家大幅度提高关税，迫使美国的跨国公司在国外扩大分支机构，进行对外直接投资。Hill（1990）的研究认为 FDI 增加了东道国的进口量。Aizenman 和 Noy（2004）的模型表明跨国公司在寻求利润最大化的过程中，必须提高发展中国家的劳动生产率，其主要途径就是增加对发展中国家的直接投资、研究和开发资金，同时相应地提高贸易开放度，用 Granger 法分析两者存在很强的因果关系。相关的文献还有 Albuquerque et al.（2004）、Portes 和 Rey 等（2003）。刘恩专（1999）总结了贸易与 FDI 的关系有四个方面：①贸易替代效应。作为跨国公司国际化渐进过程（从贸易到 FDI 的结果），FDI 与贸易存在着相互替代的线性联系。②贸易创造效应。小岛清（1987）认为 FDI 作为先进生产函数的转移会带来成本的降低和效率的提高，因而从长远和整体看，FDI 会创造新的贸易需求，推动东道国向母国的出口贸易。③贸易补充效应。FDI 往往要带来维修等后续支持性活动的发展，从而促进和增加贸易机会。④市场扩张效应。对外投资可增强母公司总体竞争力，扩大总销售量，其出口随着子公司对资本品、中间品的需求增加而扩大，从总量分析和行业分析结果都可以说明 FDI 对东道国出口具有显著的带动作用（Graham 和 Krugman，1993）。

近年来国内对于 FDI 和国际贸易的正向研究逐渐增多，王剑等（2001）的研究发现，我国 FDI 与出口在长期内存在互补关系，但 FDI 与进口的长短期关系却有所不同，在短期内互补，长期却表现为相互替代的关系。冼国明等（2003）利用 1983～2000 年的数据进行了计量研究，发现两者之间存在着长期的均衡关系。赖明勇等（2003）从直接影响和间接影响两方面考虑 FDI 与贸易的关系，并用 1979～2000 年的年度数据证明 FDI 与中国出口总额存在长期协整关系，这些研究都表明 FDI 与出口贸易存在着非常显著的关系。

总结国内关于 FDI 与国际贸易的实证方法研究，大致有：第一，采用线性回归的方法分析两者的相关关系。运用二元一次线性回归法、分布滞后或对变量进行滞后期处理对两者之间的数据进行相关分析。第二，采用协整分析和误差修正模型，分析中国 FDI 与出口贸易之间的长期均衡关系以及相应的短期偏离调整机制。第三，采用 Granger 因果分析法，探讨 FDI 和出口贸易的因果关系。

## 第二节 FDI 与中国出口贸易的关系

从全球各国的发展经验来看，一国的经济增长通常会经历三个阶段：第一个阶段是从封闭型经济走向对外开放和融入世界经济的初期，对外贸易的增长速度大大高于国民经济的增长速度，经济的外贸依存度提高。第二个阶段是“贸易导向型”经济增长阶段，各种经济资源继续向贸易部门转移，以发挥贸易增长的发动机作用，但对外贸易的增长速度放缓，与国内经济的增长速度逐渐同步。第三个阶段是“国内经济深化发展”阶段。

我国出口贸易快速增长凸显了明显的阶段性特征，加入世界贸易组织之前规模扩张速度缓慢，2002 年呈直线上升趋势。与此同时，出口贸易依存度在 1993 年和 1998 年出现明显下滑，但 2002 年后出现快速提升趋势，并且从 2000 年起一直维持在 20% 以上。出口贸易额由 1982 年的 271.2 亿元增加到 2007 年的 93455.6 亿元，增长约 340 倍；同时出口贸易依存度也由 1982 年的 6% 提高到 2007 年的 37.5%，提高了 31.5 个百分点（见图 3.1）。出口贸易平均增长速度高

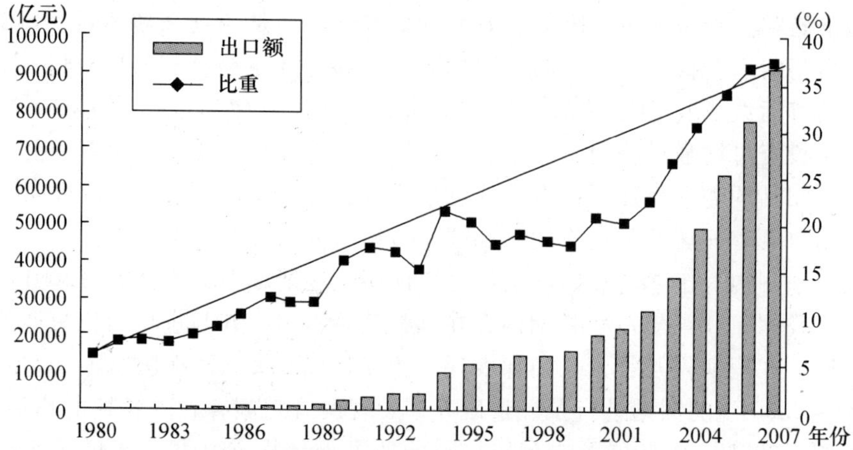


**图 3.1 1980～2007 年出口额及占比重变化情况**

注：单位为人民币亿元，按当年汇率换算，比重表示出口额占国内生产总值的比重（%）。

资料来源：《中国贸易外经统计年鉴》（2008）。

于同期国民经济的平均增长速度，并且高于世界出口贸易的平均增长速度，两者都是我国出口依存度逐年提高的重要原因。

从国际比较来看，中国出口贸易所占世界出口贸易的比重显著提高，突出表现出中国出口贸易的飞速发展。1980 年世界出口贸易额达到 1.99 万亿美元，到 2007 年高达 13.57 万亿美元，平均增长速度达到 7.5%。中国出口贸易占世界出口贸易比重变化的基本形态也呈现出明显的 W 型，从 1980 年的 0.9% 上升至 1995 年的 3%，此后 1996 年下降至 2.9%，之后一直处于上升趋势，到 2007 年达到 8.8%（见图 3.2）。

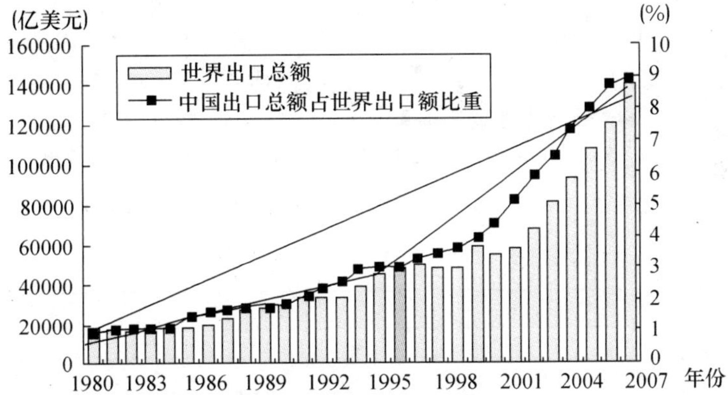


**图 3.2　世界出口贸易总额及中国的比重**

资料来源：《中国商务年鉴》（2008）。

在过去的 30 年里，中国的外商直接投资迅速增长，特别是进入 20 世纪 90 年代以来，中国利用外资的数额直线上升，从 1993 年开始中国已经连续多年成为世界上吸收 FDI 最多的发展中国家。FDI 的快速增长带来了中国贸易总额的大幅度增加。外商直接投资与出口贸易的同步和背离变化过程大体经历了三个阶段：第一阶段（1985～1991 年），外商直接投资缓慢增长，其变化与出口贸易是同步的，1991 年外商直接投资为 43.66 亿美元，同年出口贸易总额为 718.43 亿美元；第二阶段（1992～1998 年），外商直接投资与出口贸易基本是背离的，出口贸易增长速度远远低于外商直接投资的增速，1998 年外商直接投资达到高位点（545.63 亿美元）；第三阶段（1999 年至今），外资与出口贸易在稳定中快速增长，但两者基本是同步的，FDI 与出口贸易之间表现出显著的互补关系（见图 3.3）。

同时，江小涓（2002）的数据显示中国外商投资企业的出口额从 1991 年的 120.47 亿美元上升至 2001 年的 1332.35 亿美元，占全国出口总额的比重从 1991 年的 16.75% 上升至 2001 年的 50.06%。根据商务部（2007）统计数据，来自跨国公司的直接投资促进出口贸易发展，1986～1990 年，外商投资企业出口总额占全国的比重年平均仅为6.41%；1991～2000年上升为34.41%；在2001～2008年进一步提高到55.10%。图3.4和图3.5表示的是我国外商直接投资企业出口总额以及外商直接投资企业出口总额占全国的比重。

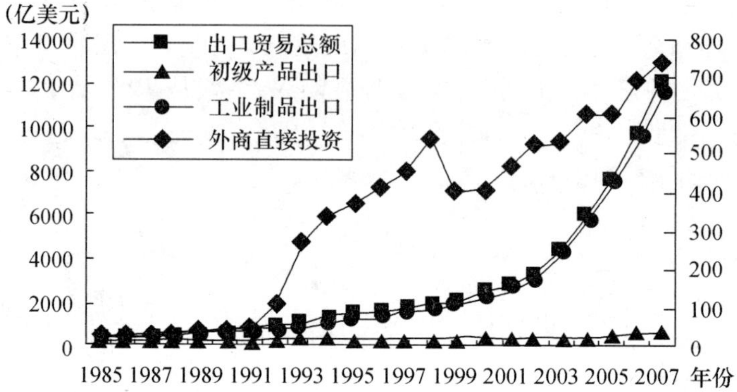


图3.3　1985～2007年我国FDI、出口总量和商品结构

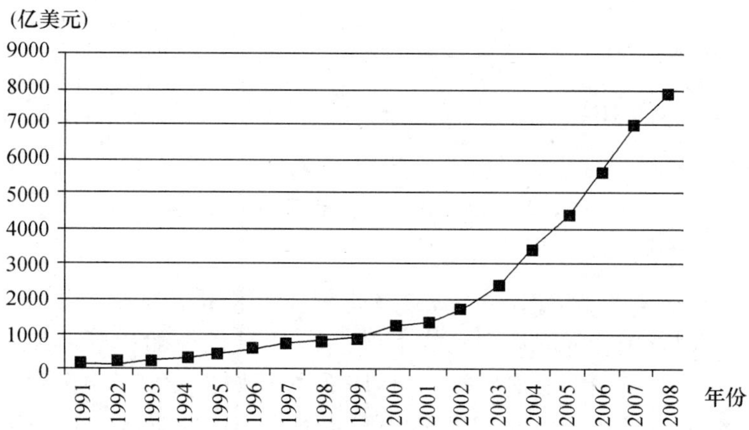


图3.4　外商直接投资企业出口总额

从出口贸易商品结构分析可知，我国出口贸易商品结构主要以工业制成品为主，1978年初级产品出口占53.5%，工业制成品出口占46.5%；1985年以前初级产品与工业制成品出口比重相差很小，1985年接近1:1，自1986年后基本维持在60%以上，2001年后保持在90%以上，2007年高达94.9%。外资企业出口贸易比重居高，尤其是高新技术产品占据较大比重，1995年高新技术产品出口所占比重仅为6.78%，同期外资企业所占比重也只有50.49%，然而到2007年高新技术产品出口所占比重达到30.17%，高新技术产品出口的86.75%来自外商投资企业（如表3.1），高新技术产品的出口促进对外贸易结构的升级。FDI的流入造成我国外贸依存度的增高，通过吸收FDI，引进国外先进适用技术、设备

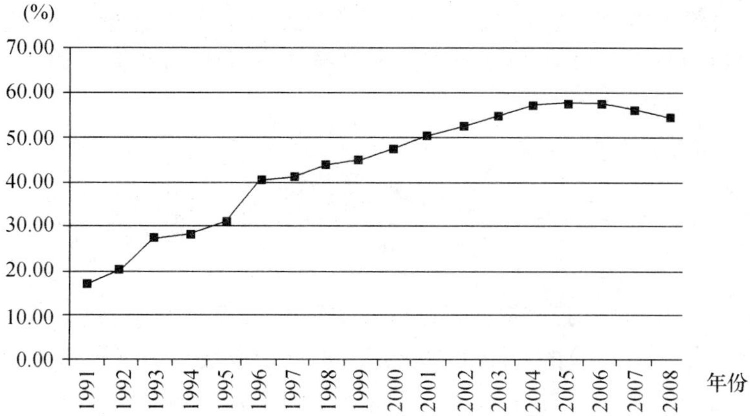


图 3.5　FDI 企业出口总额占全国比重

和管理经验，促进国内产业升级和结构调整，外商投资企业已成为发展高新技术产业的主体力量。据科技部统计，在全国高新技术产业产值中，外商投资企业所占比重从 2002 年的 61.3%，提高到 2006 年的 72.1%。2007 年外商投资高新技术产品出口额 2874 亿美元，占全国的 87%。

表 3.1　全国与外资企业高新技术产品出口额和比重　　单位：亿美元，%

| 年份 | 全国（比重是占全国出口额） | | | 外资企业（比重是占全国高新技术产品） | | |
|---|---|---|---|---|---|---|
| | 出口额 | 增速 | 比重 | 出口额 | 增速 | 比重 |
| 1995 | 100.90 | — | 6.78 | 50.94 | — | 50.49 |
| 1996 | 126.63 | 25.50 | 8.38 | 74.12 | 45.68 | 58.60 |
| 1997 | 163.10 | 28.80 | 8.92 | 109.15 | 47.08 | 66.92 |
| 1998 | 202.51 | 24.16 | 11.02 | 149.39 | 36.87 | 73.77 |
| 1999 | 247.04 | 21.99 | 12.67 | 187.75 | 25.64 | 75.98 |
| 2000 | 370.43 | 49.96 | 14.86 | 299.67 | 58.89 | 80.51 |
| 2001 | 465.52 | 25.41 | 17.49 | 378.71 | 27.02 | 81.54 |
| 2002 | 677.07 | 45.74 | 20.79 | 556.58 | 46.93 | 82.20 |
| 2003 | 1101.60 | 76.02 | 25.14 | 942.70 | 69.33 | 79.08 |
| 2004 | 1665.40 | 38.92 | 28.07 | 1445.20 | 53.34 | 87.30 |
| 2005 | 2182.48 | 31.05 | 28.64 | 1919.64 | 32.82 | 87.96 |
| 2006 | 2815.00 | 28.98 | 29.05 | 2478.32 | 29.10 | 88.04 |
| 2007 | 3675.00 | 30.55 | 30.17 | 3188.00 | 28.64 | 86.75 |

在国际资本流动非常显著的今天，只将贸易作为开放度的度量可能会引发错误的结论（Goldberg 和 Klein，1999）。在大量的文献集中于出口贸易而忽视资本流动的时候，资本流动在经济开放中对经济的促进作用却得到了大部分学者的肯定。越来越多的证据显示 FDI 对经济的影响有多种渠道，一般性的文献综述见 Hausmann 和 Arias（2000）。在贸易开放的过程中势必会带来 FDI 的增加，而 FDI

同时也会对贸易开放和经济增长产生影响。因此，本书通过建立 VAR 模型进行分析，将出口贸易和 FDI 作为开放度的度量指标，检验 ELG 假说以及 FDI、出口贸易和经济增长的因果关系。

## 第三节　一个简单的分析框架

大部分关于开放度与经济增长关系的实证分析都是基于检验 ELG 假说，学者们假定出口是经济增长的一个主要决定因素，出口通过加强外部性和技术外溢来促进经济增长。用一个简单效用模型来阐述 ELG 假设，在这个框架里产出增长是消费者需求的具体模型描述。

假设一国人口是常数，消费者具有无限期的生命，需要选择每一期的消费最大化总效用函数，代表性个人的标准效用函数为（Obstfeld 和 Rogoff，1999）：

$$U_t = \sum_{t=s}^{\infty} \rho^{s-t} E[\ln C_s]$$

其中，$\rho$ 是消费者的时间偏好折旧率，$C$ 是个人消费量，生产函数为柯布—道格拉斯形式：

$$Y_t = A_t K_t^{\alpha}$$

$A_t$ 是生产率的随机变量，$K_t$ 是资本存量，人口为常数且正则化为 1，给定上述假设，消费者面临的预算约束为：

$$K_{t+1} + C_t = Y_t$$

那么代表性消费者个体的问题是：

$$\text{Max } U_t = \sum_{t=s}^{\infty} \rho^{s-t} E[\ln C_s]$$

$$\text{S. t. } K_{t+1} + C_t = Y_t = A_t K_t^{\alpha}$$

建立拉格朗日函数为：

$$L = \sum_{t=s}^{\infty} \rho^{s-t} E[\ln C_s] + \lambda_t (K_{t+1} + C_t - A_t K_t^{\alpha})$$

对上式求解一阶导数整理得：

$$Y_t = A_t (\rho \alpha Y_{t-1})^{\alpha}$$

对上式取对数形式可得：

$$\ln Y_t = \ln A_t + \alpha \ln \rho + \alpha \ln \alpha + \alpha \ln Y_{t-1}$$

简化上式写为：

$$y_t = a_t + x + \alpha y_{t-1}$$

其中，小写字母 $y$、$a$ 分别表示大写字母 $Y$、$A$ 的对数形式，$x = \alpha \ln \alpha\rho$，在

上式中影响 $y_t$ 的因素有：①对产出具有持久效应的生产率冲击 $a_t$。②时间偏好折旧率 $\rho$ 和资本产出弹性 $\alpha$ 的冲击。③滞后一期的产出 $y_{t-1}$ 的冲击。Romer（1990）认为考虑内生经济增长的决定因素后生产率对产出的冲击效应有加强的趋势，而且这种效应是持久的，因此度量生产率冲击的主要因素成为内生经济增长学家争论的目标，而经济开放度一直被认为是影响劳动生产率的主要因素之一，本部分讨论经济开放与经济增长的关系。

根据上面的分析，经济开放包括出口贸易开放度的提高和 FDI 的流入，出口对生产率增长具有显著的作用：①对国内企业的外部性。Feder（1982）的模型显示出口贸易具有极强的外部性效应，贸易开放度的增加不仅允许更加有效率的厂商进入到出口市场，并且出口厂商会通过管理模式和改进的生产技术对非出口厂商的生产率产生正的影响。②规模效应。新古典增长理论认为贸易开放度促进经济增长的渠道主要来源于贸易开放带来的规模经济效应，提高了劳动生产率（Krugman 和 Helpman，1985；Meier，1989）。③提高资源配置。一些学者认为贸易开放度会通过提高国内的资源配置效率来实现经济增长（Krueger，1985），比如贸易开放度能够加快国内投资率（Levine 和 Renelt，1992）、促进资本形成（Rodrik，1988）等。④扩展国际市场的需要。Esfahani（1991）指出贸易开放度的增加有利于缓解国外汇率和国内市场的限制，更加容易接近世界市场和吸收国际前沿技术。此外，内生增长模型强调出口可以带来更加长期的经济增长率，这是由于它提高了国家技术创新的速度和不断从国外学习新技术（Lucas，1988；Romer，1986；Grossman 和 Helpman，1991；Edwards，1992）。

许多检验 ELG 的假说专注于特定的某个国家，忽视了国家之间的联系，即 FDI 的流入对生产率的影响，这一点在 Greenway（1994）和 Vamvakidis（1999）中有详细的论述。自由化促进经济增长的过程不仅包括贸易的扩大，同时也促进了资本的流入（Edwards，1993）。[①] 我国的外商直接投资企业的产品主要销往国外，扩大了出口贸易的规模，江小涓（2002）的数据显示 2001 年外商投资企业的出口增加额占全国出口增加值的比重为 81.2%。因此中国的 FDI 与贸易开放度存在密不可分的关系，两者共同促进了经济增长。Edwards（2001）的实证分析有力地驳斥了 Rodrik（1998）的问题，他认为资本项目的开放能够提高经济效率。[②] 在我国资本项目尚未完全开放的情况下，我们只研究 FDI 对经济效率的影响，实证分析证明 FDI 提高长期的经济增长（De Mello，1997），江锦凡（2003）

① Edwards 的文中指出自由化的过程提高了开放度，从而促进经济增长，开放度的度量必须考虑贸易开放度的增加和资本的流入。

② Edwards（2001）的实证结果是运用多个国家的国际平衡表数据获得，尽管这种效应主要是发生在高收入国家。

发现外商直接投资对中国经济增长存在着资本效应和外溢效应两方面的作用，证明中国的 GDP 每增加 1 个百分点，其中就有 19.3% 是由外商直接投资贡献的，这种外商直接投资与中国经济增长的正相关关系已经被许多学者证实（沈坤荣、耿强，2001；萧政、沈艳，2002；魏后凯，2002；等等），主要通过以下途径来实现：①技术转移效应。跨国公司是国际技术转移的主要渠道，外商直接投资通过技术外溢效应提高劳动生产率（Borensztein，1998；喻世友等，2005）。②产业联系。Jansen（1995）和 Sun（1996）发现外商直接投资能够刺激国内部门的增长，这种产业联系既包括前向联系，如为当地企业提供中间投入，也包括后向联系，如从当地购买投入品。很明显，外商直接投资所产生的这种诱导性要素需求，将对国内部门产生多方面的需求，由此对国内投资、产出和就业产生乘数和加速作用。③外部性。Bosworth 和 Collins（1999）指出外商直接投资企业比国内企业具有更高的生产率，生产率的差异可以导致国内企业采用新技术，这就产生了生产率的外部性。

在中国的实证研究方面，Kueh（1992）讨论了外商直接投资对中国沿海开放地区国内投资、工业产出和出口的影响，发现外商投资对总资本形成作出了很大的贡献，外商投资企业已经成为沿海地区重要的工业生产商和出口商。Sun（1998）则分析了外商直接投资对中国区域经济增长的影响，他认为外商直接投资是导致改革开放以来东部和西部地区经济增长差异和收入不平等的最重要的因素。魏后凯（2002）在研究中国区域经济发展的二元结构时发现，二元结构形成与外商投资分布的不平衡密切相关，他利用 1983～1999 年时间序列和横截面数据，对外商投资对中国区域经济增长的影响进行实证分析，结果表明在此期间东部发达地区与西部地区之间 GDP 增长率的差异，大约有 90% 是由外商投资引起的。

FDI 既是经济增长的动力，同时也促进了对外贸易和企业的发展。江小涓（2002）根据大量的数据分析和对比阐述了外商直接投资对我国工业经济增长、技术进步、出口和国有企业改革的贡献。Liu（2001）利用我国和其他 19 个国家和地区之间的投资和贸易数据，采用多变量 Granger 因果关系检验解释了进口、出口和外商直接投资三者之间的因果关系，他认为进口变化是外商直接投资变化的原因，外商直接投资变化是出口变化的原因。

## 第四节　VAR 模型分析

根据上面的分析，当期的经济增长率与滞后期的经济增长率相关，并且受到生产率的影响。在开放经济条件下，贸易开放度和 FDI 影响劳动生产率，促进经济增长，贸易开放度与外商直接投资存在互相促进的关系。本节建立 VAR 模型研究贸易开放度、FDI 与中国经济增长三者的相互关系。

## 一、数据的选取

按照分析的目的，我们选择出口贸易总额（EXP）、外商直接投资（FDI）和国内生产总值（GDP）作为变量，数据采用季度时间序列，样本期从 1994 年第一季度到 2008 年第四季度，共 60 个样本数据，季度数据来源于中国经济信息网（www. cei. gov. cn）。[①] 季度汇率采用三个月的汇率平均值，汇率和出口贸易的季度数据来源于中国资讯行网站，贸易开放度（OPE）用出口贸易额除以国内生产总值的比值，具体的数据如表 3.2 所示。

**表 3.2 EXP、FDI 与 GDP 的季度数据**

| 季度 | EXP（千万美元） | FDI（亿元） | GDP（亿元） | 季度 | EXP（千万美元） | FDI（亿元） | GDP（亿元） |
|---|---|---|---|---|---|---|---|
| 1994. 1 | 1912. 90 | 534. 04 | 9064. 70 | 2001. 3 | 7041. 72 | 952. 67 | 26867. 30 |
| 1994. 2 | 2929. 10 | 813. 57 | 11085. 00 | 2001. 4 | 7129. 31 | 1212. 55 | 33837. 00 |
| 1994. 3 | 3105. 00 | 765. 55 | 12446. 90 | 2002. 1 | 6465. 82 | 837. 61 | 25375. 70 |
| 1994. 4 | 4150. 60 | 794. 02 | 15601. 30 | 2002. 2 | 7738. 06 | 1198. 52 | 27965. 30 |
| 1995. 1 | 3097. 07 | 578. 12 | 11858. 50 | 2002. 3 | 9055. 82 | 1239. 04 | 29715. 70 |
| 1995. 2 | 3885. 92 | 874. 53 | 14109. 10 | 2002. 4 | 9304. 51 | 1091. 74 | 37276. 00 |
| 1995. 3 | 3722. 45 | 827. 07 | 15535. 00 | 2003. 1 | 8632. 27 | 1083. 48 | 28861. 80 |
| 1995. 4 | 4176. 60 | 866. 50 | 19291. 10 | 2003. 2 | 10393. 52 | 1421. 16 | 31007. 10 |
| 1996. 1 | 2822. 64 | 639. 99 | 14261. 20 | 2003. 3 | 11746. 53 | 826. 05 | 33460. 40 |
| 1996. 2 | 3580. 27 | 979. 16 | 16600. 60 | 2003. 4 | 13074. 94 | 1098. 34 | 42493. 50 |
| 1996. 3 | 3997. 92 | 928. 25 | 17671. 30 | 2004. 1 | 11571. 78 | 1164. 58 | 33420. 60 |
| 1996. 4 | 4716. 56 | 970. 61 | 22643. 50 | 2004. 2 | 14248. 83 | 1639. 64 | 36985. 30 |
| 1997. 1 | 3558. 57 | 650. 09 | 16256. 70 | 2004. 3 | 15820. 70 | 1225. 79 | 39561. 70 |
| 1997. 2 | 4536. 03 | 1068. 52 | 18697. 60 | 2004. 4 | 17723. 38 | 988. 21 | 49910. 70 |
| 1997. 3 | 4813. 57 | 896. 88 | 19148. 10 | 2005. 1 | 15589. 75 | 1108. 22 | 38763. 60 |
| 1997. 4 | 5375. 89 | 1137. 61 | 24870. 60 | 2005. 2 | 18653. 78 | 1255. 55 | 42443. 20 |
| 1998. 1 | 4021. 05 | 711. 70 | 17501. 30 | 2005. 3 | 20416. 94 | 1194. 97 | 44370. 70 |
| 1998. 2 | 4648. 71 | 981. 44 | 19721. 40 | 2005. 4 | 21572. 21 | 1380. 42 | 57639. 90 |
| 1998. 3 | 4719. 03 | 902. 88 | 20372. 50 | 2006. 1 | 19714. 29 | 1147. 02 | 44419. 80 |
| 1998. 4 | 4985. 86 | 1177. 69 | 26807. 10 | 2006. 2 | 23137. 33 | 1136. 11 | 49191. 80 |
| 1999. 1 | 3727. 06 | 607. 65 | 18789. 70 | 2006. 3 | 26274. 32 | 1128. 60 | 50958. 00 |
| 1999. 2 | 4573. 42 | 928. 84 | 20765. 20 | 2006. 4 | 27807. 59 | 1606. 30 | 67353. 90 |
| 1999. 3 | 5424. 03 | 882. 37 | 21859. 30 | 2007. 1 | 25213. 95 | 1233. 07 | 53058. 30 |
| 1999. 4 | 5794. 72 | 923. 89 | 28262. 90 | 2007. 2 | 29478. 33 | 1227. 21 | 59400. 00 |
| 2000. 1 | 5171. 91 | 590. 26 | 20647. 00 | 2007. 3 | 33147. 19 | 1158. 95 | 61969. 30 |
| 2000. 2 | 6279. 85 | 830. 27 | 23101. 20 | 2007. 4 | 33976. 08 | 2043. 40 | 82878. 00 |
| 2000. 3 | 6778. 10 | 788. 17 | 24339. 30 | 2008. 1 | 30597. 07 | 1964. 81 | 63474. 50 |
| 2000. 4 | 6694. 10 | 1166. 31 | 31127. 10 | 2008. 2 | 36044. 71 | 1735. 92 | 71251. 30 |
| 2001. 1 | 5926. 41 | 660. 54 | 23299. 50 | 2008. 3 | 40797. 98 | 1503. 83 | 73299. 50 |
| 2001. 2 | 6568. 67 | 1052. 02 | 25651. 40 | 2008. 4 | 35447. 15 | 1231. 68 | 92644. 70 |

① 见刘莉亚（2004）的《新兴市场国家（地区）金融危机理论研究》第 268 ~ 273 页。

VAR 模型要求对变量的时间序列进行平稳性检验，由于宏观经济变量不平稳容易产生伪回归（Spurious Regression），因此我们必须先对各个变量的平稳性进行分析，运用单位根检验来判断数据的随机性质，然后通过建立 VAR 模型确定各个变量之间的长期静态和动态关系，最后检验各个变量之间的 Granger 因果关系。

## 二、单位根检验

我们采用 Dickey 和 Fuller（1981）提出的 ADF 方法进行单位根检验，数据生成过程的检验方程分别为无截距项和时间趋势、有截距项和既有截距项又有时间趋势，具体如下：

$$y_t = \rho y_{t-1} + \zeta_1 \Delta y_{t-1} + \zeta_2 \Delta y_{t-2} + \cdots + \zeta_{p-1} \Delta y_{y-p+1} + \varepsilon_t$$

$$y_t = \alpha + \rho y_{t-1} + \zeta_1 \Delta y_{t-1} + \zeta_2 \Delta y_{t-2} + \cdots + \zeta_{p-1} \Delta y_{y-p+1} + \varepsilon_t$$

$$y_t = \alpha + \beta t + \rho y_{t-1} + \zeta_1 \Delta y_{t-1} + \zeta_2 \Delta y_{t-2} + \cdots + \zeta_{p-1} \Delta y_{y-p+1} + \varepsilon_t$$

其中，$\{\varepsilon_t\}$独立同分布，$E(\varepsilon_t)=0$，$\mathrm{Var}(\varepsilon_t)=\sigma^2$，检验 $H_0$：$\rho=0$，$H_1$：$\rho\neq0$。

我们根据各组数据的时序图选择各变量数据 ADF 检验时是否采用截距项和时间趋势（限于时序图省略），同时进一步检验各变量数据单位根方程中截距项和时间趋势的系数显著性来判断单位根检验模型设定问题。滞后阶 $\rho$ 的确定是基于最小信息准则（AIC 和 BIC）原则做出的，选择的滞后阶数使回归残差尽可能地接近白噪声，结果如表 3.3 所示。

**表 3.3 单位根检验**

| 变量 | 截距 | 时间趋势 | 滞后阶数 | ADF 值 | 5% 临界值 | 1% 临界值 |
|---|---|---|---|---|---|---|
| Ln（GDP） | 有 | 无 | 5 | 0.46 | -2.94 | -3.62 |
| Ln（OPE） | 有 | 无 | 4 | -0.25 | -2.94 | -3.62 |
| Ln（FDI） | 无 | 无 | 4 | 1.03 | -1.95 | -2.63 |
| 变量 | 截距 | 时间趋势 | 滞后阶数 | ADF 值 | 5% 临界值 | 1% 临界值 |
| D（LnGDP） | 有 | 无 | 3 | -2.9* | -2.9 | -3.6 |
| D（LnOPE） | 无 | 无 | 4 | -2.62** | -1.95 | -2.63 |
| D（LnFDI） | 无 | 无 | 3 | -2.94** | -1.95 | -2.63 |

注：***、**、* 分别表示在 1%、5% 和 10% 的显著性水平下拒绝单位根检验，D 表示一阶差分。

从表 3.3 中可以看出，各变量序列都存在单位根，它们的一阶差分都在 10% 的显著性水平下拒绝了单位根假设，从而各变量的序列都是 $I(1)$ 过程。基于此检验我们就可进行协整分析。

## 三、协整分析

我们用 Johansen 最大似然法分析 LnGDP、LnFDI 和 LnOPE 的协整关系。协整模型的设定和滞后期确定原则是先根据最小化 AIC 和 SC 信息的标准选取，然后进行模型检验（如 Cochrane – Orcutt 和 CUSUMS 等方法修正残差自相关、正态性检验和稳定性），若不能通过检验，则重新设定，直到找到相对更好的模型。经过反复检验确定为协整变量具有线性趋势并且有截距项和时间趋势，综合 AIC 和 SC 等信息选择滞后三期，具体协整检验如表 3.4 所示。

1. ELG 的协整分析

**表 3.4 LnGDP、LnFDI 和 LnOPE 的协整关系**

| 协整秩 $H_0$ | 最大特征值 | 似然估计值 | 5% 的临界值 | P 值 |
|---|---|---|---|---|
| r = 0*** | 0.74 | 68.91 | 42.92 | 0.0001 |
| r≤1 | 0.24 | 14.7 | 25.87 | 0.599 |
| r≤2 | 0.12 | 3.65 | 12.52 | 0.792 |

在表 3.4 中 $r$ 表示协整关系的个数，可见在 1% 的显著性水平上，我们应当拒绝 $r=0$ 的假设，即三个变量之间存在一个协整关系，协整向量为：

$$LnGDP = 0.83LnOPE + 0.08LnFDI + 0.003t + 6.74$$
$$(-6.5) \quad (1.72) \quad (1.3)$$

括号数字表示各个系数的 t 统计量，可以看出 LnOPE 和 LnFDI 的系数都显著进入协整方程，而时间趋势系数的 t 检验统计量为 1.3，没有通过显著性为 10% 的检验，其系数为 0.003。在长期稳定关系中，出口贸易开放度和 FDI 与实际 GDP 呈正向关系，两者都显著地促进了中国经济增长。出口贸易开放度每增加 1% 会引发中国经济长期增长 0.83%，即运用中国的数据支持 ELG 假说。与此同时，外商直接投资对经济增长的促进作用也不容忽视，FDI 每增加 1 个百分点，中国经济可增长 0.08%。

有一点可以肯定的是，在样本期内，中国经济长期增长可能是由出口扩张引起的。出口贸易可以通过提高投入要素的产出效率和促进资本形成这两条渠道来对中国经济增长作出贡献。出口贸易对投入要素产出效率的提升作用是以其外部性来实现的（Hatemi, et al., 2001），这些外部性具体体现为：出口贸易使中国面临竞争更激烈的国际市场，这将在一定程度上刺激中国国内企业的技术创新和进步；由于出口贸易的存在，中国在比较优势的基础上进行专业化分工，会生产比没有出口贸易时品种更少的产品，每一种产品的产量都会比以前更大，从而达到规模经济；出口贸易扩张有利于提升国内人力资本和知识存量，使所有厂商都受益。

出口贸易对促进资本形成的作用总结为：根据“双缺口”理论，中国出口贸易有利于缓解改革开放以来“外汇缺口”的约束，使一些重要资本品或中间产品的进口成为可能，从而促进资本形成；投资是由投资机会而非事前储蓄形成的，储蓄只有在存在投资机会的情况下才能转化成投资，而出口贸易则被认为是最好的投资机会，对促进资本形成有重要作用。

2. FDI与出口贸易开放度的长期关系

一般而言，FDI会影响下一期出口贸易开放度，因此我们这里分析LnOPE和LnFDI（-1）的协整关系。协整变量具有线性趋势并且有截距项和时间趋势，综合AIC和SC等信息选择滞后三期，具体协整检验如表3.5所示。

**表3.5 LnOPE、LnFDI（-1）和LnGDP的协整关系**

| 协整秩 $H_0$ | 最大特征值 | 似然估计值 | 5%的临界值 | P值 |
|---|---|---|---|---|
| r=0*** | 0.74 | 53.84 | 21.13 | 0.0001 |
| r≤1 | 0.13 | 5.47 | 14.26 | 0.68 |
| r≤2 | 0.05 | 2.00 | 3.84 | 0.16 |

在表3.5中r表示协整关系的个数，可见在1%的显著性水平上，我们应当拒绝r=0的假设，即三个变量之间存在一个协整关系，协整向量为：

$$LnOPE = 1.03LnFDI(-1) + 0.003t + 3.99$$
$$(5.82) \qquad (1.14)$$

式下括号中的数字表示各个系数的t统计量，可以看出LnOPE和LnFDI的系数显著进入协整方程，而时间趋势系数的t检验统计量为1.14，没有通过显著性为10%的检验。在长期稳定关系中，出口的贸易开放度与外商直接投资呈正向关系，两者都显著促进中国经济增长。上一期FDI每增加1个百分点，中国出口贸易开放度可增长1.03%，这说明了我们将FDI纳入ELG分析的正确性。

## 四、误差修正模型

通过对变量进行协整分析可以发现变量之间的长期均衡关系，但是无法得知这些变量的短期动态关系，误差修正模型可以解决这个问题。根据Granger定理，一组具有协整关系的变量具有误差修正模型的形式。因此在协整检验的基础上进一步建立误差修正模型，研究经济增长与出口贸易开放度、FDI之间关系的短期动态调整，省去系数不显著的解释变量，误差修正模型为：

$$\Delta LnGDP_t = -0.09u_{t-1} - 0.91\Delta LnGDP_{t-1} - 0.95\Delta LnGDP_{t-2} - 0.94\Delta LnGDP_{t-3} -$$
$$\quad(-7.39)\qquad(-50.54)\qquad(-53.24)\qquad(-40.77)$$

$$0.07LnOPE_{t-2} - 0.02\Delta LnFDI_{t-1} + 0.08$$
$$(-3.33)\qquad(-1.88)$$

$$Adj\ R^2 = 0.99 \qquad\qquad F = 3723$$

其中，误差项 $u_{t-1} = LnGDP_{t-1} - 0.83LnOPE_{t-1} + 0.08LnFDI_{t-1} + 0.003t + 6.74$，误差修正项的系数为 -0.09，模型具有反向修正的机制，表明短期内的非均衡状态逐渐向长期的均衡状态趋近。说明保持协整关系的稳定，即提高 FDI 和出口贸易开放度会提高经济增长率。

滞后一期、二期和三期的经济增长率对于当期经济增长率的效应分别为 -0.91、-0.95 和 -0.94，滞后期的经济增长率反而降低了本期的经济增长率，笔者认为这是由于中国经济增长模式仍然处于粗放型方式，高能耗的经济增长模式影响了经济可持续发展。上一期的出口贸易开放度略微降低了本期的经济增长率，系数为 -0.07，同样 FDI 的变化率对于当期经济增长具有促退效应，系数为 -0.22。从协整分析和 ECM 模型可知，出口贸易开放度、FDI 与经济增长的效应从长期和短期来看是不一致的，短期内提高出口贸易开放度和 FDI 的变化率降低了经济增长率，长期内提高出口贸易开放度和 FDI 的变化率持续地提高了经济增长率，并且这种影响机制从短期非均衡逐渐趋近于长期均衡状态。长期内提高出口贸易开放度和 FDI 能够带来长期的经济增长。

## 五、脉冲响应和方差分解

协整分析只提供变量间长期关系的信息，但是没有为一个变量作用于另一个变量的动态特征提供更多的信息。而引入脉冲响应函数将有助于该问题的解决。脉冲响应函数刻画的是在扰动项上加上一个单位标准差大小的新信息冲击（innovation）对内生变量的当前值和未来值所带来的影响。为了刻画出口贸易开放度、FDI 和中国经济增长三者之间的动态影响，我们以向量自回归模型为基础，采用正交化（Orthogonalised）方法，应用 Choleski 分解技术，建立 FDI、通货膨胀率与其他影响因素的冲击反应模型。图 3.6 为脉冲响应分析的结果。

1. 出口贸易开放度对经济增长的冲击效应

出口贸易开放度对经济增长的冲击作用存在正向效应，这一正向效应除了在第三期和第七期有所降低外，其余期间均为递增趋势。就长期而言，出口贸易对经济增长的促进作用呈递增趋势，这说明出口贸易对中国经济增长的促进作用十分明显，这一结论同样验证了出口贸易导向经济增长的假说命题成立。

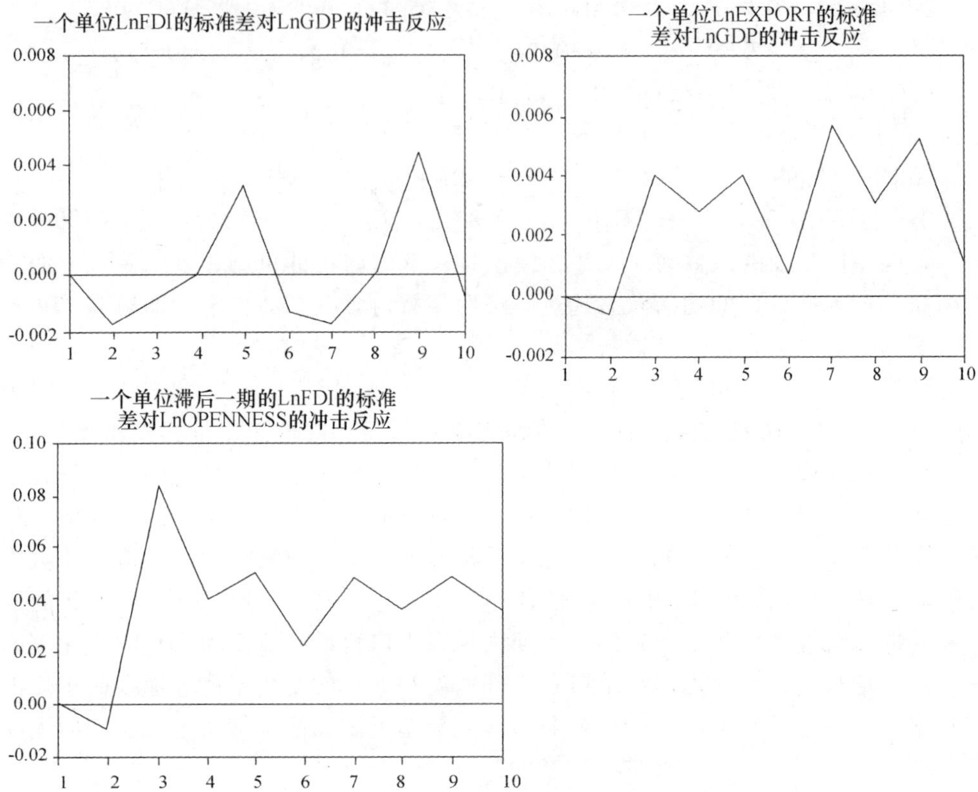


**图 3.6 各影响因素的脉冲响应**

2. FDI 对经济增长的冲击效应

FDI 对经济增长的冲击作用存在较大的波动性。初期 FDI 对中国经济增长存在反向影响，随着 FDI 逐渐引进，从第四期后逐渐起正向冲击效应，这种正面效应呈递减趋势，到第六期变为反向冲击，直至第八期呈正向效应。说明考察 FDI 对中国经济增长的作用必须作出时段区别。如何解释这一现象呢？由于 FDI 受到跨国公司全球化战略、东道国政府引资政策、投资环境等因素影响，而且世界贸易格局的变化也会影响 FDI，其波动性很强。

3. FDI 对出口贸易开放度的冲击效应

FDI 对下一期出口贸易开放度的冲击作用一直是正向作用。初期 FDI 对下一期正面效应呈增长趋势，到第三期正向效应变小，随后趋于稳定。就长期而言，FDI 对下一期出口贸易开放度的促进作用非常明显，可见中国的 FDI 具有极大的出口贸易效应。

从图 3.6 可以看出，出口贸易开放度对中国经济增长起着相当重要的作用，而外商直接投资受自身波动的影响对经济增长的作用时正时负。Sims（1981）运用方差分解法，通过求解扰动项对向量自回归模型预测均方误差的贡献度，可得到各类因素对经济增长的冲击作用，各个变量的方差分解如表 3.6 至表 3.8 所示。

**表 3.6 LnGDP 的误差分解**

| 时期 | S. E. | LnGDP | LnOPENNESS | LnFDI |
|---|---|---|---|---|
| 1 | 0.007795 | 100 | 0 | 0 |
| 2 | 0.008394 | 87.15134 | 9.519714 | 3.328944 |
| 3 | 0.008483 | 85.38202 | 10.79548 | 3.822494 |
| 4 | 0.008844 | 79.73615 | 16.73235 | 3.531505 |
| 5 | 0.013954 | 81.78805 | 13.4684 | 4.743548 |
| 6 | 0.015428 | 68.96192 | 25.55421 | 5.483862 |
| 7 | 0.015969 | 64.98436 | 29.38126 | 5.63438 |
| 8 | 0.016776 | 60.31591 | 34.57177 | 5.112329 |
| 9 | 0.021231 | 64.68985 | 28.90732 | 6.402824 |
| 10 | 0.02288 | 57.54265 | 36.25722 | 6.200135 |

**表 3.7 LnOPENNESS 的误差分解**

| 时期 | S. E. | LnGDP | LnOPENNESS | LnFDI |
|---|---|---|---|---|
| 1 | 0.007795 | 18.23268 | 81.76732 | 0 |
| 2 | 0.008394 | 20.0573 | 79.90728 | 0.035416 |
| 3 | 0.008483 | 18.42739 | 81.01517 | 0.55744 |
| 4 | 0.008844 | 18.6266 | 80.91405 | 0.459352 |
| 5 | 0.013954 | 18.92958 | 80.68216 | 0.38826 |
| 6 | 0.015428 | 19.51535 | 80.10298 | 0.381671 |
| 7 | 0.015969 | 19.01569 | 80.31984 | 0.664462 |
| 8 | 0.016776 | 19.04969 | 80.29442 | 0.655892 |
| 9 | 0.021231 | 19.20027 | 80.16189 | 0.637839 |
| 10 | 0.02288 | 19.57883 | 79.77752 | 0.643653 |

表 3.8 LnFDI 的误差分解

| 时期 | S. E. | LnGDP | LnOPENNESS | LnFDI |
|---|---|---|---|---|
| 1 | 0.049932 | 2.951839 | 0.558983 | 96.48918 |
| 2 | 0.07714 | 2.85769 | 0.721764 | 96.42055 |
| 3 | 0.090711 | 2.802014 | 1.017569 | 96.18042 |
| 4 | 0.101145 | 2.849705 | 1.443447 | 95.70685 |
| 5 | 0.110169 | 2.730012 | 1.547213 | 95.72277 |
| 6 | 0.117162 | 2.714867 | 1.565717 | 95.71942 |
| 7 | 0.122009 | 2.691818 | 1.705688 | 95.60249 |
| 8 | 0.125603 | 2.66381 | 1.913709 | 95.42248 |
| 9 | 0.128763 | 2.598148 | 2.025723 | 95.37613 |
| 10 | 0.131589 | 2.613481 | 2.00686 | 95.37966 |

现阶段中国经济增长的变动中，大约有 10.79% 的波动可以由出口贸易开放度的波动来解释，大约有 4% 的波动可以由外商直接投资的波动来解释，剩下 85% 的波动由自身的波动来解释。随着开放的不断深入，出口贸易开放度和外商直接投资对经济增长的解释力度逐步加大，分别增加至 36% 和 6%，两者作为影响中国经济增长的因素不可或缺，这也说明我们将 FDI 引入 ELG 假说模型是正确的。

从出口贸易开放度的变动来看，中国经济增长的波动是主要影响因素，可以解释 18.42% 的出口贸易开放度的波动，FDI 只能解释 0.55% 的波动。而从 FDI 的波动来看，出口贸易开放度能够解释 1% 的波动，中国经济增长能够解释 2.8% 的波动。从长期来看，经济增长的波动有接近 40% 可由出口贸易开放度来解释，FDI 的解释力度也上升至 6% 以上。尽管现阶段 FDI 与出口贸易开放度的波动由双方的波动解释力度不大，但是我们无法忽视两者之间存在互相影响的关系。因此用因果分析来解释。

## 六、因果检验

为了揭示各变量的因果关系，我们采用 Granger（1980）提出的因果分析法，对各个变量之间的因果关系进行分析，检验结果如表 3.9 所示。

表 3.9 的结果可以表明：出口贸易开放度和外商直接投资的变化都是引起经济增长率的 Granger 原因，同时经济增长率是引起两者变化的 Granger 原因。而外商直接投资与出口贸易开放度互为因果关系。

表 3.9　各变量的因果检验

| 零假设 | 滞后期 | F 统计量 | P 值 |
|---|---|---|---|
| LnOPE 不是 LnGDP 的 Granger 原因 | 3 | 37.2*** | 0.00 |
| LnGDP 不是 LnOPE 的 Granger 原因 | 3 | 94.68*** | 0.00 |
| 零假设 | 滞后期 | F 统计量 | P 值 |
| LnFDI 不是 LnGDP 的 Granger 原因 | 3 | 20.62*** | 0.00 |
| LnGDP 不是 LnFDI 的 Granger 原因 | 3 | 20.96*** | 0.00 |
| 零假设 | 滞后期 | F 统计量 | P 值 |
| LnFDI 不是 LnOPE 的 Granger 原因 | 3 | 26.98*** | 0.00 |
| LnOPE 不是 LnFDI 的 Granger 原因 | 3 | 16.32*** | 0.00 |

注：***、**、*表明通过显著性水平为 1%、5%、10% 的 Granger 因果检验，限于篇幅我们省略了其他检验结果。

# 本章小结

本章在一个简单的分析框架内，将 FDI 纳入 ELG 假说检验框架中，利用中国的季度数据，建立一个包括三变量的 VAR 和误差修正模型检验中国 ELG 假说命题，结果发现：

（1）改革开放以来，中国确实是出口导向型经济增长，即 ELG 假说命题在中国是成立的。每增长 1% 的出口贸易开放度，会引发经济长期增长 0.83%。利用脉冲响应模型和方差分解可知，出口贸易开放度是影响中国经济增长波动的主要因素，长期而言出口贸易开放度对中国经济增长的促进作用呈递增的趋势。

（2）FDI 是促进中国经济增长的另一个因素。FDI 每增长 1% 可拉动长期经济增长 0.08%。FDI 受到自身变化的影响对中国经济增长的作用并不稳定。FDI 是引发中国经济增长的 Granger 原因。

（3）FDI 与出口贸易开放度互为因果关系，FDI 可以促进下一期出口开放度的增长，中国的 FDI 具有长期的出口贸易效应。两者的变化均可由双方互相解释。

# 第四章　贸易开放度、产业专业化和中国经济增长

上一章实证研究显示 FDI 扩大贸易总额，促进了中国出口导向型经济增长，结果显示贸易与经济增长呈显著的正相关关系，接着我们要度量贸易与中国经济增长的效应以及两者之间的影响机制。

本章从产业发展的角度，在 Lucas（1988）内生经济增长模型的分析框架上，根据中国 39 个行业的数据，构建总产值、增加值和以生产率为权重的产业专业化指数，并用协整分析和改进的 Granger 因果检验论证分析贸易开放度与中国经济增长的影响机制。

## 第一节　问题的提出

贸易开放度的提高能否促进经济增长？两者之间的影响机制是什么？许多学者用实证方法对第一个问题进行了分析，文献见 Edwards（1993）、Rodriguez 和 Rodrik（2000）。无论是采用时间序列数据（Edwards，1998）还是平行面板数据（Hassion，1996），都得到了一致的结论：贸易开放度与经济增长存在正相关关系。

经济学家对后一个问题给出了一些不同的解释。国外经济学家认为贸易开放度与经济增长的影响机制主要是贸易开放度影响了国家的宏观经济效益，如要素生产率、规模经济、资源配置和技术进步等，并对此进行了大量的实证研究。本章则从产业发展的角度来分析贸易开放度与经济增长的影响机制，贸易开放度提高了要素生产率、产生规模经济、优化资源配置和加快技术进步，使一国更专业于具有比较优势和生产率较高的产业生产，提高整体经济的生产率，促进经济的长期增长。因此我们认为贸易开放度的提高是通过提高优势产业的专业化程度促进经济增长，理论基础是：①贸易开放提高了优势产业的专业化生产。Gopinath 和 Upadhyay（2001）用一般均衡理论研究发现贸易开放提高了具有较高人力资本和技术的产业专业化生产；Eckhard 和 Jameba（2004）在 Richdian 模型中发现贸易开放度的提高会导致国际贸易产品的专业化，以此推进国内专业化生产。

②更高的产业专业化能够带来更高的经济增长率。Paul Romer（1986）认为专业化生产能够产生规模递增的报酬，促进经济增长。Lucas（1988）证明了在比较理论框架内，一国越专业于具有更高学习能力的产业生产，其经济增长率越高。实证研究揭示了产业专业化程度与人均GDP和生产率之间的关系。

本章将贸易开放度、产业专业化程度与经济增长纳入一个分析框架，构造衡量产业专业化程度的指数，采用实证分析的方法从产业发展的角度研究中国贸易开放度与经济增长的影响机制。

改革开放以来，中国经济得到了快速增长，贸易开放度从1978年的10.03%上升到2003年的60.11%。[①] 改革开放初期中国的贸易格局是以纺织品、服装和消费品等劳动密集型产业为主，劳动密集型产业依靠低成本在中国出口中占据大量的市场份额，[②] 这种传统的贸易结构是以低技术和低附加值为主，很难在国际市场上具有长期的竞争优势（洪银兴，2001），而且时常受到汇率、反倾销等贸易政策措施的影响。随着改革开放的深入，中国的贸易结构和产业间比较优势发生了变化，中国逐渐专业化于以技术密集型（如电子信息业、电气机械业）和加工工业为主的产业生产。随着贸易开放度的不断增加，这种趋势愈加明显。因此，从产业专业化角度分析能够很好地解释改革开放以来中国的贸易开放度与经济增长的影响机制，但是国内的实证研究只是在国外已有的宏观总量分析框架内分析贸易开放度与经济增长的相关性关系，如沈坤荣和李剑（2003）、杨全发和舒元（1998）以及包群等（2003）。

本章的结构是，第二节是基于Lucas（1988）模型的分析；第三节构造了三种产业专业化指数；第四节用OLS回归研究贸易开放度、产业专业化指数与经济增长之间的相关关系，确定能够描述中国经济增长的基本模型；第五节对基本模型进行分析，研究三者之间的长期关系和因果关系；第六节是稳健性检验，运用三次产业的数据进行分析；最后是本章小结。

## 第二节 基于Lucas模型的分析

Lucas（1988）讨论了专业化水平与经济增长的关系。模型分为两部分，第一部分说明经济体会专业于更高学习系数的产业生产，第二部分证明如果参与国际分工，具有更高学习能力的专业化生产能够带来更高的经济增长率。

---

① 数据来源于2004年《中国统计年鉴》。

② 1998年以前资源密集型与劳动密集型产业在贸易中仍占据相当比重，纺织、服装和皮革制品及轻工业消费品占总出口的30%左右。

第一部分：假设经济体只有生产产品 $X_1$ 的产业 1 和生产产品 $X_2$ 的产业 2，无物质资本，劳动力是常数，各产业的生产函数为：

$$X_i(t) = h_i(t)u_i(t)N(t) \qquad i = 1,2 \tag{4.1}$$

其中，$h_i(t)$ 是产业 $i$ 的人力资本，$u_i(t)$ 是从事产业 $i$ 的劳动力份额，$u_1(t) + u_2(t) = 1$。Paul Romer（1986）认为人力资本的积累是在干中学（learning - by - doing）的基础上建立的，人力资本的变化为报酬递增的函数：

$$h_i(t) = h_i(t)\delta_i u_i(t) \qquad i = 1,2 \tag{4.2}$$

其中，$u_1(t) + u_2(t) = 1$，$\delta_i$ 是指从事产业 $i$ 的学习系数，经济体的效用函数为不变替代弹性的效用函数：

$$U(X_1,X_2) = [\frac{1}{2}X_1^{-\rho} + \frac{1}{2}X_2^{-\rho}]^{-\frac{1}{\rho}} \tag{4.3}$$

其中，$\rho > -1$，令 $\sigma = 1/(1+\rho)$ 表示两种产品之间的替代弹性，Lucas 认为在封闭经济中产品缺乏替代弹性：$\sigma < 1$，参与国际贸易后 $\sigma > 1$。假设 $X_1$ 的价格为 1，$X_2$ 的价格为 $p$，则相关价格之比等于效用函数边际替代率：

$$p = \frac{U_2(X_1,X_2)}{U_1(X_1,X_2)} = (\frac{X_2}{X_1})^{-(1+\rho)} \tag{4.4}$$

又依据利润最大化原理可得 $p = \frac{h_2(t)}{h_1(t)}$（证明过程略），将式（4.2）、式（4.3）代入式（4.4）得：

$$\frac{X_2}{X_1} = (\frac{h_2(t)}{h_1(t)})^{\sigma} \tag{4.5}$$

$$\frac{u_2(t)}{u_1(t)} = (\frac{h_2(t)}{h_1(t)})^{\sigma - 1} \tag{4.6}$$

解式（4.3）、（4.4）、（4.5）可得：

$$\frac{X_2}{X_1} = \left(\frac{\delta_2}{\delta_1}\right)^{\frac{\sigma}{\sigma - 1}} \tag{4.7}$$

从式（4.7）可以看出，两个产业的生产取决于各产业之间学习系数的比值，若 $\delta_2 > \delta_1$，各产业都参与国际贸易，$\sigma > 1$，那么产业 2 的产品在贸易开放中产生比较优势，国家将更多的劳动力和资源投入到更高学习系数的产业 2 生产，即专业于产业 2 的生产。

第二部分：贸易开放后，两国参与国际分工，根据比较优势原理，若一国在产业 2 上具有较高的学习能力，该国家必然专业于产业 2 的生产，另一国则专业于产业 1 的生产。两国以国际价格 $p$ 进行交易，两种产品互为替代品，假设两国的其他条件一致，专业于产业 2 的国家经济增长率为 $\delta_2$，专业于产业 1 的国家经济增长率（以产品2的价格衡量）为 $\delta_1-(1/p)(dp/dt)=\delta_1-(\delta_1-\delta_2)/\sigma$,[①] 由于 $\sigma>1$，所以 $\delta_2>\delta_1-(\delta_1-\delta_2)/\sigma$，专业于具有更高学习系数的产业生产能够带来更高的经济增长率。

我们将 Lucas 模型延伸至产业发展的框架，一国在贸易开放后，不会受到中间投入品缺乏的制约，某些产业在干中学的过程中在人力资本和生产率上产生了比较优势，使国家专业于具有更高学习能力和更高生产率的产业发展，贸易开放度的增加会提高资源配置的效率，将更高的资源和劳动力投入到这些产业的生产，加深产业专业化的程度，而更高的产业专业化程度将带来更快的经济增长率。

## 第三节 产业专业化与经济增长

### 一、产业专业化指数

对一个国家和地区产业集聚的总体水平及趋势进行分析，有两种路径：一条路径是从行业的角度入手，在对各行业的集聚水平分析的基础上，讨论国家的产业集聚水平及其进展；另一条路径是从地区的角度入手，在对各地区的集聚水平分析的基础上，讨论国家的产业集聚水平及其进展（Krugman，1991；Kim，1995）。其中以 Hoover 地方化系数、区域基尼系数和 Ellison 和 Glaser 指数等指标为代表，下面简要介绍几种。

1. Hoover 专业化系数

Hoover 专业化系数由 Hoover（1936）提出，后经 Giarratani（1984）发展，公式为：

$$Hoover_i=\frac{1}{2}\sum_{i=1}^{N}\left|\frac{\sum_i E_i^k}{\sum_i\sum_k E_i^k}-\frac{E_i^k}{\sum_k E_i^k}\right|$$

其中，$E_i^k$ 是区域 $i$ 在制造业 $k$ 的就业人数，$\sum_i E_i^k$ 是全国制造业 $k$ 的就业人数，$\sum_k E_i^k$ 是区域 $i$ 的制造业总人数，$\sum_i\sum_k E_i^k$ 是全国制造业总人数。该系数衡量区域的生产结构与全国的生产结构的差异。如果 Hoover 系数越大，说明此区域的制造业生产结构与全国差别越大，区域的专业化程度越高；若均匀分布在所有制造业上则该产业集聚系数为零。

① 结果见 Lucas（1988）On the mechanics of economic development. Journal of Monetary Economic，pp. 32 ~ 33。

但是该指标的不足为它的专业化是相对于全国其他地区而言的，衡量地区专业化要跟全国平均水平相比，是个相对概念而非度量自身产业集聚的一个发展状况指标。

2. Krugman 的空间基尼系数

基尼系数（Gini coefficient）本来是经济学家用来反映收入分配不平等程度的一个指标，它是由洛仑兹曲线（Lorenz curve）引申而来。美国统计学家洛仑兹（M. O. Lorenz）提出了著名的洛仑兹曲线，曲线越弯曲，代表国民收入分配越不平等。1922 年意大利经济学家基尼（C. Gini）依据洛仑兹曲线，提出了用系数的计算来反映收入分配不平等程度，这一系数命名为基尼系数。后来产业组织学家则利用它来反映行业内部企业规模的不均匀程度。Ellison 和 Glaeser（1997）提出的 E－G 指数，具体公式表示为：

$$EG_i = \frac{G_i/[1 - \sum_{i=1}^{m}(\sum_{j=1}^{n} E_{ji}/\sum_{i=1}^{j}\sum_{j=1}^{n} E_{ji})^2] - H_j}{1 - H_i}$$

其中，$G_j = \sum_{i=1}^{m}(E_{ji}/\sum_{i=1}^{m} E_{ji} - \sum_{j=1}^{n} E_{ji}/\sum_{i=1}^{j}\sum_{j=1}^{n} E_{ji})^2$ 为行业 $i$ 在 m 各地区内的基尼系数；赫芬达尔指数 $H_j = \sum_{k=1}^{t}(E_k/\sum_{k=1}^{t} E_k)^2$ 表示行业 $j$ 中以产值计算的企业集中度。

Krugman（1991）用产业分布基尼系数来衡量产业集聚程度，计算了美国三位数行业的产业集聚程度。Krugman 专业化指标刻画了地区专业化分工，该指标有多种形式，Midelfart 和 Knarvik（2000）用以下公式来表示各个地区与全国所有其他地区的比较：$Krugman_i = \sum |v_{ik} - \bar{v}_{ik}|, \bar{v}_{ik} = \sum_{j\neq i} x_{ik}/\sum_k \sum_{j\neq i} x_{ik}$，$x_{ik}$ 表示第 $i$ 省区第 $k$ 行业的经济活动水平，$\sum x_{ik}$ 为全国所有第 $k$ 行业的总体经济活动水平，$\sum_k x_{ik}$ 为第 $i$ 省区所有制造业行业的总体经济活动水平，那么 $\sum_i \sum_k x_{ik}$ 表示全国制造业的总体经济活动。

3. CR3 集中度

CR3 指标是某产业排名居前三位的 3 个省区的增加值或产量占整个产业的份额，比较简单直观，缺点是忽略了其余省区的分布状况。基尼系数则能够考察产业在所有省区的不平衡分布状况，取值范围在 0～1，值越大，表示集聚效应越强。林秀丽（2005）计算 34 个产业在省区的集聚程度相关指标，发现 CR3 的值在0. 933～0. 258，其中 0. 9 以上的有 1 个；0. 6～0. 7 的有 4 个；0. 5～0. 6 的有 8 个，占23. 5%；0. 4～0. 5 的最多，有 11 个，占 32. 4%；0. 3～0. 4 的有 8 个，占

23.5%；0.3～0.2 的有 2 个。产业基尼系数在 0.4 以上，其中 0.8 以上的有 2 个；0.7～0.8 的有 10 个，占 29.4%；0.6～0.7 的最多，有 12 个，占 35.3%；0.5～0.6 的有 7 个，占 20.6%；0.4～0.5 的有 3 个。除木材及竹采运业、石油和天然气开采业两个具有地区资源专有的产业外，产业集中程度相对来说是比较低的，一些消费型、小商品集聚型、外资产业集聚型的产业的指标值相对比较高。民营资本带动的、可以形成大量中小规模产业集聚的有文教、体育用品制造业，皮革、毛皮、羽绒及其制品业，化学纤维制造业，塑料制品业，家具制造业和金属制品业；外资集聚带动型的产业有电子及通信设备制造业和电器机械及器材制造业。这些产业无一例外，都分布在广东、江苏、浙江、山东和福建等经济发达省份。

度量特定产业在某一省区的专业化程度，也有学者用区位商指标，如 Henderson et al.（1998）、Batisse（2004）、程选（2001）等。国外大部分用就业指标来衡量区位商，国内用工业总产值和增加值指标。区位商的公式为：

$$S_{ij} = \frac{VA_{ij}/\sum_{j} VA_{ij.}}{\sum_{i} VA_{ij}/\sum_{i}\sum_{j} VA_{ij}}$$

其中，$VA_{ij}$ 表示 $i$ 省区 $j$ 产业的增加值，$\sum_{j} VA_{ij.}$ 是 $i$ 省区的工业增加值，$\sum_{i} VA_{ij.}$ 表示全国 $i$ 产业的增加值，$\sum_{i}\sum_{j} VA_{ij}$ 表示全国所有产业的总增加值。区位商表示的是 $i$ 省区 $j$ 产业在本省区增加值中的份额与全国 $j$ 产业总增加值产出份额之比。$S>1$，说明这个产业是该省区的专门化产业，$S$ 值越大，说明这个产业在这个省区的专业化程度越高，这个产业的产品输出规模越大。但是如果 $S$ 太大了，或者该产业是采掘业，是高度依赖资源禀赋的产业，在全国只分布在少数几个省区，或者该省区产业结构单一，该产业在该省具有较大比重但在全国具有比较低的比重。

## 二、产业集聚理论

产业集聚理论最早由 Marshall（1920）提出，他从劳动力市场共享、中间产品投入和技术溢出三方面来阐述产业的地理集聚，而 Weber（1929）又从工业区位角度对产业集聚进行了深入研究，其他经典研究还包括 Ohlin（1933）的集聚经济、Hoover（1936，1937）的城市化经济等。Perroux（1955）提出了增长极理论来分析产业集聚与区域经济增长的关系。

此后的研究一般沿着两方面进行：经济地理学关注一体化的静态效应，但对经济活动的集聚与长期经济增长之间的相互作用却没涉及；而新增长理论主要研究宏观经济增长的机制及其主要动力，但并没有直接注意到工业集聚和经济增长之间的关系。直到 20 世纪 90 年代以后，产业集聚的理论得到了很大的发展，Porter（1990）强调企业地理集聚的重要性，提出集聚对规模经济的作用、政府政策与集聚经济的关系等开创性概念，而新经济地理学主张用劳动和资本报酬递增来解释产业空间集聚和经济增长问题（Krugman，1991a、1991b；Fujita et al.，1999、2001 等），开始将企业内部规模报酬递增、不完全竞争和地理因素纳入标准的贸易模型来解释经济活动在区域上的配置以及在地理上的空间集聚现象（Ottaviano 和 Puga，1998；Fujita et al.，2001），这种接近于事实的假设和将空间因素纳入主流经济学研究的方法使新经济地理学成为解释产业集聚现象及其对经济增长影响的一种全新思路。下面介绍几篇具有代表性的文献。

Krugman（1991）提出了基于产业集聚的“中心—外围”模型，产业集聚依赖于收益递增、运输成本和需求的相互作用，以制造业为例，如果产业规模程度足够大，每个制造商就想在一个地方生产，为整个国家的市场提供产品。为了最小化运输成本，他会选择当地需求量大的地方也就是大多数制造商选择的地方，因此有一种循环关系，一个制造业企业一旦建立就一直存在下去。

Krugman（1996）还建立了动态多区域连续流模型（racetrack economy model）来解释在空间结构均衡时动态力量趋于形成沿地形大概等距离分布的集聚点。他通过区域跑道模型演绎了区域运行的几何结构，区域跑道模型反映了区域经济体系中各个结构部分呈环状等距离分布，认为运输费用仅仅受环形周长的影响，制造业的同一布局总是处于均衡分布状态。地平面并不是稳定不变的，集中的区域环形分布会产生轻微紊乱的地平面，自发演化出一个或多个制造业群。于是，制造业区域由最初均衡布局发展到两区域集中布局，而这两个最终集中布局的区域特征恰好相反。

经济发展中，伴随着运输成本的变化，企业的利润结构以及个体的福利结果都随之改变，企业依据利润最大化原则、个人依据效用最大化原则进行区位选择，最终导致新的均衡区位的形成，这就是产业空间布局的变化过程。Fujita et al.（1999）提出的中间产品模型表明，由于前向和后向联系，运输成本的长期下降首先会形成中心—外围模型结构，但随着运输成本的下降，上述的空间不均等现象会产生改变，原因在于工业品需求的长期增长，核心区和外围区的工资差距持续增大，最终变得不能维持，进而产生产业的扩散，而产业扩散的结果是经济增长空间的均衡。

以 Krugman、Fujita 为代表的新经济地理学派从新角度来研究产业集聚现象和区域差距问题，提出了一个普遍适用的分析框架，它有两个核心内容：第一，规模经济的存在使经济活动在某些地理区域集聚，这种集聚又吸引了可流动生产要素的转移，劳动力的集聚拉动了该地区的消费需求，使该地区对于厂商来说更有吸引力，进一步加强了产业集聚。第二，产业集聚产生的正外部性是一种自我强化过程，这种自我强化使得即使不具有外生自然优势的地区也可能会形成内生的后天优势，促使中心—外围结构形成和发展，而带来这种累积过程的原因会带来区域经济差距。

虽然以 Krugman 为代表发展的标准新经济地理模型对专业化分工、空间成本与产业集聚之间的关系作了深入的研究，并且其稳定状态的均衡结果有着丰富的经济学含义，但是其大多数结论建立在数字模拟的基础上，一些决定经济活动空间分配的关键的内生变量不能用显性函数的形式加以表达，从而一些特定的参数值便决定了可能的均衡集，限制了 CP 模型在空间经济分析中的广泛应用。正如 Baldwin（2001）指出的，有两大原因导致中心—外围模型不可处理：一是多重稳定均衡的可能性，从而产生没有竞争对手的稳定均衡状态分析和自我预期的实现；二是模型不能简化为可解的微分方程，其结果只能求助于数字模拟。围绕 CP 模型的可解问题，一些学者做出了有益的探索。Baldwin（1999）认为是资本积累，而不是要素流动引起的需求联系效应导致了产业的集聚，简洁地得出了许多可供分析的结论。Ottaviano et al.（2001）发展了利用二次效用和线性需求函数的新经济地理模型，从而经过简单的代数运算便得出了可供分析的结论。

Ottaviano 和 Martin（2001）在 Krugman 的新经济地理理论和 Romer 的新增长理论的基础上，假设劳动力不可流动，建立了一个经济增长和经济活动空间集聚之间自我强化的模型，证明了地区经济活动空间集聚降低了创新成本，从而能够刺激经济增长。反过来，由于向心力使新企业倾向于选择该地区，经济增长又进一步推动了经济活动的空间集聚，验证了著名的缪尔达尔的“循环与累积因果理论”。与此相反，Baldwin 和 Forslid（2000）在企业是垂直联系、劳动力自由流动的不同假设下讨论了资本流动和资本不流动两种情况下空间集聚和经济增长问题，将 Romer 的产品创新模式引入 Krugman 的中心—外围模型，研究显示无论资本是否流动，经济活动由于地理集聚和技术溢出都会促进经济增长，揭示了地理区位与经济增长的内生关联机制。

Fujita 和 Thisse（2002）假设经济中存在两个地区；三个生产部门：传统部门、现代化部门和创新部门；两种生产要素：熟练技术工人和非熟练技术工人，熟练技术工人可在两个地区自由流动，非熟练技术工人则不能。通过构造消费者偏好函数、资源跨期分配模型等得到如下结论：当运输成本足够低的时候，现代化部门和创新部门都会集聚到一个地区中，而另一个地区则专门生产传统部门的产品。无论技术能否在地区之间流动，现代化部门中企业的数量都会随时间变化而逐渐增多，当经济活动在空间上开始集聚时，经济增长也随之加快，集聚和经济增长彼此相互促进、相互强化。

Forslid et al.（2003）建立了自由企业家模型（the footloose entrepreneur model），认为非技术熟练劳动力在地区内部门间流动，而技术熟练劳动力更多表现为地区间流动，并以经济发达的区域——欧盟作为例证，经过计算分析，作者得出了完全可能的均衡集及其稳态特征，并探讨了外生区域差异的含义。

## 三、中国的实证分析

改革开放以来中国产业集聚现象越发明显，引起了国内外学者的高度重视。国外学者如 Fujita 和 Hu（2001）使用 GDP 和工业产值研究了 1985 ~ 1994 年中国的区域差异问题，发现这个时期区域差异的扩大部分是由于中国实施了倾向于沿海地区的经济政策。Hu（2002）考虑了中国 1994 年以前的劳动力转移过程的限制因素（户籍制度）后认为，劳动力转移会增大地区的产业集聚水平，但当劳动力能自由流动后，最终这种地区差异会降低。

徐康宁（2001）对国内外产业集群作了比较，认为这种差异是由于经济开放程度造成的。国外的产业集群由于是生产要素国际化配置的结果，具有较强的产业国际竞争力，国内的集群是由于市场的范围具有较强的出口能力。他认为如果合理运用产业要素变动和经济地理变迁，可以加快产业集群的发展，发挥产业集群的效应，从而提高产业的国际竞争力。陆国庆等（2001）研究了工业集聚对提高产业竞争力的正向作用，认为工业集聚延缓了产业衰退。叶建亮（2001）运用知识溢出的理论分析了产业集群产生的原因，探讨了竞争成本与集群规模之间的关系。王缉慈（2002）对产业集群的战略进行了研究。梁琦（2003）通过建模的方式，依“中心与外围——集聚的中心在哪里”、“积累循环律——集聚是否可持续”、“历史与预期——谁对集聚更重要”三个层次步步推进，并且将工业集聚与各种影响因素之间的关系模型化，在报酬递增和不完全竞争的分析框架下讨论公司定位和产业区位问题，并用中国的数据检验了中国工业集聚和分散状况。

袁志刚和范剑勇（2003）从各地区农业剩余劳动力向非农产业转移的速度差异上实证分析并进一步阐明了制造业在东部沿海地区的集聚，东部沿海地区包括直辖市在内在一定程度上已经成为中国的制造业中心。范剑勇（2003）从制造业报酬递增、运输成本、地区市场规模差异与要素流动性相互作用的角度阐述了引发地区差距持续扩大的产业集聚机制。他发现，东部沿海地区高的人口密度代表地区市场规模导致的农村劳动力向城镇转移、FDI 向东部沿海地区涌入、中西部农村剩余劳动力向沿海地区转移是改革开放以来制造业向东部沿海地区集聚的主要原因。

朱希伟（2004）引入部门间人口流动成本和地区间技术差异，认为新兴制造业可以在外围地区形成，并缩小地区间差异。范剑勇（2006）通过引进 Ciccone 和 Hall（1996）的原始模型进行演化，认为多数省份，特别是沿海地区由于集聚效应较高，使劳动生产率对就业密度呈正弹性系数，才导致非农产业存在空间上的规模报酬递增特征，通过累积循环机制使区域间的经济发展产生极化。

金煌等（2006）使用新经济地理学的分析框架讨论了经济地理和经济政策等因素对工业集聚的影响，并利用 1987 ~ 2001 年省级面板数据研究了导致中国地区工业集聚的因素，研究发现，经济开放促进了工业集聚，而经济开放又与地理和历史的因素有关，市场容量、城市化、基础设施的改善和政府作用的弱化也有利于工业集聚。

黄新飞和郑华懋（2010）利用 Krugman（1991）、Midelfart – Knarvik（2000）设计的 SP 指数来分析珠三角地区 9 城市的产业专业化指数，$SP^k = c\sum_i \sum_j v_i^k v_j^k \delta_{ij}$。其中，$c$ 为固定常数，$i$、$j$ 分别表示地区 $i$、地区 $j$，$k$ 表示行业 $k$，$v_i^k = \frac{E_i^k}{\sum_i E_i^k}$，$E_i^k$ 为地区 $i$ 行业 $k$ 的工业总产值，$\delta_{ij}$ 表示两个城市中心区之间的直线距离，这里采用两城市中心区的 GCD（great circle distance），[①] 它是指球面上两个点之间的最短距离。结果发现珠三角地区 30 个制造业行业中有 20 个的 SP 指数下降，这些行业的空间集中度上升。10 个行业的 SP 指数上升，其中烟草制品业、石油加工、炼焦及核燃料加工业、化学纤维制造业、工艺品及其他制造业等行业的 SP 指数下降幅度较大，这些行业空间集中程度加深。

## 第四节　计量模型的设定：OLS 回归

### 一、产业专业化的测量

本书根据国际通用的反映专业化集聚效应的 Herfindahl 指数，[②] 构造了总产值的产业专业化指数、增加值的产业专业化指数和以生产率为权重的产业专业化指数。

---

① 其中空间距离的计算公式为：GCD = $D \times 111.19$km，$\text{Cos}(D) = (\text{Sin}a\ \text{Sin}b) + (\text{Cos}a\ \text{Cos}b\ \text{Cos}\ |c|)$，$a$、$b$ 分别是两个城市中心区的纬度，$c$ 是两中心区经度之差。各城市中心区的经纬度数据来源于"地球在线"网站（http://www.earthol.com/）。

② 实证分析经常用 Herfindahl 反映专业化的程度，如 Backus、Kehoe 和 Kehoe（1992）用其研究出口的集中度与经济增长的问题。

第一种产业专业化指数是基于39个行业的总产值构造的产业专业化指数，具体的39个行业如表4.1所示。

$$GHERF_t = \sum_{i=1}^{I} [y_{it}/Y_t]^2$$

其中，$i=1\cdots I$ 表示工业中的各个行业，$y_{it}$ 为 $i$ 行业的总产值，$Y_t$ 是整个工业的总产值。

第二种产业专业化指数是基于39个行业的增加值构造的产业专业化指数：

$$VHERF_t = \sum_{i=1}^{I} [v_{it}/V_t]^2$$

其中，$i=1\cdots I$ 为工业中的各个行业，$v_{it}$ 为 $i$ 行业的增加值，$V_t$ 是整个工业的增加值。

**表4.1 构造产业专业化指数的39个行业**

| | | | | | |
|---|---|---|---|---|---|
| 1 | 煤炭采选业 | 14 | 木材加工及竹藤棕草制造业 | 27 | 有色金属冶炼及压延加工业 |
| 2 | 石油和天然气开采业 | 15 | 家具制造业 | 28 | 金属制品业 |
| 3 | 黑色金属矿采选业 | 16 | 造纸及纸制品业 | 29 | 普通机械制造业 |
| 4 | 有色金属矿采选业 | 17 | 印刷记录媒介的复制业 | 30 | 专用设备制造业 |
| 5 | 建筑材料与其他非金属矿采选业 | 18 | 文教体育用品制造业 | 31 | 交通运输设备制造业 |
| 6 | 其他矿采选业 | 19 | 石油加工及炼焦业 | 32 | 电器机械及器材制造业 |
| 7 | 食品加工业 | 20 | 化学原料及制造业 | 33 | 电子及通信设备制造业 |
| 8 | 食品制造业 | 21 | 医药制造业 | 34 | 仪器仪表及计量器具制造业 |
| 9 | 饮料制造业 | 22 | 化学纤维工业 | 35 | 工艺品及其他制造业 |
| 10 | 烟草加工业 | 23 | 橡胶制品业 | 36 | 废弃资源和废旧材料回收加工业 |
| 11 | 纺织业 | 24 | 塑料制品业 | 37 | 电力蒸汽热水生产供应业 |
| 12 | 服装及其他纤维制品制造业 | 25 | 非金属矿物制品业 | 38 | 煤气的生产和供应业 |
| 13 | 皮革、毛皮、羽绒及其制品业 | 26 | 黑色金属冶炼及压延加工业 | 39 | 自来水的生产和供应业 |

前两种产业专业化指数是以产出为衡量因素，并未考虑各行业的学习能力的因素。事实上技术进步对产业专业化程度起着相当重要的作用，从模型中可以看出，专业于更高学习能力的行业（即 $\delta_i$ 更高）的生产，会产生更大的产业专业化程度，提高该行业的生产率。于是我们考虑学习能力的因素，学习能力主要指

生产率、投入要素、研发投入与产出之比等，限于统计年鉴提供的数据，我们以劳动生产率作为学习能力的衡量指标，构造以劳动生产率为权重的第三种产业专业化指数：

$$WHERF_t = \sum_{i=1}^{I} \{[(y_{it}/l_{it})/\sum_{i=1}^{I}(y_{it}/l_{it})] * [y_{it}/Y_t]\}^2$$

其中，$l_{it}$是指行业 $i$ 的从业人数，$y_{it}$为行业 $i$ 的总产值，$y_{it}/l_{it}$是行业 $i$ 的劳动生产率。第三种产业专业化指数很好地刻画了技术进步和学习能力对产业专业化程度的影响，生产率越高的行业具有越高的权重，产业专业化指数也越高。

以上三种产业专业化指数取值均在［0，1］，更高的取值表示更高的专业化程度（证明从略），我们用中国的数据和计量回归结果来分析各种产业专业化指数和贸易开放度对经济增长的影响。

## 二、回归方程的设定

我们采用通行的对数函数设定回归方程，参见 Barro 和 Lee（1993）。这样可以更好地刻画各个影响因素与经济增长的关系。初始方程为：

$$\mathrm{Ln}(\mathrm{GDP}_t) = c + \alpha \mathrm{Ln}HERF_t + \beta \mathrm{Ln}OPENNESS_t + \varepsilon_t \quad (4.8)$$

其中，$\mathrm{GDP}_t$ 为中国各年实际 GDP，$HERF_t$ 为中国产业专业化指数，采用三种产业专业化指数，GHERF、VHERF 和 WHERF 分别表示总产值产业专业化指数、增加值产业专业化指数和以生产率为权重的产业专业化指数。贸易开放度的公式为：$OPENNESS_t$ =（进口总额 + 出口总额）/GDP，[①] $\varepsilon_t$ 是扰动项。我们对式（4.8）进行 OLS 回归，主要是：①本书最为关注的是系数 α 和 β，它们表示产业专业化指数和贸易开放度与 GDP 的弹性，以此反映专业化和贸易开放度与经济增长的相关关系。②选定初始模型。我们分别用这三种指数进行回归，分析哪种产业专业化指数更能描述中国经济增长的发展。

## 三、数据来源与各个变量之间的 Pearson 相关分析

样本期间的选择。在 1986 年以前《中国统计年鉴》的工业划分仅为冶金工

① 有些学者对于贸易开放度能否表示一国的开放水平表示怀疑（Edwards，1998；Rodriguez、Rodrik，2000）。Leamer（1992）、Sachs 和 Warner（1995）、Edwardz（1998）构造了多种指标来描述开放度，之后被用于开放度与经济增长关系的实证研究（Frankel 和 Romer，1999；Dollar 和 Kraay；Baldwin，2003）。中国学者如包群、许和连和赖明勇（2003）选取贸易开放度、实际关税率、黑市交易费用、可贸易商品价格（Dollars，1992）和可修正的贸易依存度五种指数测算开放度与中国经济增长的作用，结果只有贸易开放度较好地反映了中国经济开放程度与经济增长之间的关系。基于他们的研究，本书采用贸易开放度来表示对外开放程度。

业等 13 个行业，与此后工业细分为煤炭采选业等 39 个行业，两者的产业专业化取值相差较大，因此我们选择样本期间为 1986 ~ 2003 年。各变量的数据来源于 1986 ~ 2003 年的《中国统计年鉴》。

首先采用 Pearson 相关检验法，对各个变量进行相关分析，相关结果如表 4.2 所示。

**表 4.2　各个变量相关分析结果**

| 变量 | LnGHERF | LnVHERF | LnWHERF | LnOPENNESS | LnGDP |
|---|---|---|---|---|---|
| LnGHERF | 1.000 | | | | |
| LnVHERF | 0.536 | 1.000 | | | |
| LnWHERF | -0.08 | -0.422 | 1.000 | | |
| LnOPENNESS | -0.145 | -0.528 | 0.615 | 1.000 | |
| LnGDP | -0.337 | -0.609 | 0.723 | 0.887 | 1.000 |

从表 4.2 中可以看出四种相关关系：第一种是三种产业专业化指数之间的相关性。LnGHERF 和 LnVHERF 之间相关性较强，相关系数达到 0.536，而 LnWHERF 与 LnGHERF 之间的相关性很弱，只有 -0.08，与 LnVHERF 呈负相关性，为 -0.422。因此我们将三种产业专业化指数分为两类：一类是 LnGHERF 和 LnVHERF 表示的产出的产业专业化指数，另一类是 LnWHERF 表示的生产率产业专业化指数。第二种是贸易开放度与三种产业专业化指数的相关关系。LnOPENNESS 与 LnWHERF 呈正相关，与产出的产业专业化指数 LnGHERF 和 LnVERF 呈负相关。第三种是三种产业专业化指数与实际 LnGDP 的相关性。LnWHERF 与实际 LnGDP 的相关性很强，达到 0.723，产出的产业专业化指数与经济增长呈负相关。第四种是贸易开放度与实际 GDP 之间的相关性，两者相关系数高达 0.887，说明贸易开放度和经济增长的联系较为密切。

从以上分析可知产业专业化指数 LnWHERF、贸易开放度与实际 LnGDP 之间存在正相关关系，LnGHERF、LnVHERF 与实际 LnGDP 之间存在负相关关系。下面我们用 OLS 回归进一步分析贸易开放度、产业专业化指数与 GDP 之间的关系。

## 四、OLS 回归

表 4.3 给出了包含三种产业专业化指数的方程的回归结果。

表 4.3 三种产业专业化指数方程的 OLS 回归结果

| | (1) | (2) | (3) |
|---|---|---|---|
| C | 8.39<br>(5.29)*** | 7.03<br>(2.32)** | 16.8<br>(6.87)*** |
| LnOPENNESS | 1.68<br>(10.539)*** | 1.53<br>(5.98)*** | 1.39<br>(5.40)*** |
| LnGHERF | -1.03<br>(-1.98)* | | |
| LnVHERF | | -1.39<br>(-1.48) | |
| LnWHERF | | | 0.57<br>(2.16)** |
| R-square | 0.831 | 0.814 | 0.838 |
| Adjust R-square | 0.809 | 0.79 | 0.816 |
| F 值 | 37.06*** | 32.98*** | 38.8*** |

注：括号内数值为各个变量回归系数的 t 统计量，***、**、* 分别表示 t 统计量通过显著水平为 1%、5% 和 10% 的统计检验。

回归结果分析如下：

（1）三个回归方程中贸易开放度的回归系数分别为 1.68、1.53 和 1.39，且 t 统计量都通过了 1% 统计检验，说明在各个方程中贸易开放度与经济增长之间存在显著的正相关关系，这一点与包群等（2003）的观点一致。

（2）LnGHERF 和 LnVHERF 两种指标的回归系数为负数，分别为 -1.03 和 -1.39。产出的专业化生产并不能促进经济增长，单纯追求产出的产业专业化生产忽视技术进步这一因素会阻碍经济增长，这也与经济增长模式的规律相适应，1997 年以前产出产业专业化指数排名前列的行业如纺织业、食品制造业、普通制造业等都是低成本和低附加值的行业，较低的技术含量和较低生产率很难促进经济的长期增长。而以生产率为权重的 WHERF 指数很好地反映了技术进步这一因素，随着行业生产率的提高，在国际贸易中必然体现出比较优势，将资源集中投入到具有比较优势的行业进行专业化生产，能够推动经济增长。在第三个回归方程中，LnWHERF 的回归系数为 0.57，在短期内 WHERF 指数每增长 1%，GDP 就增长 0.57%。这也反映了中国经济增长中存在着产业结构问题，即专业于生产率较低的行业生产会阻碍经济增长，因此必须调整产业结构，专业于具有更高生产率的行业生产，拉动经济增长。

随着中国改革开放进程的不断深入，贸易开放度不断增大，中国越来越专业于劳动生产率高的行业生产，例如 1999～2003 年 WHERF 指数排名前列的行业为电子及通信设备制造业、电力蒸汽热水生产供应业、交通运输设备制造业、化学原料及制造业、电器机械及器材制造业、黑色金属冶炼及压延加工业，这些行业都是中国进出口总额排名前列的行业，由于生产率水平较高在国际贸易中处于比较优势，从而拉动了国际贸易的增长，同时，国际贸易的需求使中国更加专业于这些行业的生产，提高了生产率，进而加快了中国的经济增长。

（3）从各个专业化指标回归系数的显著性来看，LnWHERF 的 t 统计量通过了显著性水平为 1% 的统计检验，且该方程的拟合很好，可决系数达到 0.809，LnGHERF 通过了显著性水平为 5% 的检验，LnVHERF 指数的回归系数的统计意义均不显著，说明中国经济增长的因素可以由生产率产业专业化指数和贸易开放度来解释。Breusch - Godfrey 的 LM 检验结果表明，该方程不存在扰动项自相关的问题。

OLS 回归结果和中国经济发展的现状表明：以生产率为权重的 WHERF 指数考虑了技术进步的因素，能够较好地衡量产业专业化程度，它与经济增长呈正相关关系，贸易开放度与经济增长有着显著的正相关性。基本回归方程为：

$$Ln(GDP_t) = 16.8 + 1.39 Ln\mathit{WHERF}_t + 0.57 Ln\mathit{OPENNESS}_t + \varepsilon_t \qquad (4.9)$$

由于不平稳的时间序列数据容易产生缪回归（Spurious Regression），而且 OLS 回归只能解释各个变量之间的相关关系，不能揭示各个变量之间的长期关系以及因果关系，因此我们首先要对数据进行平稳性检验，然后用协整分析和 Granger 因果检验来分析各变量之间的关系。

## 第五节　协整分析和因果检验

### 一、ADF 检验

根据各变量的经济意义和数据轨迹图，我们对实际 GDP、贸易开放度 OPENNESS 和产业专业化指数 WHERF 的对数形式依次采用含有时间趋势和截距、含有截距和两者都不含有的方法分别检验平稳性，并综合 AIC 指数最小化和滞后系数的显著性两方面来确定滞后阶数，ADF 检验结果如表 4.4 所示。

**表 4.4　ADF 检验结果**

| | LnGDP | LnOPENNESS | LnWHERF | D（LnGDP） | D（LnOPENNESS） | D（LnWHERF） |
|---|---|---|---|---|---|---|
| ADF | -1.73 | -0.15 | -0.67 | -3.8** | -3.18** | -4.15** |
| 临界值 | -3.76 | -3.06 | -1.96 | -3.79 | -3.08 | -1.96 |

注：零假设是变量存在单位根，ADF 值的绝对值大于临界值则拒绝零假设，变量序列是平稳的。以上提供的均为显著性为 5% 的临界值，** 表示通过显著性为 5% 的单位根检验。

从表4.4可知，LnGDP、LnOPENNESS和LnWHERF均没有通过单位根检验，序列数据是非平稳的。它们的差分形式均通过了显著性为5%的单位根检验，因此它们的序列都是I（1）的过程。

## 二、协整分析

两个变量服从随机游走（random walk）过程，但是它们的某种线性组合却可能是平稳的，即为I（0）过程，我们就称两个变量具有协整关系（cointegration），[①] 也就是说它们之间存在着长期的经济联系。

LnGDP、LnOPENNESS和LnWHERF均为非平稳的序列，而它们的差分形式为平稳序列，我们用Johansen方法检验三个变量之间是否存在协整关系。根据数据特征和经济含义，我们将协整关系模型设定为三个模型，分别为：模型中允许有线性趋势，存在截距项，无时间趋势。根据Schwarz信息判断滞后期，第一、第二和第三个模型分别选择滞后二期、三期和三期。协整检验结果如表4.5、表4.6和表4.7所示。

**表4.5 LnGDP和LnOPENNESS的Johansen检验结果**

| 特征值 | 似然估计值 | 显著性为5%的临界值 | 显著性为1%的临界值 | 零假设，无协整关系 |
|---|---|---|---|---|
| 0.404130 | 8.545341 | 15.41 | 20.04 | None |
| 0.016218 | 0.261610 | 3.76 | 6.65 | At most 1 |

LnGDP和LnOPENNESS的协整关系没有通过显著性水平为10%的统计检验，表明贸易开放度与实际GDP之间不存在长期的稳定关系，没有长期的直接作用机制。

**表4.6 LnGDP和LnWHERF的Johansen检验结果**

| 特征值 | 似然估计值 | 显著性为5%的临界值 | 显著性为1%的临界值 | 零假设，无协整关系 |
|---|---|---|---|---|
| 0.630213 | 16.01902 | 15.41 | 20.04 | None* |
| 0.006340 | 0.101757 | 3.76 | 6.65 | At most 1 |

协整方程的检验表明，协整关系通过显著性水平为5%统计检验，表明经济增长与产业专业化指数长期存在协整关系，协整方程为：

① Roberts. Pindyck, Daniel L. Rubinfield, Econometric Models and Economic Forecasts, The McGraw－Hill Companies, 1998, p.58.

$$\text{LnGDP} = 33.16 + 2.39\text{LnWHERF}$$

从长期来看，产业专业化指数对经济增长具有显著的促进作用，产业专业化指数每提高1%，可拉动长期经济增长2.39%。

**表4.7 LnWHERF和LnOPENNESS的Johansen检验结果**

| 特征值 | 似然估计值 | 显著性为5%的临界值 | 显著性为1%的临界值 | 零假设，无协整关系 |
|---|---|---|---|---|
| 0.7335 | 18.6517 | 15.41 | 20.04 | None* |
| 0.0096 | 0.1356 | 3.76 | 6.65 | At most 1 |

协整方程的检验表明，协整关系通过显著性水平为5%的统计检验，产业专业化指数与贸易开放度长期存在协整关系，协整方程为：

$$\text{LnWHERF} = -8.57 + 1.17\text{LnOPENNESS}$$

从长期来看，贸易开放度对产业专业化指数具有显著的促进作用，贸易开放度每提高1%，可拉动产业专业化指数提高1.17%。

从协整分析来看，贸易开放度与经济增长并不存在长期直接关系，但是对式（4.9）残差进行检验时发现残差序列是平稳的，说明贸易开放度和产业专业化指数的某个线性组合与经济增长存在协整关系，式（4.9）并未出现缪回归。

## 三、改进的Granger因果关系检验

常规的Granger因果关系检验的一个问题是：如果前期性检验当中的一个环节产生错误结论，那么将直接影响到Granger因果检验的最后结论。对此Toda和Yamamoto（1995）提出扩展的因果关系检验，即在水平VAR（L）模型中加入滞后阶数$d$（$d$为各变量的最大单整阶数），运用OLS方法估计VAR（L+$d$）模型，并根据模型进行因果关系检验，假设二元变量的扩展VAR（L+$d$）模型的因果检验为：

$$Y_t = \sum_{i=1}^{L+d} \alpha_i Y_{t-i} + \sum_{i=1}^{L+d} \beta_i X_{t-i} + \varepsilon_t$$

零假设$H_0$为：$\beta_1 = \beta_2 = \cdots = \beta_L = 0$，采用Wald检验构造统计量为：

$$Wald = \hat{\beta} V^{-1}(\hat{\beta})\hat{\beta}' \sim \chi^2(p)$$

其中，$\beta = (\beta_1 \cdots \beta_L)$，$\hat{\beta}$是$\beta$的估计值，$V^{-1}(\hat{\beta})$为方差矩阵。

若接受$H_0$，则说明$X_t$不是$Y_t$的Granger因果检验，反之亦然。一般来说，$d$的取值为1，我们根据协整分析，认为LnGDP和LnWHERF、LnOPENNESS和LnWHERF的二元变量VAR模型的滞后期为三期，因此改进后的Granger因果检验如表4.8所示。

表 4.8 因果检验

| 零假设 | 滞后期 | F 统计量 |
|---|---|---|
| LnWHERF 不是 LnGDP 的 Granger 原因 | 3 | 11.13** |
| LnGDP 不是 LnWHERF 的 Granger 原因 | 3 | 7.71* |
| 零假设 | 滞后期 | F 统计量 |
| LnWHERF 不是 LnOPENNESS 的 Granger 原因 | 3 | 0.34 |
| LnOPENNESS 不是 LnWHERF 的 Granger 原因 | 3 | 7.50* |

注：***、**、*分别表示因果检验的 t 统计量通过显著水平为 1%、5% 和 10% 的统计检验，即拒绝零假设，$X_t$ 是 $Y_t$ 的 Granger 原因。

$\chi^2$（3）在显著性为 1%、5% 和 10% 的临界值分别为 6.25、7.81 和 11.34，检验结果说明在 5% 显著性水平上，产业专业化指数是引起经济增长变化的 Granger 原因；在 10% 显著性水平上，经济增长是引起产业专业化指数变化的 Granger 原因，贸易开放度是引起产业专业化指数变化的 Granger 原因。

## 第六节 稳健性检验：基于三次产业的专业化指数

之前的产业专业化指数只是基于构造工业的 39 个行业，而 GDP 包括第一产业、第二产业和第三产业增加值相加，根据《中国统计年鉴》的划分标准，我们将第二产业细分为工业和建筑业，第三产业细分为地质勘探服务业等 11 个行业，第一产业为农林牧渔业，三次产业总共划分为 14 个行业（见表 4.9），构造基于三次产业的产业专业化指数，并分析贸易开放度、产业专业化与中国经济增长之间长期及因果检验，以此检验之前的理论和实证结果的稳健性。

表 4.9 基于三次产业划分的 14 个行业

| | | | | | |
|---|---|---|---|---|---|
| 1 | 农林牧渔业 | 6 | 批发、零售和餐饮业 | 11 | 教育、文化艺术和广播电影业 |
| 2 | 工业 | 7 | 金融保险业 | 12 | 科学研究和综合技术服务业 |
| 3 | 建筑业 | 8 | 房地产业 | 13 | 国家机关、党政机关和社会团体 |
| 4 | 地质勘探服务业 | 9 | 社会服务业 | 14 | 其他行业 |
| 5 | 交通运输、仓储和邮政通信业 | 10 | 卫生体育和社会福利业 | | |

## 一、单位根检验

按照研究的目的，我们选择贸易开放度（OPENNESS）、产业专业化指数（HERF*）和国内生产总值（RGDP）作为变量，以上标 * 表示基于三次产业划分计算的产业专业化。数据采用年度时间序列，样本期间根据数据来源不同分为两种类型，第一种是分析基于三次产业构造的产业专业化指数与经济增长关系时采用的时间 1978 ~ 2005 年；第二种是将三次产业细分为 14 个行业时，样本期间包括以下时间：1978 年和 1980 年，1986 ~ 2003 年。行业的数据全部来源于《中国统计年鉴》。[①] RGDP 来源于《中国统计年鉴》，以 1978 年为可比价格计算，OPENNESS 是进出口贸易总额占 GDP 的比重，HERF 分别用增加值产业专业化指数 GHERF（或者 SGHERF）和生产率产业专业化指数 WHERF（或者 SWHERF）。我们利用 ADF 方法对变量的对数进行单位根检验，依据经济意义、数据轨迹图选择合适的检验方法，选择适当的滞后阶数使回归残差尽可能地接近白噪声。结果如表 4.10 所示。

**表 4.10　ADF 检验结果**

| 变量 | 截距 | 时间趋势 | 滞后阶数 | ADF 值 | 5% 临界值 | 1% 临界值 |
|---|---|---|---|---|---|---|
| LnRGDP | 有 | 有 | 3 | -3.09 | -3.61 | -4.39 |
| LnOPENNESS | 有 | 无 | 0 | -1.36 | -2.98 | -3.69 |
| LnGHERF | 无 | 无 | 0 | -1.25 | -1.95 | -2.65 |
| LnWHERF | 有 | 无 | 1 | -0.27 | -2.96 | -3.71 |
| 变量 | 截距 | 时间趋势 | 滞后阶数 | ADF 值 | 5% 临界值 | 1% 临界值 |
| D（LnGDP） | 有 | 无 | 0 | -6.55*** | -2.96 | -3.71 |
| D（LnOPENNESS） | 无 | 无 | 0 | -3.64*** | -1.96 | -2.66 |
| D（LnGHERF） | 无 | 无 | 0 | -3.46*** | -1.96 | -2.66 |
| D（LnWHERF） | 无 | 无 | 0 | -6.16*** | -1.96 | -2.66 |

注：零假设是变量存在单位根，D 表示一阶差分，ADF 值的绝对值大于临界值则拒绝零假设，变量序列是平稳的。以上提供的均为显著性为 5% 的临界值，***、**、* 分别表示 t 统计量通过显著性水平为 1%、5% 和 10% 的统计检验。

从表 4.10 可知，LnRGDP、LnOPENNESS、LnGHERF 和 LnWHERF 均没有通过单位根检验，序列数据是不平稳的。它们的差分形式均通过了显著性为 1% 的

① 这里说明一点：2004 年开始，《中国统计年鉴》的行业划分标准较之前发生了改变，增加了信息传输、计算机服务和软件业、住宿和餐饮业及水利、环境和公共设施管理业等，为了保持数据来源的一致性和不影响计量结果，我们样本期间只到 2003 年。另外 1986 年之前的统计年鉴只提供了 1978 年和 1980 年两年的分行业数据。

单位根检验，因此它们的序列都是 I（1）的过程。

## 二、基于三次产业的协整分析

我们用 Johansen 最大似然法分析各个变量的协整关系。协整模型的设定和滞后期确定原则是先根据最小化 AIC 和 SC 信息的标准选取，然后进行模型检验（如 Cochrane - Orcutt 和 CUSUMS 等方法修正残差自相关、正态性检验和稳定性），若不能通过检验，则重新设定，直到找到相对更好的模型。经过反复检验确定协整模型，我们采用显著性水平为 5% 的检验水平。

LnRGDP、LnOPENNESS 和 LnGHERF* 为协整变量具有线性趋势并有截距项，选择滞后一期，结果如表 4.11 所示。

**表 4.11 LnRGDP、LnOPENNESS 和 LnGHERF* 之间的协整检验**

| 协整秩 $H_0$ | 最大特征值 | 迹统计量 | 5% 的临界值 | P 值 |
|---|---|---|---|---|
| r = 0 | 0.53 | 40.96 | 42.91 | 0.10 |
| r≤1 | 0.39 | 21.12 | 25.72 | 0.17 |
| r≤2 | 0.27 | 8.32 | 12.52 | 0.22 |

LnGDP、LnOPENNESS 和 LnGHERF* 的协整关系没有通过显著性水平为 5% 的统计检验，表明贸易开放度与实际 GDP 之间没有长期的直接作用机制，追求产出的产业专业化生产并不能带来长期的经济增长。

LnRGDP、LnOPENNESS 和 LnWHERF* 为协整变量具有线性趋势并有截距项，选择滞后三期，结果如表 4.12 所示。

**表 4.12 LnRGDP、LnOPENNESS 和 LnWHERF* 之间的协整检验**

| 协整秩 $H_0$ | 最大特征值 | 迹统计量 | 5% 的临界值 | P 值 |
|---|---|---|---|---|
| r = 0*** | 0.71 | 48.04 | 29.79 | 0.00 |
| r≤1** | 0.50 | 17.95 | 15.49 | 0.02 |
| r≤2 | 0.05 | 1.21 | 3.84 | 0.27 |

协整方程的检验表明，协整关系通过显著性水平为 5% 的统计检验，检验拒绝 r≤1 的假设，即变量之间存在两个协整关系。表明经济增长、贸易开放度与以生产率为权重的产业专业化指数长期存在协整关系，其中一个协整方程为：

$$LnRGDP = 12.96 + 0.57LnOPENNESS + 1.65LnWHERF$$
$$(-11.98) \qquad (-4.62)$$

方程下面括号中的数字表示各个系数的 t 统计量，可以看出所有的系数都通过显著性为 10% 的检验进入协整方程。从长期来看，贸易开放度与中国经济增长的影响机制是通过在生产率较高的产业（也就是第二产业）上进行专业化生产，以促进整体经济的生产率提高。每提高 1% 的贸易开放度可以拉动中国长期经济增长 0.57%。以生产率为权重的产业专业化指数对经济增长具有显著的促进作用，产业专业化指数每提高 1%，可拉动长期经济增长 1.65%。

## 三、脉冲响应和方差分解

我们以向量自回归模型为基础，采用正交化（Orthogonalised）方法，应用 Choleski 分解技术，建立贸易开放度、产业专业化指数对中国经济增长的冲击反应模型，图 4.1 和图 4.2 为冲击响应图示。

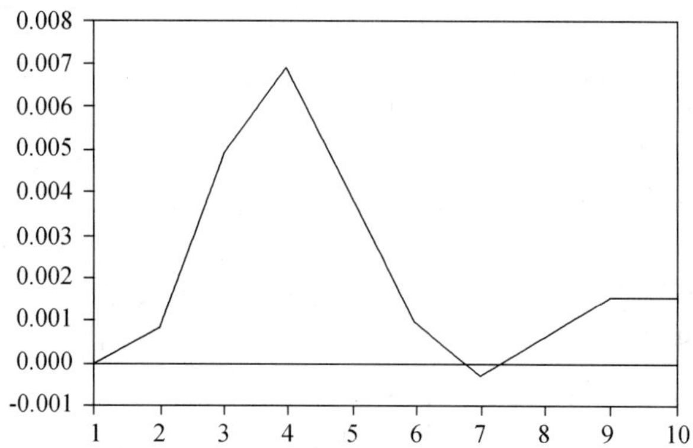


**图 4.1 OPENNESS 对 RGDP 的脉冲响应**

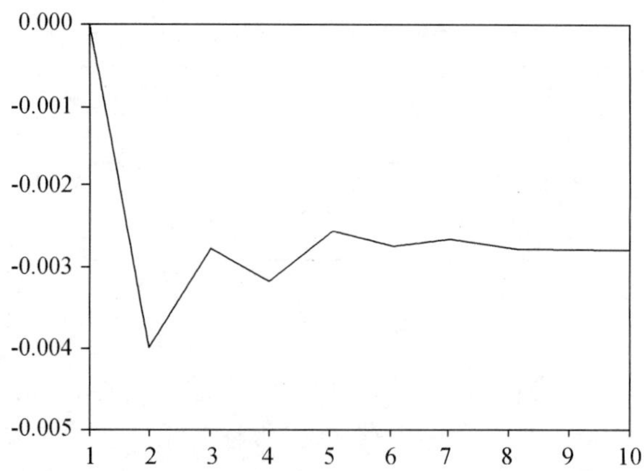


**图 4.2 WHERF 对 RGDP 的脉冲响应**

（1）贸易开放度对中国经济增长的冲击效应。在初期时贸易开放度对中国经济增长的正向效应呈递增趋势，在滞后第四期时达到最大，此后呈下降趋势，到滞后第七期转为负向效应，此后又上升为正向效应。脉冲响应分析可以解释贸易开放度和中国经济增长的影响机制。依据前面的理论分析，随着贸易开放，生产率较高的产业在贸易中具有比较优势，进行专业化生产，产业专业化程度的提高会促进经济增长。

（2）产业专业化对中国经济增长的冲击效应。以生产率为权重的产业专业化指数对中国经济增长一直是正向效应。初期时这种正向效应呈下降趋势，滞后第二期时正向效应最小，此后逐渐上升，长期而言正向效应趋于稳定。因此，一个正的以生产率为权重的产业专业化指数冲击会带来中国长期的经济增长。

我们运用 Sims（1981）的方差分解法，通过求解扰动项对向量自回归模型预测均方误差的贡献度，可得到各类因素对通货膨胀率的冲击作用，各个变量的方差分解如表 4.13 所示。

**表 4.13　LnRGDP 的误差分解**

| 时期 | 标准差 | LnRGDP | LnOPENNESS | LnWHERF |
|---|---|---|---|---|
| 1 | 0.026462 | 100.0000 | 0.000000 | 0.000000 |
| 2 | 0.061604 | 98.59776 | 0.148049 | 1.254189 |
| 3 | 0.100571 | 97.93382 | 0.175921 | 1.890262 |
| 4 | 0.142693 | 96.90697 | 0.416163 | 2.676869 |
| 5 | 0.187308 | 95.00944 | 1.195793 | 3.794769 |
| 6 | 0.235088 | 92.10675 | 2.340477 | 5.552770 |
| 7 | 0.285634 | 88.82949 | 3.593354 | 7.577158 |
| 8 | 0.338395 | 85.69812 | 4.789230 | 9.512650 |
| 9 | 0.393328 | 82.83441 | 5.888006 | 11.27758 |
| 10 | 0.450237 | 80.26198 | 6.889207 | 12.84881 |

根据协整分析，认为 LnGDP 和 LnWHERF、LnOPENNESS 和 LnWHERF 的二元变量 VAR 模型的滞后期为三期，因此改进后的 Granger 因果检验如表 4.14、表 4.15 所示。

**表 4.14　LnGDP 和 LnWHERF 的因果检验**

| 零假设 | 滞后期 | F 统计量 |
|---|---|---|
| LnWHERF 不是 LnGDP 的 Granger 原因 | 3 | 11.13** |
| LnGDP 不是 LnWHERF 的 Granger 原因 | 3 | 7.71* |

注：***、**、*分别表示 t 统计量通过显著水平为 1%、5% 和 10% 的统计检验，即拒绝零假设，$X_t$ 是 $Y_t$ 的 Granger 原因。

表 4.15　LnOPENNESS 和 LnWHERF 的因果检验

| 零假设 | 滞后期 | F 统计量 |
|---|---|---|
| LnWHERF 不是 LnOPENNESS 的 Granger 原因 | 3 | 0.34 |
| LnOPENNESS 不是 LnWHERF 的 Granger 原因 | 3 | 7.50* |

注：***、**、*分别表示 t 统计量通过显著水平为 1%、5% 和 10% 的统计检验，即拒绝零假设，$X_t$ 是 $Y_t$ 的 Granger 原因。

（3）在显著性为 1%、5% 和 10% 的临界值分别为 6.25、7.81 和 11.34，检验结果说明在 5% 显著性水平上，产业专业化指数是引起经济增长变化的 Granger 原因；在 10% 显著性水平上，经济增长是引起产业专业化指数变化的 Granger 原因，贸易开放度是引起产业专业化指数变化的 Granger 原因。

## 本章小结

本章基于工业细分的 39 个行业构造了总产值、增加值和以生产率为权重的三种产业专业化指数，分析了各种产业专业化指数、贸易开放度与经济增长之间的相关性，并用协整分析和改进的 Granger 因果检验论证三者之间的长期关系和因果关系，并且通过构造三次产业的 14 个行业的增加值和以生产率为权重的两种产业专业化指数，发现实证结果具有稳健性，具体的结论是：

（1）贸易开放度与经济增长呈显著的正相关关系，这与其他学者的实证分析相吻合；贸易开放度与经济增长之间不存在长期的稳定关系，贸易开放度的提高并不会直接带来长期的经济增长，因此单纯依靠贸易的增长很难实现中国经济的持续增长。

（2）贸易开放度与经济增长的影响机制是：贸易开放度的提高能促进生产率高的产业发展和产业专业化程度的提高，使中国专业于生产率较高的行业生产，促进经济的长期增长。

（3）专业于较高生产率的行业生产是中国经济增长的动力来源。加快优势行业的技术进步，提高生产率，有利于中国经济的长期增长。

# 第五章　FDI对通货膨胀的影响分析

前面分析了FDI的流入扩大了中国出口贸易总额，促进了中国出口导向型经济增长，并且通过专业于生产率较高的行业生产拉动中国的长期经济增长。许多学者都集中于研究FDI对中国经济增长的正向效应。事实上，FDI会通过国际收支状况、国内投资、货币供给量等因素引发通货膨胀，进而对中国经济增长产生负向效应。

本章系统分析FD引发通货膨胀的机制，建立一个包括FDI与通货膨胀率在内的六个变量的VAR和误差修正模型，用1994～2004年的季度数据研究FDI与通货膨胀率的关系。

## 第一节　FDI引发通货膨胀的机制

FDI流入引发通货膨胀的机制学术界此前已有研究，具体分析如下：

1. 国际收支状况

当FDI流入时，一国货币面临升值压力，在固定汇率制度下，汇率不能根据外汇市场的供求灵活调节，大量FDI流入会引起国际收支状况的变动。当资本项目的顺差不能为经常项目的逆差所完全抵消，在不考虑统计误差和遗漏的情况下，国际收支顺差就会导致等量的外汇储备增加（郑超愚，1996）。一国中央银行的资产负债表的等式为：$\Delta H = \Delta NFA + \Delta DC$。其中，NFA为中央银行对外净资产（包括外汇储备、黄金、对外国政府或中央银行的债权等）；H为基础货币；DC为国内信贷（包括中央银行持有的国债和对银行的贷款等债权）。这样，FDI的流入实际上导致国内货币供应量的增加，并相应地转化为通货膨胀的压力（孙婉洁、藏旭恒，1995），具体的传导机制为：FDI流入增加→国际收支顺差→国家外汇储备增加→中央银行以外汇占款形式投放的基础货币增加→国内货币供给总量增加→通货膨胀上升。

2. 国内配套资金

如果一国货币是非自由兑换货币，FDI流入的规模还直接影响到本币配套资金的规模。世界银行贷款项目要求东道国配套资金占贷款总额的70%，有研究发现借款和外国直接投资与国内配套资金的比例大致在1:1左右。国内配套资金一般包括固定资产投资和流动资金两部分，前者主要由国家财政和银行信贷提供，后者主要由银行信贷提供。FDI流入就通过配套资金的渠道影响宏观经济的财政预算和银行信贷。如果举借外债的规模失当，会使得国内被迫配套较多资金，造成财政赤字及金融系统的信用膨胀。但如果不给予财政支持或者收缩银根，要想满足配套资金的缺口，就只能借助于投放基础货币的手段，这样又会引起通货膨胀。

3. 贸易开放度

FDI对于我国的国际贸易主要有两个方面的影响：一方面，出口增长率大于进口增长率，导致贸易顺差增加，进而产生引发通货膨胀的压力。贸易收支由改革开放初1979年的逆差11.4亿美元上升至2003年的顺差251亿美元。首先，在资本项目不变的情况下，贸易顺差的增加会造成国内的总需求水平大于总供给水平，从而导致物价上涨；其次，一国为促进贸易收支改善所实行的货币贬值，在马歇尔—勒纳条件成立的情况下会改善贸易收支，进而产生通货膨胀的压力（佟家栋，1996）。另一方面，FDI可以提高贸易开放度，贸易开放度从1978年的10.03%上升到2003年的60.11%①。Romer（1993）在其开创性的文章中提出通货膨胀一致性理论，认为开放度越高所引发的输入性通货膨胀的风险也越高。Lane（1997）从货币政策、Terra（1998）从负债率、Temple（2002）从菲利普斯曲线的替换率等研究贸易开放度与通货膨胀的关系，且实证分析支持Romer的观点。此外，国际贸易往来也会通过价格传递渠道（Engel和Rogers，1996）和汇率渠道（Obstfeld和Rogoff，2000）来影响国内商品价格水平②。

4. 汇率渠道

影响通货膨胀的是实际汇率值，实际汇率=名义汇率×贸易伙伴的通货膨胀率/本国通货膨胀率。我国从改革开放以来一直实行人民币贬值的政策以促进出口贸易，人民币的名义汇率从1978年的1美元兑换1.58元人民币上升为2004年1美元兑换8.27元人民币。贬值有利于提高本国企业的国际竞争力，实现对外贸易平衡；同时，贬值又会造成本国物价上升，引起输入型通货膨胀。当汇率贬值的边际进口倾向小于边际出口倾向时这一问题会更加突出（深圳综合开放研究院，1995）。

另外，对于实施固定汇率制的发展中国家，FDI流入还容易引起输入型通货膨胀。国外通货膨胀将通过价格效应、需求效应、流动效应及国际通货膨胀预期和“示范”效应等传导途径传入流入国国内。

① 资料来源于2004年《中国统计年鉴》和《新中国五十年统计资料汇编》。

② 有关价格水平的相互影响机制的更详细的文献综述见孙立坚、江彦（2003）。

从实证分析来看，中国学者绝大多数集中于 FDI 对经济增长的促进作用的研究，极少深入研究 FDI 与通货膨胀的关系。关于中国 FDI 流入与通货膨胀的研究存在以下几个问题：①以简单的 OLS 回归来分析两者之间的关系可能结果不可靠。首先，时间序列的样本数不够。实证分析最多是从 1978 年到 20 世纪 90 年代中后期，样本数也不过 20 个，这样小样本回归很可能导致有偏估计。其次，时间序列的不平稳性会导致伪回归。事实上，宏观经济变量的时间序列大多不平稳，Charles Nelson 和 Charles Plosser（1982）研究发现美国大多数宏观经济变量的时间序列数据是不平稳的，它们是 I（1）过程。最后，利用两个变量进行简单回归会产生错误的结果。Lutkepohl（1982）指出由于遗漏变量会使模型的参数估计产生偏差，如果仅对两个变量进行 Granger 因果关系检验，得到的结论不一定可靠，一旦引进与这两个变量相关的其他变量构造模型，那么因果检验的结论就有可能发生变化。实际上，涉及宏观变量与通货膨胀之间的关系相当复杂，多变量模型较双变量模型更加合理。②有关中国的实证研究中尚未涉及 FDI 与通货膨胀的短期效应、长期关系和因果检验。

基于上述理论研究和中国现有的研究，本书建立由 FDI、通货膨胀率、货币供应量、外汇储备和贸易开放度等构成的多变量 VAR 模型系统，采用中国的季度数据，运用协整分析、误差修正模型和方差分解等计量方法检验各个变量之间的长期关系。

## 第二节　数据说明和单位根检验

为了避免对小样本数据回归产生的偏差，我们采用季度数据，时间从 1994 年第 1 季度至 2004 年第 4 季度，样本数为 44 个，分别用 CPI、FDI、FE、INV、$M_1$、OPE 表示消费者物价指数、外商直接投资、外汇储备、固定资产投资、货币供应量、贸易开放度。在此需说明的是，由于无法获得实际汇率的数据，我们将汇率纳入模型之中。2002 年第 2 季度以前 FDI 的数据来源于刘莉亚（2004）附表三，月度名义汇率、所有季度数据取自中国资讯行数据，变量的计算公式为：

通货膨胀率 = D（LnCPI）

季度名义汇率 = 三个月名义汇率之和/3

外商直接投资 FDI = 外商直接投资 × 季度名义汇率

贸易开放度 OPE = 进口贸易总额 × 季度名义汇率/季度名义 GDP

外汇储备 FE = 外汇储备 × 季度名义汇率

全社会固定资产 INV、货币供应量 $M_1$ 表示由 FDI 引发的国内投资增加和货币供给量的扩大。

本书采用的计量方法是：首先，为了避免宏观经济变量不平稳产生缪回归，我们选择单位根检验来检验数据的平稳性；其次，在单位根检验结果的基础上，通过协整分析法和ECM模型研究各变量之间的长期稳定和短期动态变化的关系；最后，通过脉冲响应来比较通货膨胀对各变量一个单位正向冲击的反应结果，以及各变量对通货膨胀率的冲击效应分解图，我们采用的计量软件是Eviews 5.0。

为了使模型的设定更加合理并减少或者消除潜在的异方差问题，我们对所有变量取对数形式，在进行协整方法分析各个变量的长期关系之前先进行单位根检验。

我们采用Dickey和Fuller（1981）提出的ADF方法进行单位根检验，数据生成过程的检验方程分别为无截距项和时间趋势、有截距项和既有截距项又有时间趋势，具体如下：

$$y_t = \rho y_{t-1} + \zeta_1 \Delta y_{t-1} + \zeta_2 \Delta y_{t-2} + \cdots + \zeta_{p-1} \Delta y_{y-p+1} + \varepsilon_t$$

$$y_t = \alpha + \rho y_{t-1} + \zeta_1 \Delta y_{t-1} + \zeta_2 \Delta y_{t-2} + \cdots + \zeta_{p-1} \Delta y_{y-p+1} + \varepsilon_t$$

$$y_t = \alpha + \beta t + \rho y_{t-1} + \zeta_1 \Delta y_{t-1} + \zeta_2 \Delta y_{t-2} + \cdots + \zeta_{p-1} \Delta y_{y-p+1} + \varepsilon_t$$

其中，$\{\varepsilon_t\}$独立同分布，$E(\varepsilon_t)=0$，$Var(\varepsilon_t)=\sigma^2$，检验 $H_0$：$\rho=0$，$H_1$：$\rho\neq 0$。

我们根据各组数据的时序图选择各变量数据ADF检验时是否采用截距项和时间趋势（限于时序图省略），同时进一步检验各变量数据单位根方程中截距项和时间趋势的系数显著性来判断单位根检验模型设定问题。滞后阶 $p$ 的确定是基于最小信息准则（AIC和BIC）原则做出的。结果见表5.1。

**表5.1 单位根检验结果**

| 变量 | 截距 | 时间趋势 | 滞后阶数（%） | ADF值（%） | 5%临界值（%） |
|---|---|---|---|---|---|
| LnCPI | 有 | 无 | 1 | -2.24 | -2.93 |
| LnFDI | 无 | 无 | 4 | 1.03 | -1.94 |
| LnFE | 有 | 有 | 1 | -2.62 | -3.52 |
| LnINV | 有 | 无 | 4 | -0.44 | -2.93 |
| $LnM_1$ | 有 | 无 | 5 | -0.52 | -2.94 |
| LnOPE | 无 | 有 | 4 | 0.03 | -1.95 |
| 变量 | 截距 | 时间趋势 | 滞后阶数（%） | ADF值（%） | 5%临界值（%） |
| D（LnCPI） | 无 | 无 | 0 | -3.28*** | -1.95 |
| D（LnFDI） | 无 | 无 | 3 | -2.93*** | -1.95 |
| D（LnFE） | 有 | 无 | 0 | -2.71* | -2.93 |
| D（LnINV） | 无 | 无 | 2 | -17.64*** | -1.95 |
| D（$LnM_1$） | 有 | 无 | 4 | -3.27** | -2.94 |
| D（LnOPE） | 无 | 无 | 3 | -2.22** | -1.95 |

资料来源：***、**、*表示在1%、5%和10%的显著性水平下拒绝单位根检验，以下略同，D表示一阶差分。

从表5.1中可以看出，各变量序列在显著性水平为10%的检验下都存在单位根检验。外汇储备FE的对数形式的一阶差分在10%的显著性水平下拒绝单位根检验，其余变量的对数形式的一阶差分都在5%的显著性水平下拒绝了单位根假设，从而各变量都是I（1）序列。基于此检验我们就可进行协整分析。

## 第三节 协整分析和误差修正模型

### 一、协整分析

我们用Johansen最大似然法分析各个变量的协整关系。协整变量具有线性趋势并且有截距项和时间趋势，综合AIC和SC信息选择滞后2期，结果见表5.2。

**表5.2 各变量之间的协整关系**

| 协整秩 $H_0$ | 最大特征值 | 似然估计值 | 5%的临界值 | P值 |
|---|---|---|---|---|
| r=0*** | 0.88 | 191.35 | 117.71 | 0.0001 |
| r≤1*** | 0.57 | 104.80 | 88.80 | 0.0022 |
| r≤2** | 0.50 | 69.96 | 63.87 | 0.0141 |
| r≤3 | 0.42 | 41.43 | 42.92 | 0.0699 |
| r≤4 | 0.26 | 19.33 | 25.87 | 0.2600 |
| r≤5 | 0.15 | 6.88 | 12.52 | 0.3600 |

在表5.2中r表示协整关系的个数，可见在5%的显著性水平上，我们应当拒绝r≤2的假设，即六个变量之间存在三个独立的协整关系。

关于通货膨胀率的协整向量为：

$$LnCPI = 0.43LnFDI - 0.66LnFE + 0.61LnINV + 1.24\,LnM_1 - 0.12LnOPE - 0.05t + 9.07$$

(2.97)　(6.1)　(-10.65)　(-2.55)　(2.26)　(2.73)

公式下面括号中的数字表示各个系数的t统计量，可以看出所有的系数都通过显著性为1%的检验进入协整方程。在长期稳定关系中，通货膨胀率与其他五个变量存在相互关系，即在开放经济条件下，FDI会通过国内货币供应量、国内投资、外汇储备、贸易开放度等途径影响通货膨胀率。FDI每增长1%会引发中国物价水平上涨0.43%。在FDI与通货膨胀的影响因素中，最为显著的是国内货币供给量$M_1$，FDI扩大了货币供给量从而引发了通货膨胀，货币供给量每增长1%会带来1.24%的物价水平上升，这正如Friedman所说："通货膨胀是而且永远是一个货币现象。"国内投资也是FDI引发中国通货膨胀率的重要因素之一，协整检验显示以全社会固定投资表示的国内投资的膨胀是拉动通货膨胀率上涨的第二大因素，其每增长1%会提高物价水平0.61个百分点。此外，贸易开放度的提高抑制了通货膨胀率的上升，贸易开放度每增长1%会降低0.12%的通货膨胀率，这与Romer（1993）提出的通货膨胀一致性理论完全相符。① 不过外汇储备和通货膨胀率的实证分析与理论分析有些偏离，外汇储备每增长1%导致物价水平下降0.66%，可能是因为本分析中并未将实际汇率纳入模型的考虑之列，而实际汇率恰恰是影响外汇储备与通货膨胀关系的重要因素。时间趋势也具有降低通货膨胀率的作用。

## 二、误差修正模型分析

通过对变量进行协整分析可以发现变量之间的长期均衡关系，但是无法得知这些变量的短期动态关系，误差修正模型可以解决这个问题。根据Granger定理，一组具有协整关系的变量具有误差修正模型的形式，因此在协整检验的基础上进一步建立误差修正模型，研究FDI、通货膨胀率与其他影响因素的短期动态调整，省去系数未通过显著性为10%的t检验的解释变量，关于通货膨胀率的误差修正模型为：

$$\Delta LnCPI_t = -0.035u_{t-1} + 0.42\Delta LnCPI_{t-1} - 0.017\Delta LnINV_{t-1} + 0.13LnM_{1,t-1} + 0.049LnOPE_{t-1}$$
$$(-2.02) \qquad (2.09) \qquad (-2.05) \qquad (1.64) \qquad (2.77)$$

$\text{Adj } R^2 = 0.47$　　　　$F = 3.84$

其中，误差项 $u_{t-1} = LnCPI_{t-1} + 0.43LnFDI_{t-1} + 0.66LnFE_{t-1} - 0.61LnINV_{t-1} - 1.24\,LnM_{1,t-1} + 0.12LnOPE_{t-1} + 0.05t - 9.07$，误差修正项的系数为 $-0.035$，符合反向修正原则，表明短期内的非均衡状态逐渐向长期的均衡状态趋近，说明保持协整关系的稳定，提高FDI的流入会带来更高的通货膨胀率。

从上式来看，FDI在短期变化方面并不会显著影响通货膨胀率。其他影响因素与通货膨胀率的短期动态效应是：上一期的通货膨胀率对于当期通货膨胀率具有正向的作用，相关系数为0.42，说明中国的通货膨胀率仍然是具有惯性爬升的通货膨胀。国内货币供给量 $M_1$ 的短期系数与长期效应保持一致，上一期的国内供给量增长率每提高1%可以促进当期的通货膨胀率上升0.13%。不过，从协整方程和误差修正模型综合分析发现有两个变量与通货膨胀率的短期动态变化与长期稳定效应不一致：一个是国内投资率，长期内国内投资的增加引发通货膨胀的上涨，短期内提高滞后一期国内投资有利于抑制通货膨胀率的上升，上一期的国内投资率上升1%会降低当期的通货膨胀率0.017%。另一个是贸易开放度，

① Romer（1993）在Kydland和Prescoott（1977）模型的基础上提出了著名的动态不一致性理论。

Romer（1993）的通货膨胀一致性理论所揭示的结论贸易开放度与通货膨胀呈负相关关系在协整方程已经得到验证，ECM模型显示出上一期的贸易开放度的上升会提高中国通货膨胀率，短期效应系数为0.049。由于误差修正项的负数系数具有反向修正机制，使短期非均衡逐渐趋近于长期均衡状态。

## 三、脉冲响应和方差分解

协整分析只提供变量间长期关系的信息，但是没有为一个变量作用于另一个变量的动态特征提供更多的信息。而引入脉冲响应函数将有助于该问题的解决。脉冲响应函数刻画的是在扰动项上加上一个单位标准差大小的新信息冲击（innovation）对内生变量的当前值和未来值所带来的影响。为了刻画FDI、影响因素和中国通货膨胀率之间的动态影响，我们以向量自回归模型为基础，采用正交化（Orthogonalised）方法，应用Choleski分解技术，建立FDI、通货膨胀率与其他影响因素的冲击反应模型。图5.1为FDI与其他影响因素对通货膨胀率的脉冲响应分析的结果。

（1）FDI对通货膨胀率的冲击效应。FDI对通货膨胀率的冲击一直存在正面影响，这种正向效应在初期时是递增趋势，在长期中趋于稳定。这说明FDI对中国通货膨胀率的正向冲击作用具有持续性和递增趋势，尤其是在滞后第二和第三期FDI对通货膨胀的冲击效应达到最大。脉冲响应分析可以很好地解释图5.1中FDI和中国通货膨胀率之间的关系。以两次严重的通货膨胀为例，FDI在1983年和1984年分别增长了133%和67%，通货膨胀率则在两年后的1985年开始进入高速上升阶段，通货膨胀率持续走高，到1988年和1989年达到高峰，相应地，1986年和1987年FDI增长率超过30%以上。另一次严重的通货膨胀出现在1993~1995年，通货膨胀率超过两位数，FDI在1991~1993年分别增长了161%、161%和83%。因此一个FDI冲击在2~3年后会导致较高的通货膨胀率，提高FDI的流入量会带来通货膨胀的压力。

（2）外汇储备对通货膨胀率的冲击效应。外汇储备对通货膨胀率的冲击作用存在反向作用，负向效应一直处于递增趋势。

（3）国内投资对通货膨胀率的冲击效应。国内投资对通货膨胀率的冲击作用一直处于负向关系。初期国内投资的变化对通货膨胀率的负向冲击呈增长趋势，到第四期负向冲击效应达到最大值，随后冲击效应呈递减趋势，一直趋近于零甚至有可能为正向冲击。这是由于全社会固定资产投资需要经过一段时期才能形成生产能力，进而对总需求产生影响，最终反映到价格水平的上涨。一般而言一个投资冲击在2~4年才会导致相对温和的通货膨胀（张军、方万红）。就季度数据而言，有限期内国内投资对通货膨胀率的冲击效应比较微弱。

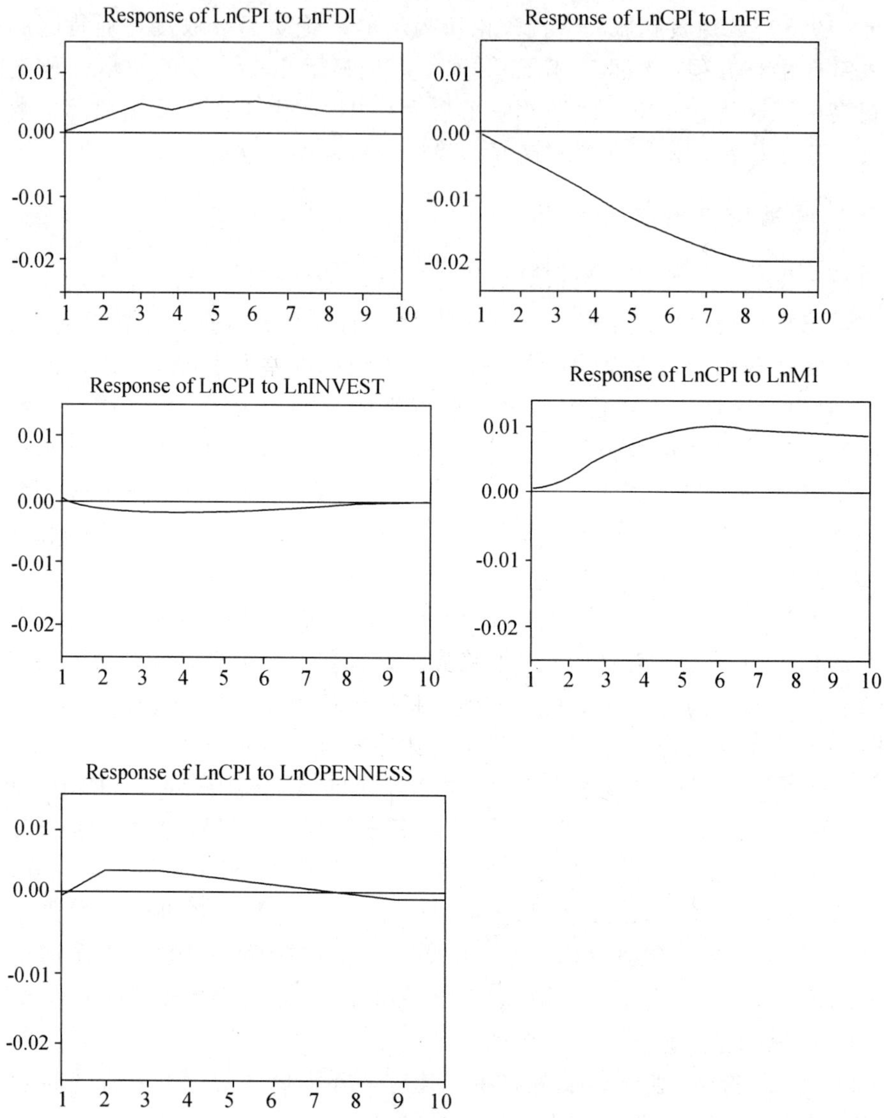


**图 5.1　各个影响因素对通货膨胀率的脉冲响应分析**

（4）货币供给量对通货膨胀率的冲击效应。货币供给量对通货膨胀率的冲击作用一直存在正面影响。这种正向效应一直呈递增趋势。在长期内增加货币供给量的变化可以持续提高通货膨胀率的变化率。

（5）贸易开放度对通货膨胀率的冲击效应。贸易开放度对通货膨胀率的冲击作用一直存在正面影响。这种正向效应在短期和长期是不一样的，初期贸易开放度变化对通货膨胀率的正向冲击呈增长趋势，到第二期达到最大值，随后呈递减趋势，到第十期趋于零。

接着，我们分析 FDI 对其他影响因素的冲击效应（见图 5.2）。

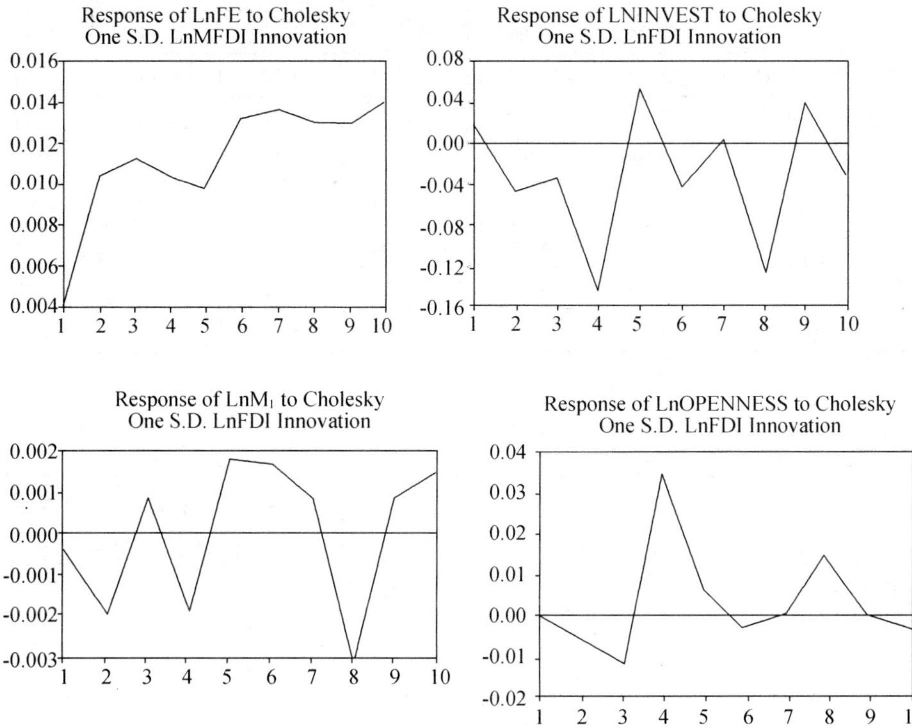


**图 5.2　LnFDI 对 LnFE、LnINVEST、$LnM_1$ 和 LnOPENNESS 脉冲响应分析**

从图 5.2 中可以看出，FDI 对外汇储备的冲击效应一直处于正向作用，且正向效应呈螺旋式递增趋势，长期来看 FDI 的变化有利于提高中国外汇储备量。而 FDI对其他影响因素的冲击效应起伏较大，FDI 对国内投资的冲击效应一开始呈递减趋势，由正冲击效应变为负冲击效应，持续到第四期达到负冲击的最大值，之后又转为正冲击，这种正负效应的交替一直持续下去，说明 FDI 对国内投资的冲击尚未确定。与此类似的还有 FDI 对国内投资和贸易开放度的脉冲响应。

我们运用 Sims（1981）的方差分解法，通过求解扰动项对向量自回归模型预测均方误差的贡献度，可得到各类因素对通货膨胀率的冲击作用，各个变量的方差分解见表 5.3。

表 5.3　LnCPI 的方差分解

| 时期 | 标准差 | LnCPI | LnFDI | LnFE | LnINV | $LnM_1$ | LnOPE |
|---|---|---|---|---|---|---|---|
| 1 | 0.01 | 100.00 | 0.00 | 0.00 | 0.00 | 0.00 | 0.00 |
| 2 | 0.02 | 88.15 | 1.65 | 1.79 | 0.33 | 1.54 | 6.55 |
| 3 | 0.03 | 78.56 | 4.48 | 4.83 | 0.27 | 5.44 | 6.42 |
| 4 | 0.03 | 71.01 | 5.20 | 9.33 | 0.22 | 8.74 | 5.50 |
| 5 | 0.04 | 62.82 | 6.25 | 15.27 | 0.22 | 10.82 | 4.61 |
| 6 | 0.05 | 55.66 | 6.83 | 21.31 | 0.20 | 12.14 | 3.86 |
| 7 | 0.06 | 49.76 | 6.91 | 27.24 | 0.17 | 12.68 | 3.23 |
| 8 | 0.06 | 45.01 | 6.84 | 32.50 | 0.16 | 12.76 | 2.75 |
| 9 | 0.07 | 41.38 | 6.74 | 36.60 | 0.15 | 12.75 | 2.38 |
| 10 | 0.07 | 38.70 | 6.65 | 39.72 | 0.14 | 12.68 | 2.11 |

从表 5.3 中可以看出，现阶段中国通货膨胀率的变动中，大约有 5.8% 的波动可以由贸易开放度的波动来解释，大约有 2.2% 的波动可以由外汇储备的波动来解释，FDI 只能解释 1.46% 的波动。随着开放的不断深入，FDI 对通货膨胀率的解释力度逐步加大，增加至 6.65%，货币供给量和外汇储备成为影响通货膨胀率的另外两个重要的因素，分别解释 39.72% 和 12.68%。

## 本章小结

本章分析了 FDI 的流入对通货膨胀的机制，建立一个包括 FDI 与通货膨胀率在内的六个变量的 VAR 和误差修正模型，用 1994～2004 年的季度数据研究 FDI 与通货膨胀率的关系，并且利用中国的数据检验了 Romer（1993）提出的通货膨胀一致性理论，结果发现：

（1）FDI 的流入引发了中国通货膨胀率的上升，两者之间的影响机制是 FDI 的流入引起了国际收支账户、贸易开放度、国内投资和货币供给量的变化，从而拉动了物价水平的持续上升。

（2）各个变量之间存在协整关系。从长期来看，FDI 对通货膨胀的拉动效应为 0.43，并且 FDI 对通货膨胀的冲击作用存在持续递增的正效应。与其他影响因素相比，FDI 并不是解释通货膨胀率波动的最重要因素，但其影响效应存在递增趋势。

（3）国内货币供给量和国内投资是引起通货膨胀率上升的重要因素，外汇储备和贸易开放度抑制了通货膨胀率的上涨。通过误差修正模型发现某些变量对通货膨胀率的短期作用与长期效应不一致，但是各个变量之间都具有回归正常水平修正机制，使短期非均衡逐渐趋近于长期均衡状态。

（4）实证结果还表示中国存在通货膨胀一致性理论，即贸易开放度与通货膨胀长期内呈负相关关系。贸易开放度每增加 1% 会导致中国通货膨胀率下降 0.78%，实际人均 GDP 和贸易开放度是降低通货膨胀率的 Granger 原因，保持长期的协整关系有利于降低通货膨胀率，而且这种趋势会从短期的非均衡逐渐趋近于长期均衡。

# 第六章　贸易开放度与通货膨胀：基于社会福利的分析框架

第五章的实证结果显示贸易开放度与通货膨胀呈显著的负相关关系，与 Romer（1993）提出的通货膨胀一致性理论相一致。回顾了理论模型后，本章接着揭示贸易开放度与通货膨胀的影响机制。

本章以社会福利分析为框架，在 Obstfeld 和 Rogoff（1995）、Barro 和 Gordon（1983）的模型基础上，并且在信息不对称和价格粘性条件下，研究未预期的扩张性货币冲击对均衡经济和社会福利的影响，以及政府在考虑社会福利变化后选择通货膨胀率，分析贸易开放度与通货膨胀之间的关系，并用中国的数据加以实证分析。

## 第一节　基本模型

假设国内有大量相同的代表性个体，他们消费非贸易品产品 $c_N$ 和贸易品 $c_T$，并且专业生产一种非贸易品，产出为 $y_N(j)$（Blanchard 和 Kiyotaki，1987）。每个个体拥有固定的同质贸易品的禀赋，这些贸易品都有国外生产的完全替代商品，国外商品价格外生给定且以国外货币表示，于是将经济分为竞争性贸易部门和不完全竞争的非贸易部门。个体可以利率自由买卖贸易品，并且拥有国内的实际资产和国外资产以获取收益。个体的效用函数设定为①：

$$U_t = \sum_{t=0}^{\infty}\beta^t\left[\alpha\log c_{Nt} + (1-\alpha)\log c_{Tt} + \frac{c}{1-\delta}\left(\frac{M_t}{P_t}\right)^{1-\delta} - \frac{d}{2}y_{Nt}^{\ 2}(j)\right] \quad (6.1)$$

其中，$\alpha$，$\beta \in (0, 1)$，$c$，$\delta$，$d > 0$，$M_t$ 是货币持有量，$P_t$ 是消费者商品价

① 由于个体生产国内产品需要付出努力，因此效用函数与国内产出成负相关，而与消费和实际资产余额（real balance）成正相关。Lane（1997）将国内产品付出努力写成$\frac{d}{\varepsilon}y_{Nt}^{\ 2}(j)$，$\varepsilon-1$ 表示生产商品的边际负效用的替代弹性，我们这里采用的是 Obstfeld 和 Rogoff（1995）的简化形式。无论采用何种形式都不影响结论。

格，从（6.1）式中可以将 $1-\alpha$ 看做贸易开放度的衡量指标（Lane，1997）。我们定义为：

$$c_N = \left[\int_0^1 c_N^{\frac{\theta-1}{\theta}}(j)\,dj\right]^{\frac{\theta}{\theta-1}}$$

其中，$c_N$（$j$）是非贸易品 $j$ 的消费量，$\theta$ 表示各种非贸易品之间的替代弹性，且 $\theta>1$。$P_t$ 采用 Romer（1993）的形式：$P_t = P_{Nt}{}^{\alpha}P_{Tt}{}^{1-\alpha}/\alpha^{\alpha}(1-\alpha)^{1-\alpha}$，$P_N = \left[\int_0^1 p_N{}^{1-\theta}(j)\,dj\right]^{\frac{1}{1-\theta}}$，假设国际贸易不存在交易成本和运输成本，则以国内货币表示的贸易品价格为 $p_t = E\,p_t{}^*$，$E$ 是名义汇率，$p_t{}^*$ 是外生给定的国际市场价格，我们将其正则化为 1。于是可将实际汇率定义为非贸易品与贸易品的相关价格之比：$q = P_T/P_N$。个体持有国外资产 $f$ 获取收益，政府以一次性转移支付（lump－sum transfers）给个体，个体的预算约束为：

$$p_{Tt}f_t + M_t = p_{Tt}(1+r)f_{t-1} + M_{t-1} + p_{Tt}y_{Tt} + p_{Nt}(j)\,y_{Nt}(j) - p_{Tt}c_{Tt} - p_{Nt}c_{Nt} + \tau_t \tag{6.2}$$

在式（6.2）中，$r$ 表示国外资产的收益率，$y_T$ 是非贸易品的常数禀赋，$\tau_t$ 是政府的一次性转移支付，非贸易品产出的市场需求为：$y_N(j)\left[\frac{p_N(j)}{p_N}\right]^{-\theta}c_N^A$，$c_N^A$ 是非贸易品的总需求。

## 第二节　基本模型分析

代表性个体的最优化问题是：

$$\text{Max}U_t = \sum_{t=0}^{\infty}\beta^t\left[\alpha\log c_{Nt} + (1-\alpha)\log c_{Tt} + \frac{c}{1-\delta}\left(\frac{M_t}{P_t}\right)^{1-\delta} - \frac{d}{2}y_{Nt}{}^2(j)\right]$$

s.t. $p_{Tt}f_t + M_t = p_{Tt}(1+r)f_{t-1} + M_{t-1} + p_{Tt}y_{Tt} + p_{Nt}(j)\,y_{Nt}(j) - p_{Tt}c_{Tt} - p_{Nt}c_{Nt} + \tau_t$

建立拉格朗日函数得：

$$L = \sum_{t=0}^{\infty}\beta^t\left[\alpha\log c_{Nt} + (1-\alpha)\log c_{Tt} + \frac{c}{1-\delta}\left(\frac{M_t}{P_t}\right)^{1-\delta} - \frac{d}{2}y_{Nt}{}^2(j)\right] + \sum_{t=0}^{\infty}\beta^t\lambda_t$$
$$[p_{Tt}f_t + M_t - p_{Tt}(1+r)f_{t-1} + M_{t-1} + p_{Tt}y_{Tt} + p_{Nt}(j)y_{Nt}(j) - p_{Tt}c_{Tt} - p_{Nt}c_{Nt} + \tau_t]$$

对 $c_{Nt}$、$c_{Tt}$、$M_t$、$f_t$、$y_{Nt}$（$j$）求一阶导数得到代表性个体的均衡条件：

$$\alpha/c_{Nt} = \lambda_t p_{Nt} \tag{6.3}$$

$$(1-\alpha)/c_{Tt} = \lambda_t p_{Tt} \tag{6.4}$$

$$c\ (M_t/P_t)^{-\delta}-P_t\lambda_t+\beta P_t\lambda_{t+1}=0 \tag{6.5}$$

$$-\lambda_t p_{Tt}+\beta\ (1+r)\ \lambda_{t+1}P_{Tt+1}=0 \tag{6.6}$$

$$-dy_{Nt}\ (j)\ +\lambda_t[p_{Nt}\ (j)\ +y_{Nt}\ (j)\ \partial p_{Nt}\ (j)\ /\partial y_{Nt}\ (j)]=0 \tag{6.7}$$

基于社会福利的经济学分析，我们研究与初始状态相比系统从 $t$ 期到 $t+1$ 期的变化，对任何变量 $x$，$x_0$ 是初始稳态状态的值，定义为 $\tilde{x}=Dx/x_0$，$Dx$ 表示对 $x$ 求导，$\hat{x}=\tilde{x}^*$，$x^*$ 是系统达到新稳态状态时 $x$ 的变化[①]，那么 $\hat{x}$ 表示长期变化，而 $\tilde{x}$ 表示短期变化。

1. 消费路径的分析

在国际信贷市场上，有无套利条件存在：$\beta\ (1+r)\ =1$，对式（6.3）和式（6.4）进行对数化处理后与式（6.6）联立可得消费路径的表达式[②]：

$$\tilde{c}_{Tt+1}=\tilde{c}_{Tt} \tag{6.8}$$

$$\tilde{c}_{Nt+1}=\tilde{c}_{Nt}-\tilde{q}_t+\tilde{q}_{t+1} \tag{6.9}$$

从式（6.8）和式（6.9）中可以看出，贸易品的消费路径是平滑的（smooth the path），$t$ 期与 $t+1$ 期的变化相等。而非贸易品的消费路径受到实际汇率变化率的波动影响，$t+1$ 期的消费变化率与上期实际汇率的变化率成正比，且与当期消费变化率和实际汇率变化率成正比。

2. 国内货币需求函数

将 $P_t$、$q_t$ 和式（6.4）代入式（6.5）可得货币需求的函数表达式：

$$\frac{[\alpha^{\alpha}\ (1-\alpha)^{1-\alpha}]^{1-\delta}}{1-\alpha}c_{Tt}q^{\alpha(1-\delta)}c\ (\frac{M_t}{p_{Tt}})^{-\delta}=\frac{R_t}{1+R_t} \tag{6.10}$$

其中，$1+R_t=[p_{Tt+1}\ (1+r)]\ /\ p_{Tt}$，$1+R_t$ 表示国内名义利率，它等于国际利率乘以上下两期可贸易品价格之比。从式（6.10）中可知以贸易品价格衡量的实际货币持有额的需求与各个变量之间的关系是：①国内名义利率。实际货币的需求随着国内名义利率的提高而下降，而且国际利率或连续两期的贸易品价格之比的下降可以增加实际货币的需求量。②贸易品的消费量。实际货币的需求与贸易品的消费量成正比关系，随着消费量的上升而增加。③实际汇率。实际货币需求与实际汇率的关系视货币需求的弹性 $\delta$ 而定，当 $\delta>1$ 时，实际货币需求随着实际汇率的上升而下降；当 $\delta<1$ 时，实际货币需求随着实际汇率的上升而上升。

3. 国内市场的产出均衡

将非贸易品市场需求函数和式（6.3）代入式（6.7）得：

---

① 通常用初始的稳态状态到新的稳态状态的变化来研究一个冲击对系统的影响，Obstfeld 和 Rogoff（1995）和 Lane（1997）都用这种方法来表示货币冲击对汇率冲击和消费者行为的影响。

② 本书的所有证明与推导都经过严格证明，由于篇幅所限，证明省略，下同。

$$y_{Nt}^{1+1/\theta}\ (j)\ =\ (\frac{\theta-1}{\theta d})\ (\frac{\alpha}{c_{Nt}})\ (c_N^A)^{1/\theta}$$

给定非贸易品的总消费需求 $c_N^A$，非贸易品产出随着贸易开放度的减少（$\alpha$ 增加）而增加。我们观察均衡稳态下的初始条件，假设初始条件个体是以持有零国外资产为基准，且 $c_N^A=c_{Nt}$（Ball 和 Romer，1990），则非贸易品产出水平为：

$$y_N=\left[\frac{\alpha\ (\theta-1)}{\theta d}\right]^{1/2}$$

因此非贸易品产出随着市场竞争程度（$\theta$）的增大而增加，当市场处于完全竞争时，即 $\theta$ 趋于无穷大，非贸易品产出达到最大产出为：$y_N=\ (\alpha/d)^{1/2}$，若市场处于垄断地位，即 $\theta$ 趋于 1 时，非贸易产出趋于最低的产量为零，因此扩大国内产出的办法在于促进市场竞争。

从上述对代表性个体的分析，我们可知满足均衡经济条件的第一个定理。

**定理一：代表性个体达到效用最大化的均衡条件是，贸易品的消费路径是平滑的，而非贸易品的消费路径受到实际汇率变化的波动影响；货币需求主要是由国内名义利率、贸易品消费量、货币需求弹性和实际汇率等因素决定；非贸易品的产出的增加不仅要扩大市场竞争，同时还要抑制贸易开放度的提高。**

## 第三节 模型的进一步分析：一个货币冲击

1. 均衡经济的分析

从文献中可以看出，大多数研究都是从未预期的货币冲击出发，因此我们遵循 Dornbusch（1976）的做法，对式（6.3）和式（6.7）对数化处理，分析系统遇到货币冲击（$\hat{M}$）后如何从时期 $t$ 到时期 $t+1$ 进行调整，市场出清的条件为：

$$\hat{c}_N=\hat{c}_T+\hat{q} \tag{6.11}$$

$$\hat{y}_N=-\theta\,\hat{c}_N/\ (\theta+1) \tag{6.12}$$

式（6.11）说明在长期中非贸易品消费量、贸易品消费量率与实际汇率的变化率保持一定的比例关系。式（6.12）说明非贸易品产出的长期变化只与非贸易品消费量的变化和市场结构有关，而与货币冲击无关，这与陆军和舒元（2002）得到货币在长期是中性的结论一致。

同时对货币需求函数式（6.10）对数化处理得到：

$$\tilde{c}_{Tt}-\delta\hat{M}+[\alpha\ (1-\delta)\ +\delta]\tilde{p}_{Tt}=\ (\tilde{p}_{Tt+1}-\tilde{p}_{Tt})\ /r \tag{6.13}$$

$$\hat{c}_T-\delta\ (\hat{M}-\hat{p}_T)\ +[\alpha\ (1-\delta)]\hat{q}=0 \tag{6.14}$$

定理一揭示了非贸易品和货币需求等因素受到汇率（名义或者实际的汇率）的影响，下面我们看看货币冲击对汇率波动的影响。

由于信息不对称，非贸易品价格是粘性，非贸易品价格和消费在长期内无法适应调整，即$\hat{c}_N = \hat{p}_N = 0$（Dixon，1994），并且贸易品消费量在短期内无法做出调整，即$\tilde{c}_T = 0$，又因为实际汇率在长期内无法调整，即$\hat{q} = 0$（Obstfeld 和 Rogoff，1995），又因为$\hat{c}_N = 0$，根据式（6.11）可知$\hat{c}_T = 0$，由于时期 $t+1$ 达到新的稳定状态，我们可作此处理：$\tilde{p}_{Tt+1} = \hat{p}_T$[①]，则新稳态下货币需求函数的市场均衡为：

$$\delta \hat{M} = [\alpha\ (1-\delta)\ +\delta + 1/r]\tilde{p}_T - \hat{p}_T/r \tag{6.15}$$

$$\hat{M} = \hat{p}_T \tag{6.16}$$

根据名义汇率的定义可知$\hat{E} = \hat{p}_T = \hat{M}$，也就是说，在长期内货币供给变化只能影响到名义汇率的变化，而与实际汇率的变化无关，这与 Dixon（1994）的观点一致。由于在短期内非贸易品价格是粘性，所以$\tilde{E} = \tilde{q} = \tilde{p}_T$，与式（6.15）联立可得到短期内货币冲击的影响：

$$\tilde{E} = \tilde{q} = \tilde{p}_T = \left\{\frac{1 + r\delta}{1 + r[\delta + \alpha\ (1-\delta)]}\right\}\hat{M} \tag{6.17}$$

在短期内货币冲击对名义汇率和实际汇率的影响是：在非贸易品价格粘性的条件下，名义汇率与实际汇率和贸易品价格的变化相等，当 $\delta > 1$ 时，随着贸易开放度的增加（$\alpha$ 减少）而减缓；当 $\delta < 1$ 时，随着贸易开放度的增加（$\alpha$ 减少）而加快。

从货币冲击对均衡经济的影响可得本书的第二个定理。

**定理二：当系统受到一个货币冲击时，由于信息不对称和价格粘性，在长期内货币冲击只能影响名义汇率，不过在短期内货币冲击会影响实际汇率和贸易品的价格波动，进而影响到代表性个体的消费行为和产出水平。**

2. 社会福利分析和政府的目标函数

（1）社会福利分析。根据 Obstfeld 和 Rogoff（1995）的研究，我们将社会福利的变化分解为实物变化与货币变化两部分，$DV = DV_R + DV_M$，其中 $DV_R$ 表示消费和工作努力的变化所引发的福利变化，$DV_M$ 表示实际货币额变化所引发的福利变化，我们写出这两部分的变化表达式[②]：

---

① Dornbush（1976）的做法，若系统受到冲击从 $t$ 时期开始调整到 $t+1$ 时期结束时，$t+1$ 时期则达到稳定状态，即可以用稳定状态值替代 $t+1$ 时期的变化率，也就是说 $p_{Tt+1} = p_T$，这一做法广泛运用于研究系统受冲击后的调整过程，如 Obstfeld 和 Rogoff（1995）、Lane（1997）。

② 有关社会福利的实物表达式推导是将 $c = \alpha \ln c_{Nt} + (1-\alpha) \ln c_{Tt}$ 代入 Obstfeld 和 Rogoff（1995）第 646 页式（61）。

$$DV_R = (1-\alpha)\tilde{c}_T + \alpha\tilde{c}_N - dy_{N0}^2\tilde{y}_N + \beta[(1-\alpha)\hat{c}_T + \alpha\hat{c}_N - dy_{N0}^2\hat{y}_N]/(1-\beta) \tag{6.18}$$

$$DV_M = c\,(M/P)_0^{1-\delta}\,(\hat{M} - \tilde{P}) \tag{6.19}$$

下标为 0 表示在初始稳定状态下的取值，从前面分析可知在长期内式（6.18）中括号的值为零。在短期内$\tilde{c}_T=0$，非贸易品产出与消费量等于实际汇率的变化，即$\tilde{y}_N=\tilde{c}_N=\tilde{q}$，而非贸易品，$y_N$ 的初始值就是未受到冲击时非贸易品产出的取值，而 M/P 的初始值是外生给定（Obstfeld 和 Rogoff，1995），将式（6.17）和 P 的表达式代入式（6.18）和式（6.19）得：

$$DV = \left\{\frac{\alpha(1+r\delta)}{\theta + r\theta[\delta + \alpha(1-\delta)]} + \frac{hk(1+r)\alpha}{1+r[\delta+\alpha(1-\delta)]}\right\}\hat{M} = f(\alpha, \theta, r, \delta)\hat{M} \tag{6.20}$$

其中，$k=(M/P)_0^{1-\delta}$，货币政策的扩张导致的社会福利增加与非贸易品比重的关系是：$\partial DV/\partial\alpha = (\partial f/\partial\alpha)\hat{M} > 0$。

（2）政府的目标函数。为了求解均衡状态的通货膨胀率，我们必须引入政府目标函数。众多的理论和中国的实证分析都认为中国的货币供给是通货膨胀的决定因素①，政府就通过控制货币供给量来决定通货膨胀率。Barro 和 Gordon（1983）分析一个未预期到的货币冲击表现为通货膨胀率的增加，增加量为$\pi_t-\pi_t^e>0$，$\pi_t^e$ 是公众预期到的通货膨胀率，是政府承诺的通货膨胀，$\pi_t$ 是政府实际的通货膨胀率，所以$\pi_t-\pi_t^e$ 为通货膨胀缺口。根据模型分析，政府可以从通货膨胀缺口获得两个方面社会福利的收益：一方面是通货膨胀缺口能够增加实际经济活动（非贸易品和贸易品消费、产出）等，这样政府可以降低在自然失业率水平之下的失业率；另一方面是通货膨胀缺口可以使政府发行更多的货币，增加人们持有的实际资产价值，增加量为$(m_t-m_{t-1})/p_t$，其收益函数为$f(\alpha)(\pi_t-\pi_t^e)$。由于政府可以从通货膨胀缺口取得收益，而且在缺乏执行承诺机制的规则下，政府有激励去执行未预期的扩张货币政策以提高通货膨胀率。

Barro 和 Gordon（1983）同时还分析了高通货膨胀率所带来的成本，他们假设更高的通货膨胀带来的成本越高，为了简化，成本函数为$\frac{c}{2}\pi_t{}^2$，其中 $c>0$。

于是政府的目标函数为：$G(t)=f(\alpha)(\pi_t-\pi_t^e)-\frac{c}{2}\pi_t{}^2$。其中前一项表示通货膨胀缺口给政府所带来的收益，后一项是执行高通货膨胀率的成本。对目

① 在文章的实证分析中可以证明这一点，中国的货币供给量扩张引发了通货膨胀。

标函数最优化 $\partial G(t)/\partial \pi_t=0$ 可以求出均衡状态下的通货膨胀率：$\pi_t=f(\alpha)/c$。通货膨胀率与贸易开放度的关系是 $\partial \pi_t/\partial\alpha=(1/c)\,\partial f(\alpha)/\partial\alpha>0$。

从上式中可知通货膨胀与贸易开放度存在负相关关系，具体的影响机制见第三个定理。

**定理三：贸易开放度与通货膨胀的关系是，当一个未被预期到的扩张性货币冲击时会形成通货膨胀缺口，通货膨胀缺口会带来社会福利的增加，政府可以从通货膨胀缺口获得收益。贸易开放度越高，政府从通货膨胀缺口所获得的收益越小，因此政府会采取紧缩的货币政策来降低通货膨胀率。**

从模型中可知，在经济达到均衡状态时，由于信息不对称和价格粘性，未预期的扩张性货币冲击会出现通货膨胀缺口，并在短期内可能会影响汇率和贸易品价格的波动，进而影响到社会福利的变化，政府可以从通货膨胀缺口中获得收益，同时政府也必须为高通货膨胀率付出成本。并且贸易开放度越高，政府从通货膨胀缺口所获得的收益越小，因此政府选择较低的通货膨胀率。

## 第四节　实证分析：协整和ECM模型分析

1. 数据的选取

Romer（1993）在选择解释变量时除了贸易开放度以外，还选择了另外两个变量，第一个变量是人均 GDP，它是作为度量发展的指标，能够反映多种通货膨胀的影响因素；第二个变量是 OECD 成员国的虚拟变量。他认为在影响通货膨胀的因素与贸易开放度相关的情况下，遗漏这些因素可能会导致回归结果中贸易开放度系数出现有偏估计。

为了检验 Romer（1993）提出的通货膨胀一致性理论在中国是否适用，我们选取通货膨胀率、货币供给量 $M_2$、实际人均 GDP、贸易开放度四个变量，其他因素如财政赤字、制度改革和产业结构升级等因素都与贸易开放度不相关，剔除这些因素并不会影响回归结果。通货膨胀率居民消费价格指数（CPI），实际人均 GDP（PGDP）是以 1978 年为基期，贸易开放度（OPENNESS）是指进口总额所占 GDP 的比重，样本期间为 1978～2003 年。数据来自于各年的《中国统计年鉴》，变量的变化趋势见图 6.1，采用计量软件是 Eviews 5.0（见图 6.1）。

由于宏观经济变量不平稳容易产生缪回归，因此我们必须先对各个变量的平稳性进行分析，运用单位根检验来判断数据的随机性质，然后通过协整分析和建立误差修正模型（ECM 模型）确定各个变量之间的长期的静态和动态关系，最后检验各个变量之间的 Granger 因果关系。

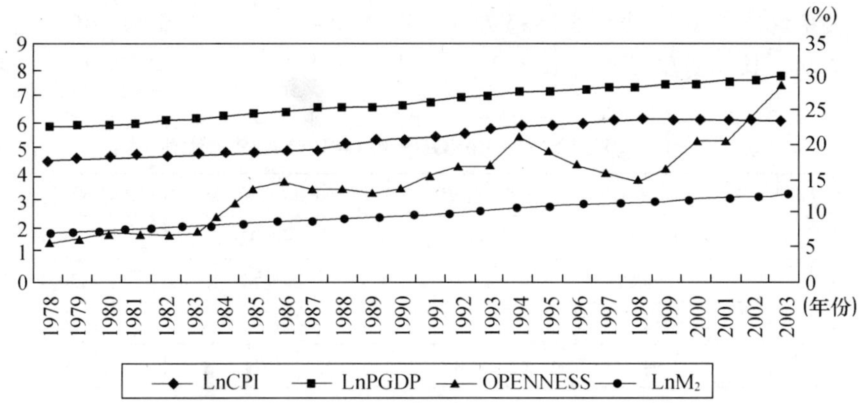


**图 6.1 1978～2003 年 LnCPI、$LnM_2$、LnPGDP 和 OPENNESS 变化趋势**

2. 单位根检验

我们利用 Enders（1995）方法对变量的对数进行单位根检验，依据经济意义、数据轨迹图选择合适的检验方法，选择适当的滞后阶数使回归残差尽可能地接近白噪声。结果见表 6.1。

**表 6.1 单位根检验**

| 变量 | 截距 | 时间趋势 | 滞后阶数 | ADF 值（%） | 5% 临界值（%） |
|---|---|---|---|---|---|
| LnCPI | 有 | 有 | 1 | 1.94 | -3.61 |
| LnPGDP | 有 | 有 | 2 | -0.28 | -3.61 |
| OPENNESS | 有 | 无 | 0 | 0.37 | -2.98 |
| $LnM_2$ | 有 | 有 | 1 | -0.88 | -2.99 |
| 变量 | 截距 | 时间趋势 | 滞后阶数 | ADF 值（%） | 5% 临界值（%） |
| D（LnCPI） | 有 | 无 | 0 | -2.16** | -1.95 |
| D（LnPGDP） | 有 | 无 | 3 | -3.23** | -3.02 |
| D（OPENNESS） | 无 | 无 | 0 | -3.37*** | -2.66（1%） |
| D（$LnM_2$） | 有 | 无 | 1 | -2.00** | -1.95 |

注：*、**、*** 表示通过 10%、5% 和 1% 的显著性水平下的检验，D 表示一阶差分，以下略同。

从表 6.1 中可以看出，各变量序列都存在单位根，而它们的一阶差分都在 5% 的显著性水平下拒绝了单位根假设，从而各变量都是 I（1）序列。基于此检验我们就可进行协整分析。

3. 协整分析

我们用 Johansen 最大似然法分析通货膨胀率与 $LnM_2$、LnPGDP、OPENNESS

的协整关系。协整变量具有线性趋势并且有截距项，综合 AIC 和 SBC 等信息选择滞后 2 期，具体协整检验见表 6.2。

**表 6.2　LnCPI、$LnM_2$、LnPGDP 和 OPENNESS 的协整关系**

| 协整秩 $H_0$ | 最大特征值（%） | 似然估计值（%） | 5% 的临界值（%） | 1% 的临界值（%） |
|---|---|---|---|---|
| r = 0*** | 0.82 | 62.44 | 42.91 | 48.45 |
| r≤1 | 0.56 | 23.11 | 25.87 | 30.45 |
| r≤2 | 0.12 | 3.78 | 15.49 | 16.26 |
| r≤3 | 0.04 | 0.85 | 3.84 | 5.46 |

在表 6.2 中 r 表示协整关系的个数，可见在 1% 的显著性水平上，我们应当拒绝 r = 0 的假设，即三个变量之间存在一个协整关系，协整向量为：

$$LnCPI = 0.9LnM_2 - 1.36LnPGDP - 1.46OPENNESS - 5.98$$
$$(-12.7)\qquad(5.95)\qquad(2.64)$$

方程下面括号中的数字表示各个系数的 t 统计量，可以看出所有的变量都显著进入协整方程。在长期稳定关系中，货币供应量 $M_2$ 引发通货膨胀率，货币供应量 $M_2$ 每增加 1% 会引发通货膨胀率增加 0.9%，即验证了政府的扩张性的货币政策导致了通货膨胀率的增加，实际人均 GDP 每增加 1% 会引发物价指数下降 1.36%，贸易开放度每增加 1% 会导致通货膨胀下降 0.78%（$= e^{-1.46} - 1$），这与 Romer（1993）的结论相一致，这说明我国符合通货膨胀一致性的原理，即贸易开放度越高，通货膨胀率越低。

4. ECM 模型分析

如果经济变量间存在协整关系，则说明变量之间一定存在某种长期静态的稳定关系，但是协整分析不能反映出经济变量的动态关系，所以在此基础上建立 ECM 模型研究动态关系。根据 Granger 表述定理，任何一个协整关系都可由对应的 ECM 模型表示，且协整关系对变量的短期变化起调节作用，因此基于协整分析的结果，以 CPI 为被解释变量，以另外三个变量为解释变量建立误差修正模型为：

$$\Delta LnCPI_t = -0.85u_{t-1} + 1.27\Delta LnCPI_{t-1} - 0.009\Delta LnCPI_{t-2} + 0.24\Delta LnM_{2t-1} + 0.14\Delta LnM_{2t-2} + 0.12\Delta LnPGDP_{t-1} - 0.18\Delta LnPGDP_{t-2} - 0.28\Delta OPENNESS_{t-1} - 0.51\Delta OPENNESS_{t-2} - 0.06$$

其中，误差修正项 $u_{t-1} = -LnCPI_{t-1} + 0.9LnM_{2t-1} - 1.36LnPGDP_{t-1} - 1.46OPENNESS_t - 1 - 5.98$，方程的可决系数为 77.83%，可见 ECM 模型的拟合效果是不错的。若误差修正项的负系数（即协整方程的系数）表明短期内的非均衡状态逐渐向长期的均衡状态趋近，误差修正机制对当期物价水平变化的效应系数为 -0.87，保持系统的稳定和协整关系的存在能降低通货膨胀率。

就各个变量对当期通货膨胀率的变化影响而言，上一期和上两期的通货膨胀率的变化对于当期通货膨胀率变化的影响由正效应变为负效应，影响系数由 1.27 下降为 -0.009。货币供应量 $M_2$ 在短期内的变化趋势与通货膨胀率仍具有负向效应的持续性，系数有小幅度上升，从 0.12 上升至 0.14，实际人均 GDP 的变动在短期内对通货膨胀率变动的影响由正效应变为负效应，影响系数由 0.12 变化为 -0.18，而贸易开放度在短期内的变化趋势与通货膨胀率仍具有负效应的持续性，系数有大幅度上升，从 0.28 上升至 0.51，因此在短期内可以通过增加贸易开放度的增长率来降低通货膨胀率。实际人均 GDP 和贸易开放度对通货膨胀率的弹性系数分别为 -0.06 和 -0.79。

从协整和 ECM 模型可知，货币供应量 $M_2$ 在短期内的变化趋势可以提高通货膨胀率，实际人均 GDP 短期内对通货膨胀率的效应是不一样的，滞后一期的实际人均 GDP 增长率可提高通货膨胀率，而滞后两期的增长率对通货膨胀具有负效应。贸易开放度对于通货膨胀率的影响从长期和短期来看是一致的，在长期内维持系数的稳定能持续地降低通货膨胀率，并且这种影响机制从短期非均衡逐渐趋近于长期均衡状态。

5. Granger 因果检验

我们采用 Granger（1980）的方法，对各个变量之间的因果关系进行分析，见表 6.3。

**表 6.3 各变量之间 Granger 因果检验**

| 零假设 | 滞后期 | F 统计量 | P 值 |
|---|---|---|---|
| $LnM_2$ 不是 LnCPI 的 Granger 原因 | 2 | 11.8*** | 0.0047 |
| LnCPI 不是 $LnM_2$ 的 Granger 原因 | 2 | 0.67 | 0.52 |
| 零假设 | 滞后期 | F 统计量 | P 值 |
| OPENNESS 不是 LnCPI 的 Granger 原因 | 1 | 10.26*** | 0.0041 |
| LnCPI 不是 OPENNESS 的 Granger 原因 | 1 | 0.02 | 0.89 |
| 零假设 | 滞后期 | F 统计量 | P 值 |
| LnPGDP 不是 LnCPI 的 Granger 原因 | 2 | 5.12** | 0.02 |
| LnCPI 不是 LnPGDP 的 Granger 原因 | 2 | 2.84* | 0.08 |

注：最大滞后期均选取使 AIC 和 SC 值最小。

表 6. 3 的结果可以表明，在 10% 显著性水平上，实际人均 GDP 与通货膨胀率存在双向 Granger 因果关系；在 1% 显著性水平上，货币供应量和贸易开放度是引起通货膨胀率变化的 Granger 原因，而通货膨胀率并不是引起贸易开放度变化的 Granger 原因。

## 本章小结

本章建立开放经济的模型讨论贸易开放度与通货膨胀的关系，结果发现两者呈负相关关系。当一个未被预期到的扩张性货币冲击时会形成通货膨胀缺口，通货膨胀缺口会带来社会福利的增加，政府可以从通货膨胀缺口获得收益。贸易开放度越高，政府从通货膨胀缺口所获得的收益越小，因此政府会采取紧缩的货币政策来降低通货膨胀率。

实证结果支持模型的观点。协整分析发现中国的贸易开放度与通货膨胀在长期存在稳定关系，贸易开放度每增加 1% 会导致通货膨胀下降 0. 78%，这与 Romer（1993）的结论一致。通过 ECM 模型分析发现中国的贸易开放度对于通货膨胀率的影响从长期和短期来看是一致的，均具有降低通货膨胀率的效应。货币供应量 $M_2$ 扩张是提高通货膨胀率的 Granger 原因，实际人均 GDP 和贸易开放度是降低通货膨胀率的 Granger 原因，保持长期的协整关系有利于降低通货膨胀率，而且这种趋势会从短期的非均衡逐渐趋近于长期的均衡状态。

我们的模型将开放经济模型推广到福利经济学的分析框架，将政府行为与社会福利的变化相联系，有助于从社会福利的角度来了解政府行为，实证结果也验证了我们的分析。当然，我们的分析也有进一步完善的地方，为了简化，我们假定政府的目标函数只关注社会福利的变化，事实上政府的政策选择还会受到自身预算约束的影响，如何将政府的预算约束纳入模型中研究中国的通货膨胀问题将是我们进一步的研究方向。

# 第七章　中国实际产出牺牲率的测算

第五章系统分析了 FDI 流入会通过国际收支状况、国内经济和贸易开放度等渠道引发通货膨胀，接着我们就分析通货膨胀与经济增长之间的关系，以求全面了解 FDI 对中国经济增长的作用。通货膨胀与经济增长的内容主要包括两个方面：一方面是分析降低通货膨胀率即通货收缩带来的实际产出损失；另一方面就是通货膨胀与经济增长的长期关系。

本书下面的内容按照研究内容分为两个方面：第七章是用实际产出牺牲率表示通货膨胀率的下降所带来的实际产出的损失，我们修正 Ball（1994）提出的特定周期法分别度量中国季度和年度实际产出牺牲率，并在国际比较的框架内研究中国牺牲率的水平及其影响因素。第八章是在开放经济条件下，以货币增长模型为实证模型，利用协整和 ECM 计量方法，研究通货膨胀率与中国经济增长的长期稳定关系和短期动态关系。

本章的结构安排是：第一节介绍实际产出牺牲率的定义及测算方法；第二节利用 Ball（1994）的方法估算中国季度和年度牺牲率，并对 Ball（1994）计算出的七国数据进行国际化比较；第三节通过基本模型和数字分析说明货币政策长期影响对牺牲率测算的偏差；第四节介绍考虑长期影响之后计算牺牲率的新方法；第五节运用 HP 滤波估算中国季度和年度的牺牲率；第六节运用跨国数据分析牺牲率的影响因素；最后是结论。

## 第一节　传统测算方法：Ball 的特定周期法

### 一、定义及理论回顾

实际产出牺牲率是实际产出或者就业的损失变化与趋势通货膨胀率（trend inflation）变化之间的比率，它在货币政策的制定中起着非常重要的作用，本章在国际比较的框架内计算中国实际产出牺牲率水平以及影响因素。

降低通货膨胀率或者通货收缩（disinflation）可能会带来产出和就业的损失，

实际产出牺牲率（sacrifice ratio）是指降低通货膨胀率的成本，其具体测量就是实际产出或者就业的损失变化与趋势通货膨胀率变化之间的比率，它在货币政策的制定中起着非常重要的作用。

降低通货膨胀率是否会产生较大的产出损失？或者是更好的经济环境和正确的政策可以降低这些成本①？经济学家围绕这些问题展开了激烈的争论。传统的观点认为如果降低通货膨胀率的速度比较慢，其产生的成本较低，工资水平和价格水平有足够的时间调整以适应收缩的货币政策。与之相反的观点是 Sargent（1983）。他认为降低通货膨胀率的速度越快，产生的成本越小，这是由于人们的预期能够及时对当局的货币政策做出调整。其他一些经济学家认为如果紧缩的货币政策能够伴随着收入政策和其他一些调整工资和价格的努力起作用，那么经济环境可以影响产出—通货膨胀的交替关系，比如初始趋势通货膨胀率（Ball、Mankiw 和 Romer，1988）、贸易开放度（Romer，1993；Temple，2002）和劳动契约的特征（Gordon，1982；Grubb、Lackman 和 Laryard，1983）等，因此实际产出牺牲率的确定方法一直以来都是经济学家关注的焦点问题。

在很长一段时间里，学者们通常从菲利普斯曲线的产出与通货膨胀的关系估算实际产出牺牲率，比如 Okun（1978）、Gordon 和 King（1982）。Ball（1994）指出这种方法有很大的局限性，一方面，它假设实际产出与通货膨胀的交替关系在降低通货膨胀率与暂时的需求波动时是一样的，而实际上并非如此。因为实际产出牺牲率会受到降低通货膨胀率的特定因素的影响，比如收入政策和可信性引发的预期变动。另一方面，菲利普斯曲线法认定实际产出牺牲率在所有的降低通货膨胀率的时间序列中都相等，事实上不同的经济周期具有不同的实际产出牺牲率，经济学家应计算不同周期（episode）内实际产出牺牲率的水平。此前 Blinder（1987）考虑 1980 ~ 1984 年沃克尔通货收缩时期的实际产出牺牲率，他计算的产出实际产出牺牲率为 5.3%，不过他设定降低通货膨胀的时段是基于对货币政策和自然失业率水平的判断，具有较大的主观性。于是 Ball 发展了一种新特定周期方法，他将降低通货膨胀率的过程具体分为几个特定的周期，每个周期都是以实际产出等于潜在产出时为起点，以趋势通货膨胀率的最低点为终点，通过测算潜在产出与实际产出的缺口来研究各个不同周期内实际产出牺牲率的大小。此后的经济学家 Jordan（1997）、Partow 和 Yuravliker（1998）、Jongutio（1998）、Bernanke、Laubach、Mishkin 和 Posen（1999）、Boschen 和 Weise（1999）都在 Ball 的分析框架内研究降低通货膨胀率的成本和政策取向。

① Romer. C 和 Romer. D（1989）认为在现代经济中制止通货膨胀率是经济衰退的一个主要原因，比如 20 世纪 70 年代初中期和 80 年代初美国经济萧条都是由于旨在降低通货膨胀率采取收缩的货币政策所导致的。

中国的学者非常注重实际产出与通货膨胀的交替关系。刘树成（1997）的研究表明中国经济体制转轨以来通货膨胀率的大起大落导致菲利普斯曲线呈现陡峭型变形；谢平和罗雄（2002）运用泰勒规则分析中国的货币政策；陈玉宇和谭松涛（2005）在改进的菲利普斯曲线的框架内分析中国稳态通货膨胀下的经济增长率。国内的研究仅限于对菲利普斯曲线和货币政策的研究，忽略了由于通货收缩所带来的实际产出损失，尚未有研究估算中国的通货收缩周期和实际产出牺牲率水平。

## 二、Ball 的特定周期法

Ball（1994）认为降低通货膨胀率的过程是趋势通货膨胀率大幅降低的过程。他将 $t$ 期趋势通货膨胀率定义为从 $t-4$ 期到 $t+4$ 期共 9 个季度通货膨胀率的移动平均值，降低通货膨胀率的时段是指从趋势通货膨胀率的顶点（peak）下降到谷底（troughs）。顶点是指一个趋势通货膨胀率比前后相邻的 4 个季度趋势通货膨胀率都高的时点，谷底是比前后相邻的 4 个季度趋势通货膨胀率都低的季度。并且顶点的趋势通货膨胀率比一年的趋势通货膨胀率高出至少两个百分点，这足以保证通货收缩期不会由于暂时通货膨胀率的提高而中止。

实际产出的损失表示为实际产出与完全就业下潜在产出之间的偏离。传统计算实际产出损失的方法是最小化两者之间的差距，Ball 认为这种方法并未考虑时段的因素。他假设：

第一，实际产出在通货收缩的起点达到潜在水平，也就是在趋势通货膨胀率的最高点，这时趋势通货膨胀率的变化为零。

第二，实际产出在通过通货收缩期的终点后 4 个季度后重新回到潜在水平。

第三，潜在产出在实际产出与潜在产出相等的两点之间以对数形式线性增长。

根据上面的假设，实际产出牺牲率定义为：$SR = [\sum_{t=S}^{E+4}(y_t - y_t^*)]/(\pi_S - \pi_E)$。其中 $SR$ 是实际产出牺牲率，$y_t^*$ 是潜在产出水平，$y_t$ 表示 $t$ 时期实际产出，$\pi$ 表示趋势通货膨胀率，$S$ 和 $E$ 分别表示通货收缩时的起点和终点。

下面我们用 Lucas 供给曲线说明 Ball 的观点，式（7.1）为 Lucas 曲线：

$$y_t - y_t^* = \alpha(\pi_t - \pi_{t-1}) + b(y_{t-1} - y_{t-1}^*) \tag{7.1}$$

其中，$b$ 表示持续性货币政策影响的度量，$b$ 越大，实际产出在通货收缩后回到潜在产出的时间越强。按照 Ball（1994）的假设，在通货收缩的起点实际产出等于潜在产出，也就是 $y_{t-1} - y_{t-1}^* = 0$，$y_t - y_t^*$ 项表示由于降低趋势通货膨胀率的政策所引发的实际产出与潜在产出的偏离。如果没有通货膨胀率的降低，即 $\pi_t - \pi_{t-1} = 0$，且上一期的产出保持在潜在产出的水平，则当期的产出也维持在潜在水平；如果出现通货膨胀率的降低，即$\pi_t - \pi_{t-1} < 0$，则会出现产出的损失 $y_t < y_t^*$。图 7.1 清晰地解释了实际产出牺牲率的计算方法。

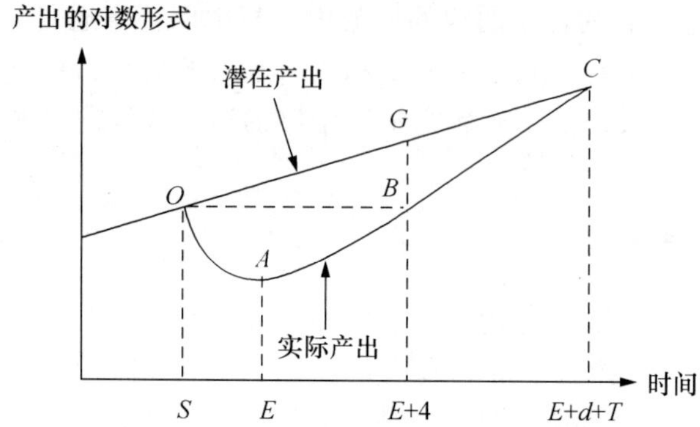


**图 7.1　实际产出牺牲率的计算方法**

从图 7.1 中可知，一个通货收缩过程是从时期 $S$ 开始，到 $E$ 期结束。Ball 的方法认为在起点 $S$ 达到潜在产出水平，并在 $E+4$ 期回到潜在产出水平。潜在产出的对数形式在 $O$ 点和 $G$ 点之间线性增长，因此潜在产出 $OG$ 是一条直线，而曲线表示实际产出的轨迹图。面积 $A+B$ 表示由通货收缩产生的产出损失。

Ball 同时给出了年度实际产出牺牲率的方法，趋势通货膨胀率表示为 8 个季度通货膨胀率的移动平均值，包括当年的 4 个季度和相邻 4 个季度。如果 $t$ 期趋势通货膨胀率比相邻两年都高，那么 $t$ 期趋势通货膨胀率是通货膨胀的顶点，反之为谷底。实际产出在经过谷底一年以后回到潜在水平，潜在产出在实际产出与潜在产出相等的两点之间以对数形式线性增长。

## 第二节　中国实际牺牲率的估算：以 Ball（1994）为例

Ball（1994）分别计算了一些国家的季度和年度实际产出牺牲率水平，我们按照这种方法分别估算中国的季度和年度实际产出牺牲率水平。

### 一、季度实际产出牺牲率的计算

1. 趋势通货膨胀率的计算

我们根据陈玉宇和谭松涛（2005）提供的数据和 2004～2005 年《中国人民

银行统计季报》得到1990年第1季度~2005年第3季度的通货膨胀率[①]，再利用前后各4个季度与当季共9个季度通货膨胀率算术平均得到趋势通货膨胀率。图7.2表示中国1991年第1季度~2004年第1季度的趋势通货膨胀率。

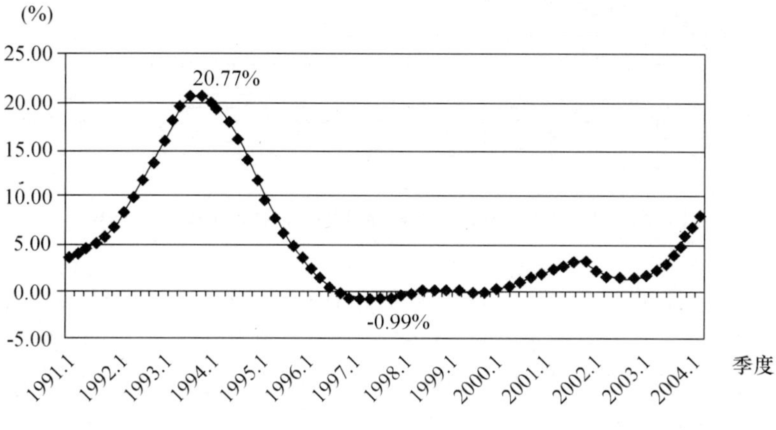


**图7.2　中国1991年第1季度至2004年第1季度趋势通货膨胀率**

从图7.2中可知，在样本期内中国的趋势通货膨胀率大致经历三个阶段。第一阶段从1991年第1季度到1994年第3季度，趋势通货膨胀率整体处于上升阶段，从1991年第1季度的3.51%一直上升，到1994年第3季度达到峰值，为20.77%。第二阶段为趋势通货膨胀率下降的过程，趋势通货膨胀率从1994年第3季度一直下降，到1999年第2季度达到谷底，最低点的趋势通货膨胀率为-0.99%。第三阶段为平稳增长阶段，趋势通货膨胀率稳定在（-1%，3%）之间。这样我们判定中国通货收缩阶段为：1994年第3季度~1999年第2季度，趋势通货膨胀率的变化为$\Delta\pi=20.77\%-(-0.99\%)=21.76\%$，周期长度为19个季度。

2. 实际产出损失的计算

我国是从1992年开始进行季度国内生产总值的核算，采取累计核算方法，数据来源于《中国季度GDP核算历史资料：1992~2001》，2001年以后的数据来源于《中国人民银行统计季报》，陈玉宇和谭松涛（2005）对此进行了处理计算了2001第1季度~2005年第3季度的实际GDP的值，我们就直接采用他们的数据，图7.3表示1991年第1季度和2004年第3季度以对数形式表示的实际GDP值。

① 陈玉宇和谭松涛（2005）的处理方法是：利用中国财政部金融司1990年1月~2004年6月提供的月度同比消费价格指数进行三个月的算术平均得到季度消费价格指数，然后再计算出各季度的通货膨胀率。

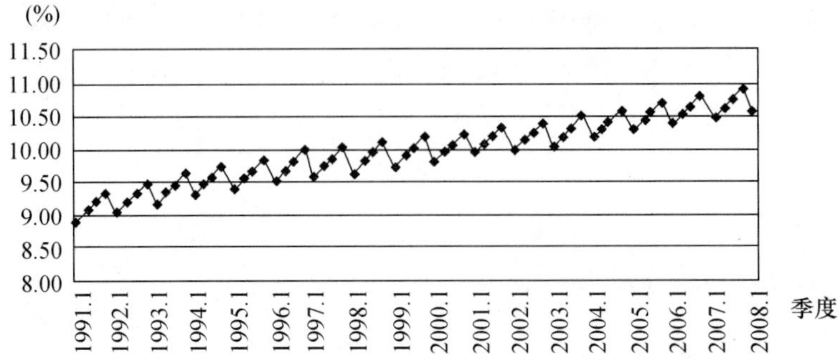


**图 7.3　中国 1991 年第 1 季度至 2004 年第 3 季度趋势 GDP**

根据图 7.3 可知，中国的通货收缩期为 1994 年第 1 季度～1999 年第 1 季度。根据 Ball 的理论，通货收缩的顶峰 1994 年第 3 季度的实际 GDP 是充分就业下的趋势 GDP 水平，而谷底再经过 4 个季度之后，也就是 2000 年第 2 季度实际 GDP 回到潜在水平。产出损失是指在实际 GDP 和潜在 GDP 之间的偏差，潜在 GDP 的对数值是在 1994 年第 3 季度和 2000 年第 2 季度两点之间线性化增长，假设 1994 年第 3 季度为基期 1，1994 年第 4 季度为基期 2，以此类推，到 2000 年第 2 季度为基期 24，由于 1994 年第 3 季度和 2000 年第 2 季度的实际 GDP 等于潜在 GDP，由此我们可知潜在 GDP 的函数形式为：$\ln(GDP_{pt}) = 9.52 + 0.0178t$，这样将通货收缩过程中各期实际 GDP 的对数值和所得的潜在 GDP 对数值的差值求和，即可得到由于通货收缩导致的产出的损失为 0.6。

通过上述分析，中国的季度通货收缩是从 1994 年第 3 季度开始，到 1999 年第 2 季度为止，共 19 个季度，初始趋势通货膨胀率为 20.77%，趋势通货膨胀率下降了 21.76%，产出损失值为 0.60%，实际产出牺牲率为 0.028%。

## 二、年度实际产出牺牲率的计算

1. 趋势通货膨胀率的计算

Ball（1994）认为年度的趋势通货膨胀率等于本年度 4 个季度和相邻 4 个季度总共 8 个季度的通货膨胀率算术平均。由于我国 GDP 的年度数据是从 1952 年起至 2004 年止，而通货膨胀率的季度数据在 1990 年之前无法获得，因此计算年度的趋势通货膨胀率与 Ball 的方法有所不同。我们将前后两年和当年的通货膨胀率算术平均得到当年的趋势通货膨胀率，而通货收缩过程的判断标准与季度算法相似，起点的趋势通货膨胀率必须比相邻两年的趋势通货膨胀率高，终点的趋势通货膨胀率比相邻两年都低，且起点与终点的趋势通货膨胀率相差 1.5 个百分点，图 7.4 表示以年度数据为依据的趋势通货膨胀率。

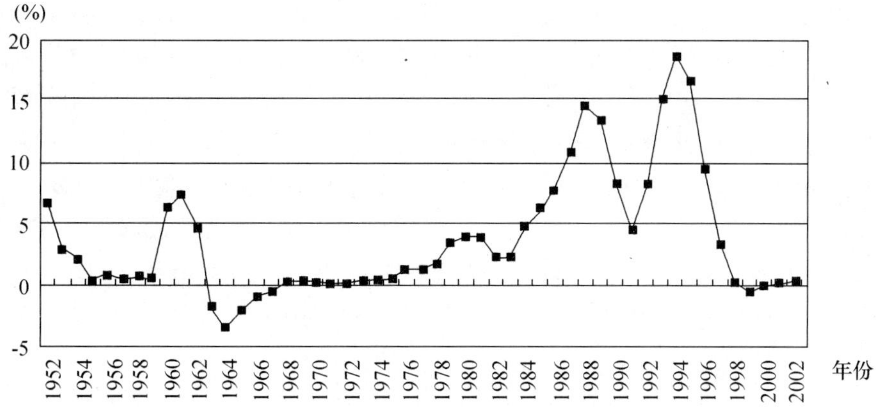


**图 7.4 中国 1952～2002 年趋势通货膨胀率**

从图 7.4 中可知，1952～2002 年中国大致经历了四个通货收缩的阶段：第一阶段是 1952～1955 年，趋势通货通货膨胀率由 1952 年的 6.77% 降至 1955 年的 0.53%，降幅为 6.24%，时间长度为三年。第二阶段是 1961～1964 年，趋势通货膨胀率由 1961 年的 7.47% 下降至 1964 年的 -3.6%，降幅为 11.07%，时间跨度为三年。第三阶段的起点是 1988 年，终点是 1991 年，趋势通货膨胀率则从 14.7% 降至 4.3%，降幅为 10.4%。第四阶段是时间跨度最长的通货收缩阶段，同时也是降幅最大的阶段，趋势通货膨胀率从 1994 年的 18.63% 降至 1999 年的 -0.60%，降幅为 19.23%。

2. 实际产出损失的计算

图 7.5 表示 1952～2002 年以对数形式表示的实际 GDP 值。

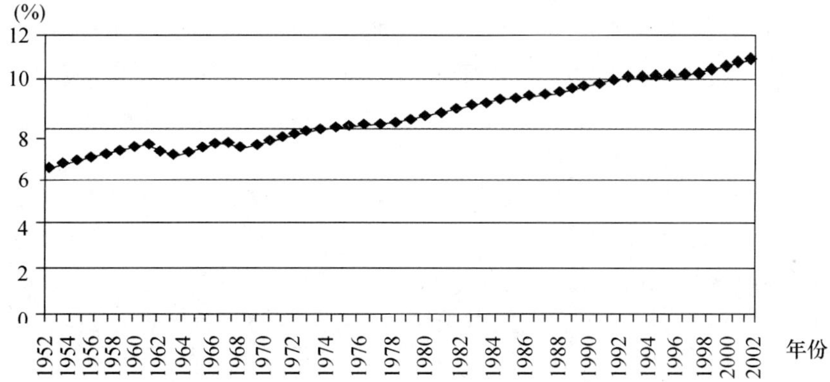


**图 7.5 中国 1952～2002 年实际产出的对数值**

根据 Ball 的理论，通货收缩期的起点实际 GDP 是充分就业下的潜在 GDP 水平，实际 GDP 在终点再经过一年之后回到潜在水平。实际产出损失是指在实际 GDP 和潜在 GDP 之间的偏差，潜在 GDP 的对数值是在实际 GDP 等于潜在 GDP 两点之间线性增长。按照上面的计算方法，我们分别计算四个通货收缩期的产出损失为：第一阶段为 1952 ~ 1955 年，实际产出损失为 0.022%；第二阶段为 1961 ~ 1964 年，实际产出损失为 0.07%；第三阶段从 1988 年开始，截至 1991 年，实际产出损失对应值为 0.06%；第四阶段为 1994 ~ 1999 年，实际产出损失为 -0.0095%，以年度数据计算的产出损失远远小于以季度数据计算的值。

根据实际产出损失和趋势通货膨胀率的变化值，我们可以计算出实际产出牺牲率的水平分别是：第一阶段为 0.0035%，第二阶段为 0.006%，第三阶段为 0.0058%，第四阶段为 -0.0005%。

## 三、国际化比较

Ball（1994）计算了以年度和季度为数据的 OECD 国家的牺牲率，本节就以国际视角为背景，比较中国与 G7 国家牺牲率的水平。表 7.1 为季度数据计算的各国牺牲率值。

七国集团的数据从 1960 年开始，到 1991 年结束。按照 Ball（1994）的方法可划分为 25 个通货收缩周期，其中日本 6 个，英国 5 个，美国、德国[①]和意大利各 3 个，法国和加拿大各 2 个，中国受到季度统计数据的限制只有 1 个。在 25 个通货收缩期间中，除了英国在 20 世纪 60 年代中期牺牲率为负值外，其余 24 个期间产出由于通货紧缩均造成了损失。

从数值上看，德国在 1980 年第 1 季度 ~ 1986 年第 3 季度的通货紧缩周期持续时间最长，产出损失比率最大，牺牲率达到 14.23%；最小值为日本在 1980 年第 2 季度 ~ 1983 年第 4 季度的通货紧缩时期，当时的牺牲率仅为 0.07%，大部分牺牲率水平维持在 3% ~ 10%；中国的季度牺牲率为 2.8%，排在第 18 位，低于全部国家 5.7% 的平均水平，这一水平十分接近 Ball（1994）计算的所有 OECD 国家的平均牺牲率 5.8%。

从国别的平均值来看，德国、美国和意大利分别以 11.7%、9.6% 和 7% 排在前三位，中国的牺牲率以 2.8% 排在八个国家的最后一位，由于中国季度数据统计从 1992 年开始，缺乏数据的支持并不能说明中国的产出损失受到通货收缩的影响不大。下面我们从年度数据对中国及 G7 国家的牺牲率进行比较。

① 1990 年之前的数据来源于联邦德国，以下略同。

**表 7.1　中国和西方七国季度牺牲率**

| 国别 | 周期 | 季度长度 | 初始趋势通货膨胀率（%） | 趋势通货膨胀变化（%） | 牺牲率 | 平均牺牲率 |
|---|---|---|---|---|---|---|
| 中国 | 1994. 3 ~ 1999. 2 | 19 | 20. 77 | 21. 76 | 0. 028 | 0. 028 |
| 美国 | 1969. 4 ~ 1971. 4 | 8 | 5. 67 | 2. 14 | 0. 1175 | 0. 096 |
| | 1974. 1 ~ 1976. 4 | 11 | 9. 7 | 4 | 0. 0957 | |
| | 1980. 1 ~ 1983. 4 | 15 | 12. 1 | 8. 83 | 0. 0733 | |
| 日本 | 1962. 3 ~ 1963. 1 | 2 | 8. 11 | 3 | 0. 0212 | 0. 037 |
| | 1965. 1 ~ 1967. 2 | 9 | 5. 99 | 2. 2 | 0. 0633 | |
| | 1970. 3 ~ 1971. 2 | 3 | 7. 53 | 2. 09 | 0. 0508 | |
| | 1974. 1 ~ 1978. 3 | 18 | 17. 1 | 13. 21 | 0. 0243 | |
| | 1980. 2 ~ 1983. 4 | 14 | 6. 68 | 5. 07 | 0. 0007 | |
| | 1984. 2 ~ 1987. 1 | 11 | 2. 29 | 2. 11 | 0. 0592 | |
| 德国 | 1965. 4 ~ 1967. 3 | 7 | 3. 67 | 2. 43 | 0. 1024 | 0. 117 |
| | 1973. 1 ~ 1977. 3 | 18 | 6. 92 | 4. 23 | 0. 1054 | |
| | 1980. 1 ~ 1986. 3 | 26 | 5. 86 | 5. 95 | 0. 1423 | |
| 英国 | 1961. 2 ~ 1963. 3 | 9 | 4. 24 | 2. 1 | 0. 0764 | 0. 031 |
| | 1965. 2 ~ 1966. 3 | 5 | 4. 91 | 2. 69 | -0. 0003 | |
| | 1975. 1 ~ 1978. 2 | 13 | 19. 7 | 9. 71 | 0. 0347 | |
| | 1980. 2 ~ 1983. 3 | 13 | 15. 4 | 11. 12 | 0. 0117 | |
| | 1984. 2 ~ 1986. 3 | 9 | 6. 19 | 3. 03 | 0. 0347 | |
| 法国 | 1974. 2 ~ 1976. 4 | 10 | 11. 9 | 2. 98 | 0. 0363 | 0. 03 |
| | 1981. 1 ~ 1986. 4 | 23 | 13 | 10. 42 | 0. 024 | |
| 意大利 | 1963. 3 ~ 1967. 4 | 17 | 6. 79 | 5. 74 | 0. 1062 | 0. 07 |
| | 1977. 1 ~ 1978. 2 | 5 | 16. 5 | 4. 3 | 0. 0391 | |
| | 1980. 1 ~ 1987. 2 | 29 | 19. 1 | 14. 56 | 0. 064 | |
| 加拿大 | 1974. 2 ~ 1976. 4 | 10 | 10. 6 | 3. 14 | 0. 0251 | 0. 06 |
| | 1981. 2 ~ 1985. 2 | 16 | 11. 6 | 7. 83 | 0. 0949 | |

表 7.2　中国和西方七国年度牺牲率

| 国别 | 周期 | 年度长度 | 初始趋势通货膨胀率 | 趋势通货膨胀变化 | 牺牲率 | 平均牺牲率 |
|---|---|---|---|---|---|---|
| 中国 | 1952～1955 | 3 | 6.77 | 6.24 | 0.00035 | 0.003 |
| | 1961～1964 | 3 | 7.47 | 11.07 | 0.006 | |
| | 1988～1991 | 3 | 14.7 | 10.4 | 0.0058 | |
| | 1994～1999 | 5 | 18.63 | 19.23 | -0.0005 | |
| 美国 | 1969～1971 | 2 | 4.76 | 1.53 | 0.1347 | 0.0921 |
| | 1974～1976 | 2 | 8.91 | 3.63 | 0.0642 | |
| | 1979～1983 | 4 | 10.4 | 7.63 | 0.0774 | |
| 日本 | 1962～1964 | 2 | 7.55 | 3.78 | -0.025 | -0.009 |
| | 1974～1978 | 4 | 15.2 | 12.51 | 0.0185 | |
| | 1980～1982 | 2 | 5.44 | 3.72 | -0.0063 | |
| | 1983～1986 | 3 | 1.84 | 1.99 | -0.0245 | |
| 德国 | 1965～1967 | 2 | 3.28 | 1.78 | 0.0625 | 0.1007 |
| | 1973～1978 | 5 | 6.31 | 3.91 | 0.1567 | |
| | 1980～1986 | 6 | 4.96 | 5.11 | 0.083 | |
| 英国 | 1961～1963 | 2 | 3.32 | 2.27 | 0.0709 | 0.027 |
| | 1975～1978 | 3 | 16.7 | 9.71 | -0.0027 | |
| | 1980～1983 | 3 | 13.1 | 9.78 | 0.0215 | |
| | 1984～1986 | 2 | 4.51 | 1.84 | 0.0193 | |
| 法国 | 1962～1966 | 4 | 5.31 | 3.63 | -0.0271 | 0.0087 |
| | 1974～1976 | 2 | 11 | 3.19 | 0.0432 | |
| | 1981～1986 | 5 | 11.3 | 9.05 | 0.0101 | |
| 意大利 | 1963～1967 | 4 | 5.95 | 4.76 | 0.0914 | 0.059 |
| | 1976～1978 | 2 | 14.9 | 4.3 | 0.0204 | |
| | 1980～1987 | 7 | 17.6 | 13.4 | 0.0658 | |
| 加拿大 | 1969～1970 | 1 | 3.74 | 1.54 | 0.0395 | 0.027 |
| | 1974～1976 | 2 | 9.08 | 2.57 | 0.0153 | |
| | 1981～1986 | 5 | 11.3 | 9.05 | 0.0101 | |

我们可划分为 27 个通货收缩周期，中国、日本和英国各 4 个，美国、德国、法国、意大利和加拿大各 3 个。牺牲率数值出现了 6 次负值，分别是日本为 3 次、法国、英国和中国各 1 次。日本在 4 次通货收缩周期中竟有 3 次牺牲率为负值，说明日本的产出由于降低通货膨胀率促进了增长，这与季度数据表示的日本

牺牲率全部为正不相符。

从数值上看，德国在 1973～1978 年的牺牲率最大，达到 15.67%；最小值发生在中国 1952～1955 年的通货紧缩期，牺牲率仅为 0.035%。另外两次正值为 0.58% 和 0.6%，位列于倒数第二和第三位，中国的年度牺牲率普遍偏低，平均牺牲率仅为 0.3%，这说明中国的产出受到通货收缩的影响不大。相比之下其他西方国家的牺牲率则高得多，德国平均牺牲率水平为 10.07%，排在八个国家的第一位，紧接着是美国（9.21%）和意大利（5.9%）。

对比表 7.1 和表 7.2 各国的平均牺牲率，发现所有国家年度牺牲率水平比季度牺牲率水平都有不同程度的下降，关于这一现象，Ball（1994）认为是由于年度数据序列是时间加总平滑化产出的序列，降低了实际产出的变动幅度。

通过对 Ball（1994）的特定周期法测算的牺牲率的国际化比较可知，中国的季度和年度牺牲率远远低于其他发达国家，由通货收缩引发的产出损失并不大；德国、美国和意大利由于通货膨胀的降低造成的产出损失比较显著；日本季度牺牲率和年度牺牲率的符号相反，所有国家年度牺牲率都比季度牺牲率有不同程度的下降。

## 第三节　考虑了长期影响的实际产出牺牲率

Ball（1994）提出了经典的“特定周期法”，通过测算实际产出与潜在产出的缺口来研究不同周期牺牲率的大小，从而开创了度量货币政策对产出损失影响的分析框架。但是 Ball（1994）假设实际产出在通货收缩终点后 4 个季度回到潜在水平，忽视了货币政策的长期影响，即实际产出在通货收缩终点后可能超过 4 个季度回到潜在水平，那么用 Ball（1994）的方法计算的牺牲率必然产生偏差。下面将考虑两个基本问题：第一，若货币政策存在长期影响机制，那么如何测算牺牲率的大小；第二，考虑长期影响后的牺牲率与 Ball（1994）计算牺牲率之间差距是什么以及与影响因素之间的关系又如何变化？

### 一、文献综述

早期研究通常从菲利普斯曲线中产出与通货膨胀的关系估算牺牲率（Okun，1978；Gordon 和 King，1982），Samuleson 在其经典的经济学教科书《经济学》中写道①：

① Samuleson P. A and Nordhaus W. D：《Economics：sixteenth edition》，机械工业出版社，英文版，2005 年 5 月，第 596 页。

一个国家可以利用暂时减少产出和提高失业率的办法来降低惯性通货膨胀率……降低通货膨胀的代价会因为国家、初始通货膨胀率和所用政策的不同而不同。一致研究表明，使惯性通货膨胀率每降低1个百分点，就会使年GDP减少4%（即牺牲率大约为4，作者加注）。

Samuleson和Nordhaus提出菲利普斯曲线来估算牺牲率，但是这种方法存在极大的局限性，Ball（1994）指出，一方面，它假设牺牲率在降低通货膨胀率与暂时的需求波动时是一样，事实并非如此，因为牺牲率会受到降低通货膨胀率的影响，比如收入政策和可信性引发的预期变动。另一方面，菲利普斯曲线认定在所有降低通货膨胀率的时间序列中都相等，然而不同的经济周期具有不同的牺牲率。Ball（1994）提出了“特定周期法”（specific episode），将降低通货膨胀率的过程分为几个特定周期，每个周期以实际产出等于潜在产出为起点，以趋势通货膨胀率最低点为终点，通过测算产出缺口来研究不同周期牺牲率的大小。此后学者如Jordan（1997）、Partow和Yuravliker（1998）、Mishkin和Posen（1999）都在Ball的框架内研究牺牲率和货币政策对产出损失的影响。

Ball（1994）假设实际产出在通货收缩终点后4个季度回到潜在水平，忽视了考虑货币政策的长期影响，从而低估了实际产出损失。Lawrence（2001）运用新方法重新估计了的G7国家的牺牲率为2.4%，高于比Ball（1994）方法计算出的1.4%。其实之前就有一些学者证明货币政策的长期影响，Blinder（1987）发现了20世纪80年代存在长期影响的Volcker通货收缩周期；Romer（1989，1994）证实货币冲击会有较大的长期影响，甚至Ball（1997）承认应该存在比他在1994年设定的更强的长期效应。在实证研究方面集中于VAR模型分析来研究长期影响的真实性：Christiano、Eichenhaum和Evans（1996）发现紧缩的货币政策冲击在长期内导致实际GDP和就业的下降；Dolado和Salido（1996）使用结构性VAR模型检验西班牙的产出和就业数据时发现通货收缩由于存在长期影响所带来的成本巨大。

更有学者进一步研究滞后效应（hysteresis effect），当通货收缩的货币政策影响潜在产出时滞后效应就出现了，Blanchard和Summers（1986）在描述通货收缩长期效应时率先使用“滞后”一词。Romer（1989，1994）发现需求曲线的移动会降低长期产出，紧缩货币政策可能降低趋势产出，从而导致实际产出暂时性偏离潜在产出，较大的经济衰退会带来更大的长期产出损失。Ball（1999）认为旨在降低通货膨胀率的货币政策对NAIRU（非加速通货膨胀下的失业率）有持续的影响。

在探讨牺牲率的决定因素的文献中，Ball、Mankiw和Romer（1988）发现趋势通货膨胀影响了凯恩斯模型中的产出—通货膨胀交换关系，较高的通货膨胀率可能降低名义价格刚性。但是在实证研究中尚未达到一致的结论。Ball（1994）

发现初始通货膨胀率对牺牲率的影响仅为较小的负向效应，Boschen 和 Weise（1999）、Anderson 和 Wascher（1999）认为无确定的证据表明两者之间存在关系。Boschen 和 Weise（1999）认为两者存在正相关关系。Lawrence（2001）指出两者可能存在某种非线性负相关关系。也有学者从周期长度研究牺牲率的水平，渐进式派（gradualism）的观点认为由于工资和价格具有惯性，紧缩的货币政策需要时间来调整，因此通货收缩速度带来的代价是较小的，如 Taylor（1983）和 Ball（1994）。而休克疗法（cold turkey）认为越快的通货收缩产生可信度，改变人们的预期，因此快速的通货收缩带来的成本较小。此外贸易开放度也是研究的重点之一，Romer（1993）指出货币紧缩引发的汇率贬值对价格水平有直接影响，越开放的经济牺牲率越小。Temple（2002）在 Barro 和 Gordon 模型基础上引入贸易开放度，发现在越开放的经济中，短期菲利普斯曲线越陡峭，通货收缩的成本越小，即牺牲率与贸易开放度呈负相关关系，实证结果亦证明此结论。

## 二、长期影响对牺牲率测算的偏差

1. Ball 测算方法

下面我们用 Lucas 供给曲线说明 Ball（1994）的观点，式（7.2）为 Lucas 曲线：

$$y_t - y_t^* = \alpha\ (\pi_t - \pi_{t-1})\ + b\ (y_{t-1} - y_{t-1}^*)\ + \varepsilon_t \qquad 0 \leqslant b < 1 \tag{7.2}$$

其中，$y_t^*$ 和 $y_t$ 表示 $t$ 期潜在产出和实际产出，$\varepsilon_t$ 是扰动项，$b$ 表示长期影响，$b$ 越大则长期影响越大，实际产出回到潜在产出需要的时间越长，$y_t - y_t^*$ 为产出损失。若$\pi_t - \pi_{t-1} = 0$，那么上一期和当期实际产出达到潜在水平。如果通货膨胀率降低，$\pi_t - \pi_{t-1} < 0$，就会出现产出的损失。通货收缩是趋势通货膨胀率大幅降低的过程，顶点的趋势通货膨胀率比相邻 4 个季度都高，终点比相邻 4 个季度都低，并且顶点比终点高出至少两个百分点。Ball（1994）三个假设条件是：①实际产出在起点达到潜在水平；②实际产出在终点后 4 个季度回到潜在水平，即$b^4 \approx 0$；③潜在产出的对数值在起点与终点后四个季度之间线性增长，$OG$ 是一条直线。通货收缩过程是从 $S$ 开始，到 $E$ 期结束，面积 $A$ 为产出损失，牺牲率定义为：$SR = [\sum_{t=S}^{E+4} (y_t - y_t^*)] / (\pi_S - \pi_E)$，如图 7.6 所示。

如果存在长期影响，实际产出可能需要更长的时间（超过 $E+4$ 期）回到潜在产出水平（$OG$ 直线），Ball 低估了产出损失。我们将降低通货膨胀率的成本分为短期损失和长期损失，短期损失是指从通货收缩起点到终点后 4 个季度的产出损失，为面积 $A+B$。长期损失包括长期影响所带来的产出损失，即通货收缩周期中所有实际产出和潜在产出之间的偏离，为 $A+B+C$ 的面积。

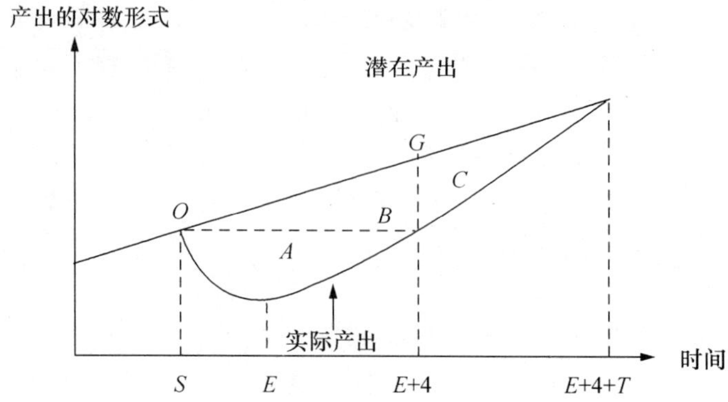


**图 7.6　牺牲率的计算方法**

2. 数字模拟

现在通过数学例子来解释 Ball（1994）的方法忽视货币政策持久性影响导致的牺牲率计算的偏差。参照 Lawrence（2001）的方法是：首先，解释将通货收缩阶段分为八个时期，从时期 1 到时期 6，在时期 1 和时期 0 时初始通货膨胀率为 2%；其次，假设在时期 0 和时期 1 的潜在产出水平为零；最后，通货膨胀从时期 1 的 1% 降低到时期 2 的零。三个假设为了简化并确保一个最终解。从式（7.2）的定义中可知，从时期 1 到时期 0 的过程中并无通货收缩过程，实际产出为 0，潜在产出为 0，那么产出损失为 0。时期 1 通货膨胀率从 2% 下降到 1% 就出现了通货收缩，产出损失为 $-a$。时期 2 通货膨胀率从 2% 下降到 1% 就出现了通货收缩，不过参照式（7.2）时期 2 的产出损失应分为两部分：第一部分是由于通货膨胀下降 1% 产出下降了 $-a$，第二部分是由于上一期产出损失了 $-a$ 所带来的持久性影响，为 $-ab$，时期 2 的总产出损失为 $-a\ (1+b)$。由此推理，按照 Ball（1994）传统方法的假定，真实的产出损失为：

$$OL_R = -a\ (2+2b+2b^2+2b^3+2b^4+b^5)$$

那么，从通货膨胀率为 2% 下降到 0，牺牲率为 $SR_R = a\left(1+b+b^2+b^3+\frac{1}{2}b^4\right)$，随着持久性影响（系数 $b$）越来越大，真实产出损失和牺牲率就越大。

我们再来看看 Ball（1994）的牺牲率如何被低估了（见表 7.3），从通货膨胀的起点（时期 0）到最低点之后的 4 个季度（时期 6）产出损失为 $-a\ (1+b)\ b^4$。潜在产出在实际产出与潜在产出相等的两点之间以对数形式线性增长（Ball, 1994），时期 1 至时期 5 趋势产出分别为 $-\frac{1}{6}a\ (1+b)\ b^4$、$-\frac{2}{6}a\ (1+b)\ b^4$、$-\frac{3}{6}a\ (1+b)\ b^4$、$-\frac{4}{6}a\ (1+b)\ b^4$、$-\frac{5}{6}a\ (1+b)\ b^4$，最后一期趋势产出

为 $-a(1+b)b^4$。结果发现 Ball（1994）计算的 $OL_S=-a(2+2b+2b^2+2b^3+2b^4+b^5)+\frac{5}{2}(1+b)b^4$，两者之间的差距就是 $\frac{5}{2}(1+b)b^4$，与 Ball（1994）计算的结果相比，牺牲率 $SR_S=a(1+b+b^2+b^3+\frac{1}{2}b^4)-\frac{5}{4}(1+b)b^4$。而 Ball（1994）认为通货收缩最低点之后 4 个季度回到潜在产出，也就是无持久性影响 $b^4=0$，而事实上最低点之后 4 个季度并不一定能够回到潜在产出，也就是 $b^4>0$，因此 Ball（1994）并未考虑持久性影响将低估牺牲率。

**表 7.3 Ball（1994）测算的产出损失**

| 时间 | $\pi_1$ | $y_t^*$ | $y_t$ | $y_t-y_t^*$ |
|---|---|---|---|---|
| -1 | 2 | 0 | 0 | 0 |
| 0 | 2 | 0 | 0 | 0 |
| 1 | 1 | $-\frac{1}{6}a(1+b)b^4$ | $-a$ | $-a+\frac{1}{6}a(1+b)b^4$ |
| 2 | 0 | $-\frac{2}{6}a(1+b)b^4$ | $-a(1+b)$ | $-a(1+b)+\frac{1}{3}a(1+b)b^4$ |
| 3 | 0 | $-\frac{3}{6}a(1+b)b^4$ | $-a(1+b)b$ | $-a(1+b)b+\frac{1}{2}a(1+b)b^4$ |
| 4 | 0 | $-\frac{4}{6}a(1+b)b^4$ | $-a(1+b)b^2$ | $-a(1+b)b^2+\frac{2}{3}a(1+b)b^4$ |
| 5 | 0 | $-\frac{5}{6}a(1+b)b^4$ | $-a(1+b)b^3$ | $-a(1+b)b^3+\frac{5}{6}a(1+b)b^4$ |
| 6 | 0 | $-a(1+b)b^4$ | $-a(1+b)b^4$ | 0 |
| 总计 | | | | $-a-a(1+b)\sum_{i=0}^{4}b^i+\frac{5}{2}(1+b)b^4$ |

## 三、长期影响牺牲率的国际比较

若两个国家的货币政策长期影响不同，那么对牺牲率的跨国比较就可能出现偏离。以图 7.7 为例，假设 B 国的货币政策长期影响更大，即重新回到潜在水平时间更长（$E+4+T_2$），$A$ 国只需 $E+4+T_1$ 时间。由于长期影响较强使 $B$ 国的实际产出在 $E+4$ 时停留在较低水平 $F$ 点，按照 Ball（1994）的设定，产出损失是指从通货收缩的起点到最低点之后 4 个季度实际产出与潜在产出的偏离，A 国的产出损失（OJK 的面积）比 B 国（OJF 的面积）要大，即 A 国牺牲率要比 B 国高。考虑到长期影响，计算产出损失的时间应该从通货收缩的起点到重新回到潜在水平，而不是到终点之后的 4 个季度，因此 B 国产出损失（面积 OJFM）大于 A 国（面积 OJKL），A 国牺牲率小于 B 国。

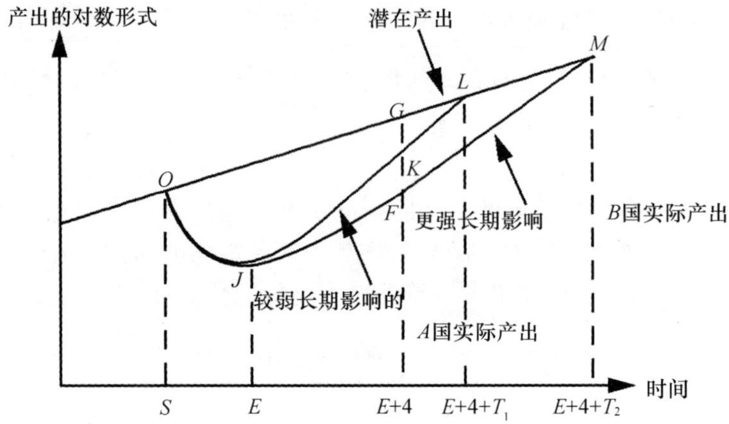


图 7.7　长期影响对跨国牺牲率排序的效应

## 第四节　考虑长期影响的新方法：HP 滤波分析

1. 考虑了长期影响因素的模型

Ball（1994）的估算忽视了长期影响。本章用一个基本模型加以解释，$y_t^*$ 是内生而不是 Ball（1994）假设的外生变量，见 Blanchard（1997）①：

$$y_t - y_t^* = \alpha\ (\pi_t - \pi_{t-1})\ + b\ (y_{t-1} - y_{t-1}^*)\ + \varepsilon_t,\ \alpha > 0,\ 0 \leqslant b < 1 \qquad (7.3)$$

$$y_t^* = c + dy_{t-1}^* + \ (1-d)\ y_{t-1} \qquad 0 \leqslant d < 1 \qquad (7.4)$$

$y_t^*$ 等于上一期的实际 GDP 和潜在产出的加权平均数。联立式（7.3）和式（7.4）可知产出损失会影响到下一期，$1-d$ 度量长期影响，牺牲率随着 $d$ 的增加而减少，$d=0$ 表示潜在产出只受到上一期实际产出的影响，牺牲率将会接近于最大值，具体计算采用 Hodrick – Prescott filter（HP 滤波）的方法。

2. 潜在产出的估计方法：HP 滤波分析

计算牺牲率的难点在于测算潜在产出，度量产出缺口的准确程度极大地影响经济政策的制定（Rudebusch，1999；Ehrmann 和 Smets，2000），任何一个变化都会导致估算牺牲率的偏差。Ball（1994）认为实际产出在通货收缩的起点和终点后的 4 个季度都达到潜在水平，潜在产出在实际产出与潜在产出相等的两点之间以对数形式线性增长，这一处理并未考虑持久性影响会低估牺牲率。此后 Boschen 和 Weise（1999）、Ball（1999）、Bernanke etc（1999）采用了二次趋势模型

① Blanchard 在分析就业的长期影响中使用了该公式，他发现当前就业水平受到上一期的就业水平的影响，进而会影响自然失业率。

(quadratic model) 和自回归移动平均模型 (Autoregressive Integrated Moving Average Model, ARIMA) 来估计，这些方法都可以有效地解决货币政策的持久性影响，但是可能出现以下问题：第一，潜在产出的初始值的问题。Friedman (1994) 就指出如果产出在初始期高于潜在产出水平，牺牲率就会被高估。第二，quadratic 和 ARIMA 模型对数据的扰动项敏感度要求高。由于扰动项而选择初期时那么两种方法将把潜在产出平行上移或下移，而 Ball (1994) 只会带来较小的移动 (Lawrence, 2001)。不同的数据在扰动项的影响下会得到不同的结果，Boschen 和 Weise (1999) 计算美国反通货膨胀周期是 1989 年第 4 季度到 1993 年第 4 季度、Bernanke etc (1999) 计算是 1990 年第 1 季度到 1994 年第 4 季度，而意大利 20 世纪 70 年代出现的负且大的牺牲率就是这个原因造成的 (Ball, 1999)。

这里使用 Hodrick – Prescott filter (HP 滤波) 来估计潜在产出，HP 滤波是在宏观经济学分析中用来得到经济时间序列的长期趋势而广泛使用的一种方法。这种方法是 Hodrick 和 Prescott 于 1980 年分析第二次世界大战后美国商业循环的论文中第一次使用。HP 滤波是经常使用的经济变量趋势分解方法，利用 HP 滤波可以将经济变量序列中的长期增长趋势和短期波动成分分离出来，经过 HP 滤波处理得到的数据为平稳序列，它不依赖于经济周期峰和谷的确定。它把经济周期看成宏观经济波动对某些缓慢变动路径的偏离，这种路径在期间内单调地增长称为趋势。

假设$\{Y_t\}$是包含趋势成分和波动成分的时间序列，$\{Y_t^T\}$是趋势成分，$\{Y_t^C\}$是波动成分。HP 滤波从$\{Y_t\}$中将 $Y_t^T$ 分离出来，$\{Y_t\}$中可观测趋势$\{Y_t^C\}$被定义为以下最小化问题的解，

$$\min \sum_{t=1}^{T} \{(Y_t - Y_t^T)^2 + \lambda[c(L)Y_t^T]^2\} \tag{7.5}$$

$$c(L) = (L^{-1} - 1) - (1 - L) \tag{7.6}$$

其中，$c(L)$是延迟算子多项式，将式 (7.6) 代入式 (7.5) 变为损失函数的最小化问题，$\min \left\{ \sum_{t=1}^{T} (Y_t - Y_t^T)^2 + \lambda \sum_{t=1}^{T} [(Y_{t+1}^T - Y_t^T) - (Y_t^T - Y_{t-1}^T)]^2 \right\}$。最小化问题由$[c(L)Y_t^T]^2$ 来调整趋势的变化，随着 $\lambda$ 的增大而增大。随着 $\lambda$ 的增加，估计的趋势逐渐变得光滑；当 $\lambda$ 趋近无穷大时，HP 滤波变为最小二乘法。HP 滤波可以将趋势要素和循环要素进行分解而又不损失序列首尾的数据。

本书的处理方法是：首先用 HP 滤波计算实际 GDP 的自然对数的趋势图，其次估计潜在产出增长率，最后假设潜在产出以通货收缩的初始增长率速度线性增长，比如通货收缩周期在 $S$ 点开始，在 $E$ 点结束，$S$ 点的增长率为 $g_s$，那么从 $S$ 点到 $E+4$ 点的潜在产出增长率均为 $g_s$，这样就可以得出通货收缩每一期的实际产出与潜在产出之间的偏差。

## 第五节 基于HP滤波分析的中国牺牲率的度量结果

### 一、数据说明

为了与Ball（1994）的牺牲率进行比较，样本采用中国和G7国家的数据。根据数据的可获得性，中国数据分为季度和年度，季度数据从1989年第1季度至2008年第1季度，年度数据从1952年至2007年。其他国家采用季度数据，从1960年第1季度到2005年第4季度结束。1994～2005年中国实际GDP（RGDP）的季度数据来源于BVD公司的EIU Country Data（《各国宏观经济指标》）数据库，1989～1994年的数据采用陈玉宇和谭松涛（2005）[①]，2005年第1季度至2008年第1季度RGDP来源于《中国人民银行统计季报》和《中国经济信息网》。国外数据来源于EIU Country Data数据库、国际货币基金组织《国际金融统计年鉴》。

### 二、中国通货收缩周期的确定

季度趋势通货膨胀率为前后9个季度通货膨胀率的移动平均值，从图7.8可知中国季度通货收缩周期为1994年第3季度～1999年第2季度，趋势通货膨胀率从20.77%下降至-0.99%，下降了21.76%。

在计算年度趋势通货膨胀率时，与Ball不同的是[②]，我们用三年移动平均得到1992年之前的数据，1992年后的数据计算采用Ball的方法。图7.9显示中国有四次通货收缩周期[③]：第一次为1952～1957年，趋势通货膨胀率从6.77%降至0.47%。第二次为1961～1964年，趋势通货膨胀率从7.47%下降至-3.6%。第三次为1988～1991年，趋势通货膨胀率从14.7%降至4.3%。第四次为1994～1999年，趋势通货膨胀率从21.52%下降至-1.01%，降幅为22.53%。

① 陈玉宇和谭松涛（2005）的处理方法是：利用中国财政部金融司1990年1月至2004年6月提供的月度同比消费价格指数进行三个月的算术平均得到季度消费价格指数，然后再计算出各季度的通货膨胀率。

② Ball认为年度趋势通货膨胀率等于当年4个季度和前后相邻各2个季度趋势通货膨胀率的算术平均值。

③ 此前舒元和黄新飞（2006）认为1952～1955年为通货收缩周期，但是实际上，趋势通货膨胀率在1955年时为0.53%，高于1957年的0.47%，实际上谷底应该是1957年。

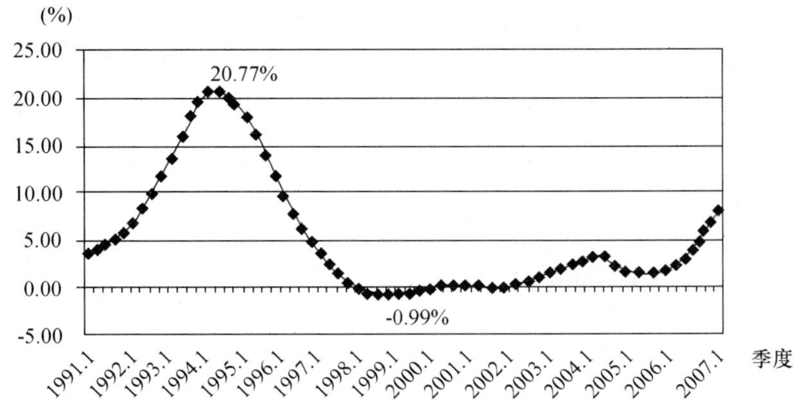


**图 7.8　1991 年第 1 季度至 2007 年第 1 季度趋势通货膨胀率**

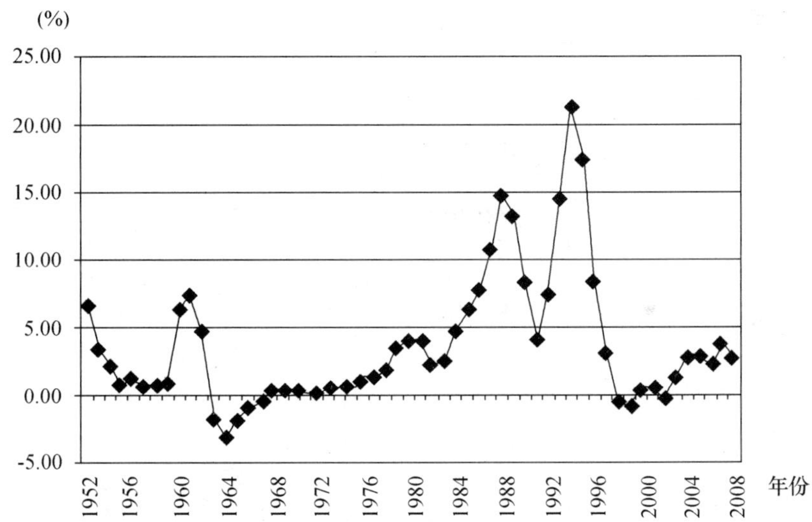


**图 7.9　1952～2008 年趋势通货膨胀率**

## 三、基于 HP 滤波的分析结果

季度数据的 λ 选择 1600，年度数据 λ = 100，运行软件是 Eviews6.0，图 7.10 和图 7.11 分别表示 HP 滤波分析的季度潜在产出的对数、年度潜在产出的对数与实际产出的对数结果。

计算季度牺牲率应纳入通货收缩终点后 4 个季度的数据，年度牺牲率的估算应包括通货收缩终点后一年的数据。根据假设，潜在产出在通货收缩周期内的增长率相同，具体计算公式为：

$$y_t^* = y_{1994.03}^* (1 + g_{1994.03})^t = 9.51 \times 1.0028^t \qquad t = 1, 2, \cdots, 3 \qquad (7.7)$$

$$y_t^* = y_{1952}^* (1 + g_{1952})^t = 6.52 \times 1.0123^t \qquad t = 1, 2, \cdots, 6 \qquad (7.8)$$

$$y_t^* = y_{1988}^* (1 + g_{1988})^t = 9.15 \times 1.0107^t \qquad t = 1, 2, \cdots, 4 \qquad (7.9)$$

$$y_t^* = y_{1994}^* (1 + g_{1988})^t = 9.15 \times 1.0094^t \qquad t = 1, 2, \cdots, 6 \qquad (7.10)$$

式（7.7）至式（7.10）分别表示 1994 年第 3 季度至 2000 年第 2 季度、1952～1958 年、1961～1965 年、1988～1992 年、1994～1996 年潜在产出的公式，限于篇幅仅列出实证研究的结果，如表 7.4 所示。

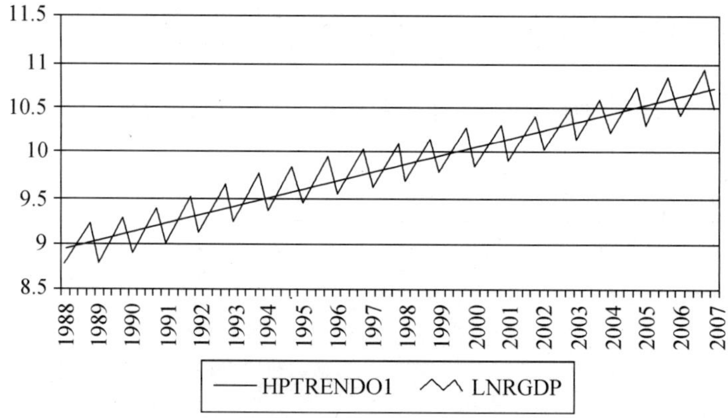


**图 7.10　季度实际 GDP 的对数值及其 H－P 滤波值**

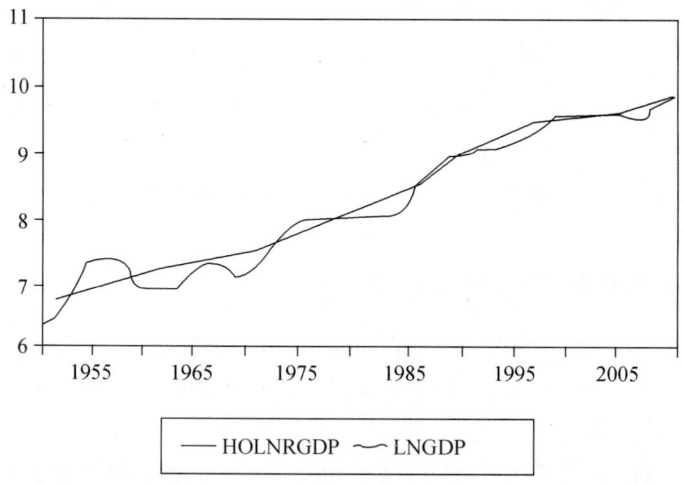


**图 7.11　年度实际 GDP 的对数值及其 H－P 滤波值**

表 7.4　中国季度和年度牺牲率的实证结果

| 周期 | 长度 | $\sum y_t - y_t^*$ | $\pi_{t-1}$ | $\pi_t$ | $\pi_t - \pi_{t-1}$ | SR | 旧 SR |
|---|---|---|---|---|---|---|---|
| 1994.3～1999.2 | 19 | -0.40 | 20.77% | -0.99% | -21.76% | 1.85 | 0.28 |
| 1952～1957 | 5 | -0.17 | 6.77% | 0.47% | -6.3% | 2.76 | 0.035 |
| 1961～1964 | 3 | -0.55 | 7.47% | -3.6% | -11.07% | 4.99 | 0.60 |
| 1988～1991 | 3 | -0.17 | 14.7% | 4.3% | -10.4% | 1.60 | 0.58 |
| 1994～1999 | 5 | -0.31 | 21.52% | -1.01% | -22.53% | 1.38 | -0.05 |

比较新方法和 Ball（1994）方法计算中国的牺牲率对比，可以得到本章的定理一：**考虑持久性影响的 HP 滤波分析计算的中国季度牺牲率和年度牺牲率都比传统方法计算的结果要高，年度牺牲率的偏差更大且逐渐下降。**

HP 滤波分析的中国季度牺牲率为 1.85%，年度牺牲率平均值为 2.68%，对比舒元和黄新飞（2006）的 0.28% 和 0.29%，考虑了长期影响的牺牲率高于传统方法，实际产出可能在通货收缩的终点后经过多于 4 个季度回到潜在产出。同时我们还发现两个问题：第一，进入 20 世纪 90 年代后中国牺牲率呈下降趋势，从 4.99% 下降至 1.38%。第二，1994～1999 年传统方法计算的牺牲率为负数，表示降低通货膨胀率可以带来产出的增长，HP 滤波估计值为正数。

将新方法与传统方法相比，季度牺牲率是传统方法的 6.6 倍，年度牺牲率差距更大，为 9.24%。一方面，年度数据为季度数据的加总，降低了实际产出的波动性，提高了潜在产出的增长速度。新方法计算的潜在产出增长率为 0.28%，年度数据为 0.94%，增加了产出损失。另一方面，计算牺牲率所使用的数据不同。比如计算 1994～1999 年通货收缩牺牲率，我们采用 1994～2000 年实际产出与潜在产出的偏差，而季度数据只计算 1994 年第 3 季度至 2000 年第 2 季度的数据。

## 四、国际化比较分析

Ball（1994）计算了 OECD 24 个国家年度和季度的牺牲率，Lawrence（2001）重新估计了 G7 国家的牺牲率。本节以国际视角为背景，比较中国与 G7 国家季度牺牲率水平，见表 7.5。

从表 7.5 可知，共有 31 个通货收缩周期，其中日本和英国各 6 个，美国、德国和意大利各 4 个，法国和加拿大各 3 个，中国只有 1 个。将两种方法计算的牺牲率相比，可以得出本章的定理二：**考虑长期影响的季度牺牲率高于传统方法计算的牺牲率，20 世纪 90 年代以后通货收缩带来的产出损失加大，中国牺牲率低于全部八个国家的平均水平。**

表 7.5 中国和西方七国季度牺牲率的国际比较

| 国别 | 周期 | 长度 | 初始趋势通货膨胀率（%） | 趋势通货膨胀变化（%） | 牺牲率 | 平均值 | Ball | 平均值 |
|---|---|---|---|---|---|---|---|---|
| 中国 | 1994.3～1999.2 | 19 | 20.77 | 21.76 | 1.85 | 1.85 | 0.28 | 1.85 |
| 美国 | 1969.2～1972.1 | 11 | 5.63 | 3.0 | 2.3 | 2.13 | 3.83 | 2.64 |
|  | 1974.3～1976.4 | 9 | 9.67 | 3.91 | 0.23 |  | 1.21 |  |
|  | 1980.1～1983.4 | 15 | 11.95 | 8.59 | 1.56 |  | 1.92 |  |
|  | 1989.4～1993.4 | 19 | 5.13 | 2.52 | 4.41 |  | 3.6 |  |
| 日本 | 1962.1～1963.1 | 4 | 7.56 | 2.32 | 1.41 | 1.98 | 1.56 | 0.96 |
|  | 1965.2～1966.3 | 5 | 6.09 | 2.61 | -0.8 |  | 0.59 |  |
|  | 1970.2～1971.3 | 5 | 7.1 | 1.71 | 4.94 |  | 1.19 |  |
|  | 1974.1～1978.3 | 18 | 17.14 | 13.47 | 0.2 |  | 0.59 |  |
|  | 1980.2～1987.1 | 27 | 6.70 | 6.69 | 1.50 |  | 1.84 |  |
|  | 1990.2～1996.1 | 23 | 8.63 | 8.76 | 4.63 |  | 0.54 |  |
| 德国 | 1965.4～1967.3 | 7 | 3.48 | 2.29 | 3.89 | 4.89 | 2.23 | 1.92 |
|  | 1973.1～1977.3 | 18 | 6.93 | 4.11 | 6.61 |  | 2.42 |  |
|  | 1981.1～1986.3 | 22 | 5.97 | 6.02 | 0.2 |  | 1.80 |  |
|  | 1992.2～1995.4 | 14 | 5.01 | 3.63 | 8.85 |  | 1.22 |  |
| 英国 | 1961.2～1963.3 | 9 | 4.12 | 2.18 | 2.75 | 0.98 | 2.08 | 1.01 |
|  | 1965.2～1966.3 | 5 | 5.02 | 2.23 | 0.66 |  | -0.29 |  |
|  | 1974.4～1978.2 | 14 | 19.47 | 9.66 | -0.14 |  | 1.09 |  |
|  | 1980.2～1983.3 | 13 | 15.57 | 11.28 | 0.02 |  | 0.56 |  |
|  | 1984.2～1986.3 | 9 | 6.17 | 2.99 | -1.47 |  | 0.78 |  |
|  | 1989.2～1993.4 | 17 | 8.74 | 7 | 4.06 |  | 1.86 |  |
| 法国 | 1974.2～1976.4 | 10 | 11.89 | 2.96 | 3.66 | 3.74 | 1.73 | 0.67 |
|  | 1981.1～1987.1 | 24 | 13 | 10.44 | -0.59 |  | 0.84 |  |
|  | 1989.2～1993.3 | 17 | 3.43 | 1.72 | 11.87 |  | -0.55 |  |
| 意大利 | 1963.3～1968.1 | 18 | 6.82 | 5.66 | 0.33 | 1.12 | 2.74 | 1.04 |
|  | 1975.2～1978.3 | 13 | 17.26 | 4.49 | -3.32 |  | -0.47 |  |
|  | 1980.4～1987.2 | 26 | 18.99 | 14.4 | 1.11 |  | 1.11 |  |
|  | 1990.1～1993.3 | 14 | 6.43 | 2.41 | 6.36 |  | 0.79 |  |
| 加拿大 | 1974.3～1977.1 | 10 | 10.52 | 3.18 | 1.76 | 2.21 | 0.35 | 1.75 |
|  | 1981.2～1985.2 | 16 | 11.5 | 7.68 | 1.53 |  | 2.44 |  |
|  | 1990.1～1993.2 | 13 | 5.75 | 4.78 | 3.34 |  | 2.47 |  |

考虑了长期影响HP滤波分析计算的季度牺牲率比Ball（1994）方法的都要高。Ball（1994）计算的牺牲率的平均值为1.4%，新方法计算的季度牺牲率为2.4%。一方面，八个国家中仅有美国和英国在考虑长期影响后季度牺牲率呈下降趋势，法国的季度牺牲率受到长期影响最大，传统方法计算的平均牺牲率仅为1.92%，而HP滤波分析值高达4.89%。另一方面，31个通货收缩周期中共有17个在考虑长期影响后季度牺牲率高于传统方法，中国的季度牺牲率为1.85%，排在31个通货收缩周期的第14位，低于2.4%的平均水平。从20世纪90年代来看，中国的季度牺牲率为八个国家最低。由于中国季度数据统计从1990年开始，缺乏数据的支持并不能说明中国的产出损失受到通货收缩的影响较小。

传统方法运用实际产出去估计潜在产出，导致计算出来的潜在产出较低。新方法使用HP滤波分析计算潜在产出时并不受到货币政策的影响，比如HP滤波计算20世纪90年代G7国家潜在产出的平均增长率为2.49%，传统方法为1.24%；美国在20世纪90年代用新方法计算的潜在产出增长率为2.46%，相应的传统方法仅为1.86%；英国两种方法计算的数值分别为2.20%和0.84%，新方法对趋势要素和循环要素进行分解提高了潜在产出的增长率，增加了通货收缩带来的产出损失。

进入20世纪90年代后所有国家（除中国之外）的牺牲率有大幅提高，20世纪60年代、70年代和80年代的平均牺牲率为2.03%、1.84%和1.26%，90年代为5.88%。Ball（1999）解释为经济回到潜在产出的速度放缓，20世纪90年代为1.86%，而80年代达到2.25%。季度牺牲率出现了5次负值，其中英国2次，意大利、日本和法国各1次，意大利在1975年第2季度~1978第3季度牺牲率达到-3.32%。

## 第六节　实际产出牺牲率的影响因素分析：基于国际比较的实证研究

由定理一可知中国实际产出牺牲率无论是季度数据还是年度数据均偏低，接着我们讨论中国实际产出牺牲率偏低的主要原因。Ball（1994）认为通货收缩的速度、初始趋势通货膨胀率和贸易开放度是决定实际产出牺牲率大小的影响因素。

1. 通货收缩的速度（speed of disinflation）

通货收缩的速度是宏观经济学的核心问题，其中代表观点有渐进式派（gradual）和突然停止派（cold turkey）。渐进式派的观点认为由于工资和价格具有惯性，紧缩的货币政策需要时间来调整，因此通货收缩的代价是较小的。Taylor（1983）建立一个交错的工资调整模型证明较快的通货收缩降低了实际产出。Ball（1994）和 Lawrence（2001）的实证分析发现通货收缩的速度与实际产出牺牲率呈负相关关系，即较快的通货收缩速度带来的产出损失较小。相反的观点认为越快的通货收缩带来的产出损失越小，Sargent（1983）认为一个剧烈的制度变革产生可信度，从而改变人们的预期，因此快速的通货收缩带来的成本较小。

通货收缩的速度是以每个季度趋势通货膨胀率的变化量作为度量，即用每个周期从起点到终点的变化量除以通货收缩期间的长度。

2. 初始趋势通货膨胀率（initial trend inflation）

经济学家在实际产出牺牲率和初始趋势通货膨胀率的关系上达成了共识。Ball、Mankiw 和 Romer（1988）在新凯恩斯模型中研究了趋势通货膨胀率如何影响产出—通货膨胀交替关系，更高的通货膨胀率降低了名义刚性的程度，因为它鼓励更加频繁的契约修正，使短期菲利普斯曲线变得更陡峭。同时他们利用跨国数据有力地证明了这一假设。Ball（1994）的实证结果表明实际产出牺牲率与初始趋势通货膨胀率呈微弱的负相关关系。有些学者不同意 Ball 的观点，Boschen 和 Weise（1999）认为两者存在正相关关系，尽管它们的系数不显著。Lawrence Zhang（2001）指出两者可能存在某种非线性关系，他的实证结果支持 Ball（1994）的负相关结论。

3. 贸易开放度（openness）

Romer（1993）指出贸易开放度与产出和通货膨胀的替代关系存在某种联系，即由于货币紧缩引发的汇率贬值对价格水平有很大的直接影响，因此在给定政策变化下，在越开放的经济中，实际产出牺牲率越小。随后 Temple（2002）在 Barro 和 Gordon 模型基础上，引入贸易开放度，分析发现在越开放的经济中，短期菲利普斯曲线越陡峭，通货收缩的成本越小，即实际产出牺牲率与贸易开放度呈负相关关系，实证结果亦证明此结论。

此外，在研究美国的实际产出牺牲率比大多数欧洲国家高很多的原因时，此前的文献认为美国具有较高的名义工资刚性。有两种度量名义工资刚性的指标，一种是 Bruno 和 Sachs（1985）构造的名义工资响应指数，具体体现在调整的频率、指标的程度和跨部门调整的同步性，比如三年缓慢调整的契约使美国的工资变得刚性。另一种是 Grubb、Lackman 和 Laryard（1983）用工资对价格和失业的时间序列回归计算出的另一种名义工资刚性的指数。

所有数据全部来源于 IMF《国际金融统计年鉴》和《中国统计年鉴》，使用软件是 Eviews5.0，其中中国名义工资刚性的数据和贸易开放度的季度数据无法获得，所有方程的被解释变量均为实际产出牺牲率，表 7.6 给出了各个方程 OLS 回归的实证结果。

表 7.6　OLS 回归结果

| 影响因素 | 1 | 2 | 3 | 4 |
|---|---|---|---|---|
| C | 5.03 | 3.56 | 5.29 | 2.76 |
| Speed | -6.41<br>(2.34)** | | | |
| $\Delta\pi$ | | -0.33<br>(-2.33)** | 0.17<br>(1.0) | -0.01<br>(2.11)** |
| length | | 0.17<br>(1.65)* | | 0.12<br>(2.54)** |
| Initial | | | -0.42<br>(-2.41)* | |

注：括号内数值为各个变量回归系数的 t 统计量，***、**、* 分别表示 t 统计量通过显著水平为 1%、5% 和 10% 的统计检验。

第一个方程说明牺牲率与 Speed 呈负相关关系，相关系数为 -6.41，通过显著水平为 5% 的统计检验，D-W 值为 2.3，表明两个方程不存在自相关问题，这一结果证实了渐进式派的观点：由于工资和价格具有惯性，紧缩的货币政策需要时间来调整，因此通货收缩速度带来的代价是较小的，Ball（1994）和 Lawrence（2001）的研究也支持该结论。

第二个方程将通货收缩速度分解为通货膨胀下降程度 $\Delta\pi$ 和通货收缩周期的长度（length），结果显示 $\Delta\pi$ 与牺牲率呈反方向的变化，系数为 -0.33。length 与牺牲率呈显著的正相关关系。第三个方程中 Initial Inflation 与牺牲率呈显著的负相关关系，Initial Inflation 每提高 1%，牺牲率就下降 0.42%。更高的通货膨胀率降低了名义工资刚性，鼓励更加频繁的契约修正，使短期菲利普斯曲线变得更陡峭。第四个方程表明 Openness 的提高可以降低牺牲率，相关系数为 -0.13。开放经济中短期菲利普斯曲线越陡峭，通货收缩的成本越小。另外 $\Delta\pi$ 和 length 与牺牲率呈显著的负相关和正相关关系，37% 的牺牲率变化由这三个因素解释，于是可以得出本章的定理三：**通货收缩速度、初始趋势通货膨胀率和贸易开放度是影响牺牲率水平的因素，通货收缩速度、初始趋势通货膨胀率和贸易开放度都与牺牲率呈显著的负相关关系。**

## 本章小结

Ball（1994）的特定周期法假设通货收缩周期终点后 4 个季度回到潜在产出，忽视了长期影响。本章从理论模型和数学模拟说明了未考虑长期影响会低估牺牲率，并采用 HP 滤波分析重新估计潜在产出，在国际框架下分析中国牺牲率水平及影响因素：

（1）考虑了长期影响，实际产出可能在通货收缩周期终点多于 4 个季度才会回到潜在产出，牺牲率将高于传统方法。HP 滤波分析的中国季度牺牲率为 1.85%，年度牺牲率平均值为 2.68%。传统方法的季度牺牲率为 0.28%，年度平均值为 0.29%，年度牺牲率呈逐渐下降趋势。

（2）在 G7 国家的分析框架中，考虑长期影响的季度牺牲率高于传统方法计算的牺牲率，Ball（1994）计算的牺牲率的平均值为 1.4%，新方法计算的季度牺牲率为 2.4%。20 世纪 90 年代后牺牲率越来越大。中国季度牺牲率排在 31 个通货收缩周期的第 14 位，低于全部八个国家平均水平。

（3）对 OECD 30 国和中国的跨国研究发现通货收缩速度、初始趋势通货膨胀率和贸易开放度是影响牺牲率水平的因素，通货收缩速度、初始趋势通货膨胀率和贸易开放度都与牺牲率呈显著的负相关关系。

# 第八章　开放经济下的通货膨胀与中国经济增长的经验研究

中国学者对通货膨胀与中国经济增长的关系的研究综述见第二章。关于中国的实证研究都存在以下问题：①理论模型基础。他们研究从菲利普斯曲线、投资率、货币中性等方面考虑，缺乏从生产函数的角度研究两者之间的关系。事实上，Friedman（1969）和 Fischer（1974）都认为货币在生产函数中起作用，同时通货膨胀会影响到劳动生产率。②样本数据和变量的选取。通货膨胀—经济增长关系的统计结果对样本期的选择非常敏感，Clark（1997）认为在同一模型中不同国家的数据会得到相反的结论。由于宏观数据序列的不平稳，OLS 回归会产生缪回归，学者们纷纷采用协整分析方法来研究两者之间的长期关系，不同的变量选择会直接影响到协整分析和因果检验的结果。

本章在回顾通货膨胀和经济增长的文献基础上依据 Palokangas（1995）提出的开放经济货币增长模型，建立相关的实证模型，利用中国数据，建立 ECM 模型和协整方法分析通货膨胀与经济增长之间的长期稳定和短期动态关系。

## 第一节　理论模型的回顾

通货膨胀与经济增长的关系是宏观经济学的重要问题之一，也是争议最大的问题之一。当前学术界在实证研究和理论模型上都存在较大分歧，主要观点有两种：正相关关系和负相关关系。[①] Wassom（1969）认为如果发展中国家在劳动力的规模和生产率、资本/产出比率、税收、国际收支等方面满足一定假设条件，且通货膨胀并非逐渐累积走高或者长期保持，通货膨胀就可以成为促进经济增长的有效政策工具。Hanson（1983）在研究拉美五国时发现“未预期”的通货膨

---

① 不过还有其他的观点并不在本书的讨论范围内，有兴趣的读者可以参见 Sidrauski（1967）、Lucas（1973）的中性关系论以及 Bruno 和 Easterly（1998）、Levine 和 Zervos（1993）的非单一线性关系论。

胀每提高 10 个百分点，经济的增长率就会增加 1 个百分点[①]。

与此对立的是以 Fischer（1993）和 Barro（1996）为代表的负相关关系观点。Fischer（1993）发现通货膨胀率 10 个百分点的上升带来产出年增长率 0.4 个百分点的下降。同样地，Barro（1996）的估计表明通货膨胀率每额外提高 1 个百分点将会使经济增长率降低 0.02 ~ 0.03 个百分点。使用不同国别的数据仍得到一致的结论，Loungani 和 Sheets（1997）对东欧 25 国 1991 ~ 1994 年数据的分析与 Alexander 和 Robert（1997）以 pool 时间序列和截面分析的方法考察了 OECD 12 个国家的数据，都表明通货膨胀和经济增长之间存在着显著负相关关系。

由于在实证研究结果上的意见不一，经济学家不得不转而建立理论模型来研究通货膨胀与经济增长的关系，根据模型中是否引入货币因素，本书概括为两类模型：不包含货币因素的增长模型和包含货币因素的增长模型。

1. 不包含货币因素的增长模型

不包含货币因素的增长模型主要是对 Harrod - Domar 模型和增强的 Solow 模型所做的通货膨胀的扩展。在不存在通货膨胀的情况下，Harrod - Domar 模型均衡状态的基本方程是：经济增长率 = 储蓄率/资本 - 产出比，若出现通货膨胀后会引起相应的金融资金的货币贬值额，而这部分资金用于投资可增加总投资率，则均衡时的增长率为初始增长率加上增加的总投资率，因此可得出通货膨胀率与增长率呈正相关关系。

Mankiw、Romer 和 Weil（1992）对标准的 Solow 增长模型作了扩展，在物质资本以外引入了人力资本，Motley（1998）在此基础上加以改进，假设通货膨胀会干扰市场的秩序，因而倾向于降低劳动力生产率（技术进步率）的增长率，用以考察通货膨胀影响技术进步进而影响经济增长的可能性，如下式表示：$A_t = A_0 e^{(g_0 + g_1 \bar{\pi})t}$，$A_t$ 为 $t$ 时的技术存量，$A_0$ 为初始的技术值，$g_0$ 为技术进步率的初始值，$g_1 < 0$ 为常数，则 $(g_0 + g_1 \bar{\pi}) = g_t$ 即为 $t$ 时的技术进步率，实际上就意味着技术进步率 $g_t$ 与通货膨胀率成反比。假定技术变迁是哈罗德中性的，当经济达到均衡时，通货膨胀倾向于降低劳动生产率的增长率和人均产出的增长率就会因此下降。收敛时期的增长率为 $\lambda = (n + g + \delta)(1 - \alpha - \beta)$[②]，当 $g$ 被 $g_t$ 替换以后，上式表明收敛时期的增长率也会随通货膨胀率的上升而下降。

Clark（1997）在 Motley（1998）模型的基础上加入了通货膨胀率的预期不

① 他的结论是基于规范化后的菲利普斯模型（Phillips Model），把产出和增长率的名义值的偏离归于实际/预期物价的变动得出的。

② 参见 Mankiw、Romer 和 Weil（1992），其中 λ 为收敛系数，除 g 以外的其他变量分别对应经济的一些特征，均假定为常数。

确定性，其表示形式为 $g_t = g_0 + g_1 \bar{\pi} + g_2\sigma$，其中 $\sigma$ 为通货膨胀率的预期不确定性，其结论与 Motley 大致相同。

此类模型中通货膨胀通过改变投资率和技术进步等因素来影响经济增长，并未考虑到货币的作用，因而受到诸多经济学家的评判。实际上，正如 Friedman 所说"通货膨胀总是而且永远是一个货币现象"，Tapio（1997）认为货币可以降低交易成本，货币以中介的形式引入经济，而且大量的实证研究也发现通货膨胀与货币存在紧密的联系（Friedman，1969；Lucas，1972）。任何忽视货币因素的通货膨胀与经济增长模型都可能得出错误的结论，于是经济学家试图从包含货币因素的模型中研究通货膨胀与经济增长的关系。

2. 包含货币因素的增长模型

Wen - Ya Chang 和 Ching - Chong Lai（1999）采用 Barro（1990）和 Rebelo（1991）的内生增长模型，并应用 Sidrauski（1967）的框架，把实际货币余额引入消费函数，经济中包含一个无限期的代表性家庭和政府。其基本结论是：①在转移动态中，未预期的通货膨胀对经济增长率有显著效应。②效应的正负取决于相关的风险厌恶程度：伴随着通货膨胀的上升，如果代表性个体的跨期替代弹性大于 1，相应的经济增长率趋于下降；反之则上升。

Bashir（2002）在研究伊斯兰经济时采用类似于 Roubini 和 Sala - i - Martin（1992）模型的形式，货币进入经济的方式是假定其可以增加消费者的效用，直接引入效用函数。在给定消费水平、实际货币余额和资本存量的情况下，高通货膨胀将会降低经济的增长率。

Niloy Bose（2002）采用了一般均衡内生货币增长模型研究经济增长和通货膨胀之间的负相关关系。结果发现无论通货膨胀率的大小，通货膨胀对经济的稳态增长都具有促退效应。

包含货币因素的理论模型存在两个问题：①所有模型都是针对封闭经济进行分析，不涉及开放经济假设。不过一国的通货膨胀可能受外部因素的影响，如外资流入（郑超愚，1996）、贸易开放度（Romer，1993）、汇率（综合开发研究院，1995）等。Tapio（1997）认为不在开放经济条件下研究通货膨胀和经济增长之间的关系是不完善的，这是由于在开放经济条件下国际信贷市场是不完美的，代表性个体可以向国外转移资源，这都会对货币作用于经济增长的机制产生影响。②货币进入经济的方式不同会得到不同的结论，现有的文献主要讨论三种方式，货币进入效用函数、现金优先和交易成本方式。我们赞成 Tapio（1997）的观点，货币可以降低交易成本，这与 Levhari 和 Patinkin（1968）、Friedman（1969）和 Fischer（1974）的观点相同，他们认为，企业会乐于持有货币，因为货币可以节省交易成本，进而提高劳动生产率，因此货币引入到生产函数中，将货币作为一种生产要素以生产函数的形式进入经济。

由于实证分析和理论模型都没有在通货膨胀与经济增长的关系这一问题上达成一致意见，本书在开放经济框架下，假定通货膨胀由外资流入等其他外部条件引发，同时国际资本市场不完美，货币以交易成本方式进入经济，采用货币进入生产函数的设定，① 在包含货币因素的 Ramsey 模型基础上研究通货膨胀与经济增长的关系，并用中国的数据加以实证分析。

## 第二节　开放经济的货币增长模型

### 一、模型假设

本节发展了一个开放经济的货币增长模型，其中促进经济增长的要素有两种：物质资本和货币，这样资本积累就不再是单一的物质资本的专利，货币和物质一样进入模型，具有自身积累的时间路径和稳态均衡，这样做一方面可以更好地模拟实际，另一方面体现货币资本性质。此外，为避免开放经济的 Ramsey 模型无限收敛速度的反事实结论（Barro 和 Sala – i – Martin，1995），在模型中包含了资本的调整成本。并且模拟大部分发展中国家的实际，设定借款利率因外资流入规模而改变的世界资本市场。为了简化突出开放经济的特点，在这个模型中假定不存在商业银行，② 所以外汇储备就成为该国基础货币的唯一来源。

1. 家庭和生产部门的代表性个体

家庭和生产部门是合二为一的，是生产消费的联合体，或可称为代表性个体（agent）。代表性个体生产和消费是一种单一的可贸易商品。这里我们参照 Friedman（1969）和 Fischer（1974）的设定，重点考虑货币在生产函数中的作用。我们认为生产者利用货币来投入生产，这样就可以把货币看做是一种生产要素作为资本的补充而存在。特定地，我们考虑一个 Cobb – Douglas 生产函数，实际的物质资本和货币存量（分别用 $k$ 和 $m$ 表示，其中 $m = M/P$，$M$ 表示名义货币量；$P$ 表示国内价格水平）。具体形式如下：

$$y = Ak^{\alpha}m^{1-\alpha}$$

因为我们不考虑资本的折旧问题，所以 k 满足：

① 货币进入效用函数和现金优先假定消费和投资都必须经由货币的中介。而将货币直接引入生产函数，作为产出的一个生产要素投入，同时物质资本仍然作为另一生产要素存在，并不需要货币中介以转换为投资，这样实现了两者的兼顾，能较好地模拟货币在经济中的作用。

② 即使存在商业银行也不会影响到本节的结论，为了结论更加直观我们只考虑无商业银行的情况。

$$k = i \tag{8.1}$$

代表性个体希望在无限期界上最大化其总的效用：

$$U = \int_0^{\infty} \frac{c^{1-\theta} - 1}{1 - \theta} e^{-\rho t} d_t \tag{8.2}$$

该效用函数采用相对风险回避系数不变的效用函数形式，其中 $\rho > 0$ 为时间偏好率，$\theta > 0$ 为消费的边际效用弹性（也即跨期替代弹性）。

在开放经济的假定条件下，Ramsey 模型中物质资本的收敛会在瞬时完成，而这一结论显然是与事实不符的，因此我们参考 Barro 和 Sala－i－Martin（1995）引入调整（安置）成本，假定代表性个体积累资本时必须支付调整成本，即使资本市场是完全的以及家庭是无限界的，资本存量和产出收敛的速度也不可能无限大。在具体的表示形式上，我们参照 Turnovsky（1996）的设定：$\phi(i, k) = i + hi^2/2k$，这个式子表明，为了给经济增加 $i$ 数量的投资需要的总投资的数额为 $i + hi^2/2k$，也即需额外支付 $hi^2/2k$ 的成本。根据 Turnovsky 的分析，保持这个函数形式上的同次线性是为了保证经济最终能够达到稳态均衡。

2. 国际信贷市场

代表性个体能够在世界资本市场上自由地进行国际借贷。参考 Turnovsky（1996）我们假定世界资本市场根据一国的债务—资本比率来评价该国还本付息的能力及可能带来的风险。因此代表性个体在世界资本市场上面临的利率为：$\hat{r} = r(d/k) = r + \omega(d/k)$，其中，$r$ 为外生给定的世界市场的名义利率；$d$ 表示实际外资流入值，$\omega(d/k)$ 表示国家特定的风险升水（*premium*），$\omega' > 0$。根据上面的分析，它是该国债务—资本比率 $d/k$ 的增函数，Turnovsky 认为这个函数的线性同次设定也是为了保证最终增长率能达到稳态的均衡。

3. 政府

政府是财政当局和货币当局的联合体。为简单起见，我们假定政府把其所有的财政收入都转移支付给家庭和厂商的联合体。政府的转移支付由两个部分组成：通货膨胀税和货币当局持有外汇储备的利息收益，前者为$\pi m$，其中$\pi = \dot{P}/P$为国内的通货膨胀率；而后者为 $rR$，其中 $R$ 表示外汇储备，因为我们在这个模型中假定不存在商业银行，所以外汇储备就成为该国基础货币的唯一来源，则 $m = R$，因此转移支付最终可以表示为：$\chi = (\pi + r)m$。

代表性个体通过决策选择其消费水平 $c$、投资 $i$、资本 $k$、实际货币余额 $m$ 和外资 $d$ 以最大化其效用，但是必须面对它的预算约束如下：

$$\dot{a} = (y + \chi) - c - \hat{r}d - (i + hi^2/2k) - \pi m \tag{8.3}$$

其中，定义 $a$ 为实际净货币余额，$a = m - d$，为便于理解，对式（8.3）稍作变形如下：

$$\dot{k}+\dot{m}=(y+\chi+\dot{d})-\hat{r}d-c-hi^2/2k-\pi m \tag{8.4}$$

从这个式子可以清楚地看出，该经济引进外资 $d$ 用以弥补国民收入分析中 $I-S>X-M$ 造成的缺口，[①] 以增加国内投资，随着产出的不断增加，其积累路径趋向于累积物质资本和实际货币余额，最终促进实现经济的均衡增长。

## 二、模型分析

从 $a=m-d$ 中解出 $d$ 和 $y=Ak^{\alpha}m^{1-\alpha}$ 一起代入式（8.3），得到：

$$\dot{a}=(Ak^{\alpha}m^{1-\alpha}+\chi)-c+\hat{r}a-(i+hi^2/2k)-(\hat{r}+\pi)m \tag{8.5}$$

这时代表性个体的最优化问题是：

$$\text{Max } U=\int_0^{\infty}\frac{c^{1-\theta}-1}{1-\theta}e^{-\rho t}d_t$$

$$\text{S. t. } \dot{a}=(Ak^{\alpha}m^{1-\alpha}+\chi)-c+\hat{r}a-(i+hi^2/2k)-(\hat{r}+\pi)m$$

$$\dot{k}=i$$

建立汉密尔顿函数为：

$$H=\frac{c^{1-\theta}-1}{1-\theta}+\lambda[(Ak^{\alpha}m^{1-\alpha}+\chi)-c+\hat{r}a-(i+hi^2/2k)-(\hat{r}+\pi)m]+q'i$$

其中，$\lambda$ 为物质财富的影子价格（边际效用）、$q'$为与代表性个体的资本存量相关乘子。

这是一个带约束的控制问题，[②] 动态最优方法的一阶条件是：

$$c^{-\theta}=\lambda \tag{8.6}$$

$$1+hi/k=\frac{q'}{\lambda} \tag{8.7}$$

$$A(1-\alpha)k^{\alpha}m^{-\alpha}-(\hat{r}+\pi)=0 \tag{8.8}$$

$$\dot{\lambda}=\rho\lambda-\hat{r}\lambda \tag{8.9}$$

$$\dot{q}'=\rho q'-\lambda(A\alpha k^{\alpha-1}m^{1-\alpha}+hi^2/2k^2) \tag{8.10}$$

对式（8.6）~式（8.10）进一步分析，式（8.8）表示该国在世界资本市场借贷时所必须面对的利率（包含了国家特定的风险升水）为：$\hat{r}=A(1-\alpha)k^{\alpha}m^{-\alpha}-\pi$，代入式（8.9）可得 $\rho-\dot{\lambda}/\lambda=\hat{r}=A(1-\alpha)k^{\alpha}m^{-\alpha}-\pi$，与式（8.6）联立得到消费的增长率为：

$$\dot{c}/c=(\hat{r}-\rho)/\theta=[A(1-\alpha)k^{\alpha}m^{-\alpha}-\pi-\rho]/\theta$$

同理可知资本的增长率为：$\dot{k}/k=i/k=(q'/\lambda-1)/h$，这实际上是一个托宾 $Q$ 值的投资理论，因此我们定义 $q'/\lambda=q$ 作为资本的市场价值。把 $q'=q\lambda$ 代入式

① 参考 Chenery and Strout（1966）的两缺口模型。

② 具体求解参见龚六堂：《经济学中的优化方法》第 145 ~ 147 页，北京大学出版社，2000 年版。

(8.10)：

$$\dot{q}/q+(A\alpha k^{\alpha-1}m^{1-\alpha}+(q-1)^2/2h)/q=\hat{r}=A(1-\alpha)k^{\alpha}m^{-\alpha}-\pi$$

它使投资回报等于外资的边际成本。为了满足代表性个体的预算约束，还有横截条件：

$$\lim_{t\to\infty}\lambda ae^{-\rho t}=0$$

$$\lim_{t\to\infty}q'ke^{-\rho t}=0$$

在处理转移动态时，因为直接处理 $c$、$k$ 等变量的变化率非常困难，我们遵循 Barro 和 Sala－i－Martin（1995）的方法，通过适当变形引入新的变量，选择标准就是那些在稳态中趋于常数的变量。最后，我们选择 $\eta=c/k$ 和 $\delta=(d-m)/k=b/k$，其中 $b=d-m$，根据消费和资本存量的增长率的表达式可以解出：

$$\dot{\eta}/\eta=\dot{c}/c-\dot{k}/k=[A(1-\alpha)(m/k)^{-\alpha}-\pi-\rho]/\theta-(q-1)/h$$

为了处理的方便，我们采用 Agenor 和 Montiel（1996）的方法对国家特定的风险升水做近似线性化处理：$\omega(d/k)=\omega'\cdot(d/k)$，解析 $\delta$ 的增长率为：

$$\dot{\delta}/\delta=\dot{b}/b-\dot{k}/k=\left\{\begin{array}{l}-A(m/k)^{1-\alpha}+\eta+(q-1)^2/2h+\\(1/\omega')[A(1-\alpha)(m/k)^{-\alpha}-\pi-r]^2\end{array}\right\}/\delta+r-(q-1)/h$$

Barro 和 Sala－i－Martin（1995）认为 $\eta$，$\delta$ 和 $q$ 的宏观动态系统，当 $\dot{\eta}=\dot{\delta}=\dot{q}=0$ 状态的稳态值，由下列三式所决定：

$$[A(1-\alpha)v^{*-\alpha}-\pi-\rho]/\theta-(q^*-1)/h=0 \tag{8.11}$$

$$-Av^{*1-\alpha}+\eta^*+(q^*-1)^2/2h+(1/\omega')[A(1-\alpha)v^{*-\alpha}-\pi-r]^2+\delta^*r-\delta^*(q^*-1)/h=0 \tag{8.12}$$

$$A(1-\alpha)v^{*-\alpha}-\pi-(A\alpha v^{*1-\alpha}+(q^*-1)^2/2h)/q^*=0 \tag{8.13}$$

其中，星号（＊）表示达到稳态时相应变量的均衡值，$v=m/k$ 为实际货币余额—资本比率。此时，我们定义均衡时 $y$、$k$、$c$、$a$ 都具有相同的增长率（Barro 和 Sala－i－Martin，1995），对这一增长率，统一用 $\gamma$ 表示，即为：$\gamma=(q^*-1)/h$。

证明当且仅当$(q^*-1)/h<\hat{r}=A(1-\alpha)v^{*-\alpha}-\pi$，均衡时的增长率才同横截条件相一致，这样系数矩阵有一根为负，两根为正，证明如下：

稳态的宏观动态系统，由式（8.11）～（8.13）组成，对其进行线性化处理可以得到：

$$\begin{pmatrix}\dot{\eta}\\ \dot{\delta}\\ \dot{q}\end{pmatrix}=\begin{pmatrix}0 & -A\alpha(1-\alpha)\nu^{*-\alpha-1}\nu_{\delta}/\theta & -1/h\\ 1 & a_{22} & (q^*-\delta^*)/h\\ 0 & -A\alpha(1-\alpha)\nu^{*-\alpha-1}\nu_{\delta}(q^*+\nu^*) & -A(1-\alpha)\nu^{*-\alpha}-\pi-(q^*-1)/h\end{pmatrix}\begin{pmatrix}\eta-\eta^*\\ \delta-\delta^*\\ q-q^*\end{pmatrix}$$

其中，$a_{22}=\omega'(z/k)+v_{\delta}[A(-\alpha)(1-\alpha)v^{*-\alpha-1}-\pi-r]+r-(q^*-1)/h$。就这三个变量而言，$\delta$ 的值只能逐渐变化，而 $\eta$ 和 $q$ 的值能够根据情况作瞬时的跳

跃式波动。这样为了使这个系统能有唯一的稳态路径，它必须有两个正实根（或者一对复根，但实数部分为正）和一个负实根。为此，我们定义其系数矩阵的行列式为 $DE$、迹为 $TR$，我们有：

$$DE = v_\delta \cdot A\alpha(1-\alpha)v^{*-\alpha-1}\{[A(1-\alpha)v^{*-\alpha} - \pi - (q^* - 1)/h]/\theta + (q^* + v^*)/h\}$$

$$TR = a_{22} + [A(1-\alpha)v^{*-\alpha} - \pi - (q^* - 1)/h]$$

首先需要分析两式中共同的项：$[A(1-\alpha)v^{*-\alpha} - \pi - (q^* - 1)/h]$。考虑到均衡时的增长率必须同横截条件相一致，我们对式子 $\rho - \dot{\lambda}/\lambda = \hat{r} = A(1-\alpha)k^{\alpha}m^{-\alpha} - \pi$ 和资本的增长率表达式分别从 0 到 $t$ 积分，并整理得到 $\lambda(t) = \lambda_0 e^{\rho t - \int_0^t \hat{r}(s)ds}$ 以及 $K(t) = K_0 e^{\int_0^t [q(s)-1]/h ds}$。则横截性条件可改写为：

$$\lim_{t\to\infty} q' K e^{-\rho t} = \lim_{t\to\infty} q\lambda K e^{-\rho t} = q^* \lambda_0 K_0 \lim_{t\to\infty} e^{\int_0^t \{[q(s)-1]/h - \hat{r}(s)\}ds} = 0$$

上式若成立，当且仅当 $(q^* - 1)/h < \hat{r} = A(1-\alpha)v^{*-\alpha} - \pi$。

这表明 $[A(1-\alpha)v^{*-\alpha} - \pi - (q^* - 1)/h] > 0$，我们立即有 $TR > 0$ 成立。为了给出 $DE$ 的符号，我们还必须对 $v_\delta$ 的符号做出判断。考虑下式：

$$\delta = (d-m)/k = d/k - m/k = [A(1-\alpha)(m/k)^{-\alpha} - \pi - r]/\omega' - m/k$$

在其两边同时对 $v = m/k$ 求导得到：$\delta_v = A(-\alpha)(1-\alpha)v^{-\alpha-1}/\omega' - 1$

这表明 $v_\delta = 1/\delta_v < 0$ 成立。相应地，我们就有 $DE < 0$ 成立。因为系数矩阵的迹等于该矩阵所有的根的和，其值为正说明至少存在一个正根；同时，系数矩阵行列式等于所有的根的乘积，其值为负说明至少存在一个负根。综合这两个条件可知系数矩阵有一根为负，两根为正，这表明该动态系统存在唯一的稳态鞍点路径。

在确保了稳态路径的唯一性之后，我们现在可以就开放经济的均衡状态给出如下描述：在稳态中，产出 $y$、消费 $c$、投入的物质资本 $k$ 都以相同的增长率 $\gamma$ 增长（Barro 和 Sala - i - Martin，1995），即为：$\gamma_y = \gamma_c = \gamma_k = \gamma = (q^* - 1)/h = [A(1-\alpha)v^{*-\alpha} - \pi - \rho]/\theta$。

现在我们来分析 $m$ 和 $d$ 的稳态情况。由上式可以看出，$v$ 在稳态中是一个常数，这表明 $(\dot{m/k}) = 0$，因此可得 $\gamma_m = \gamma_k$，又由 $\dot{\delta} = 0 = [(d - \dot{m})/k]$，同理我们有 $\gamma_m = \gamma_d$，因此在稳态中，实际货币余额 $m$、外资 $d$ 也以增长率 $\gamma$ 增长，综合起来，即为：

$$\gamma_y = \gamma_c = \gamma_k = \gamma_m = \gamma_d = \gamma = (q^* - 1)/h = [A(1-\alpha)v^{*-\alpha} - \pi - \rho]/\theta$$

从上式中可以得出结论一：**在模型的稳态中，物质资本 $k$、实际货币余额 $m$、外资 $d$ 都以不变速率累积，促使产出以同样速率增长。**

下面，我们要重点检验通货膨胀率的变动对经济的长期增长率的影响。为清楚起见，我们首先考虑通货膨胀率 $\pi$ 的变动对资本的市场价值 $q$ 的稳态值所施加的影响。在式（8.11）两边对 $\pi$ 求导，整理得到：$q_{\pi}^{*\prime} = -v^{*}/[\theta(q^{*}+v^{*})/h + A(1-\alpha)v^{*-\alpha} - \pi - (q^{*}-1)/h]$，由于此前已经证明 $(q^{*}-1)/h < \hat{r} = A(1-\alpha)v^{*-\alpha} - \pi$，因此容易得出下式：

$$q_{\pi}^{*\prime} < 0 \quad 和 \quad \gamma_{\pi}^{*\prime} = [(q^{*}-1)/h]_{\pi}^{*\prime} < 0$$

从上式中可以得出结论二：**在经济稳态状态中，通货膨胀 $\pi$ 的升高将会降低物质资本的市场价值并使经济的长期增长变缓。**

为了对这个结论作出解释，我们有必要做进一步的分析，从生产函数的两个要素物质资本和货币来研究通货膨胀与经济增长的影响。其中，$v_1 = q + v + (h/\theta)[A(1-\alpha)v^{*-\alpha} - \pi - (q^{*}-1)/h]$。同时，定义货币的名义边际产品 $r_n^{*} = y_m^{*\prime} = A(1-\alpha)v^{*-\alpha}$、货币的实际边际产品 $r_r^{*} = y_m^{*\prime} - \pi = A(1-\alpha)v^{*-\alpha} - \pi$ 以及物质资本的边际产品 $r_k^{*} = y_k^{*\prime} = A\alpha v^{*1-\alpha}$。将这三个变量分别对 $\pi$ 求导得到：

$$r_{n\pi}^{*\prime} = A(-\alpha)(1-\alpha)v^{*-\alpha-1}v_{\varepsilon}^{*\prime} > 0$$

$$r_{r\pi}^{*\prime} = -v/v_1 < 0$$

$$r_{k\pi}^{*\prime} = -vA(-\alpha)(1-\alpha)v^{*-\alpha-1}v_{\varepsilon}^{*\prime} < 0$$

从通货膨胀与生产函数的要素的关系中可以得出结论三：**随着通货膨胀率的提高，货币边际产品的名义值提高，而实际货币的边际产品和物质资本的边际产品下降，代表性个体持有物质资本和货币的愿望趋于下降，两者正是生产函数的两大投入要素，对它们的减持使资本积累的速度降低，最终导致增长的放缓。**

从模型中我们可知，通货膨胀率的上升所带来的变动结果为：在达到稳态以后，物质资本 $k$、实际货币量 $m$、外资 $d$ 的稳态水平都呈下降趋势，并且积累速度降低，进而导致产出增长的放缓。也即是说，因为外资流入带来通货膨胀的压力，最终会对长期增长率不利。

## 第三节　实证分析：协整分析与因果检验

### 一、变量的选择

我们选择 FDI、Inflation、$M_0$、k、m、RGDP 分别表示外商直接投资、以消费价格指数衡量的通货膨胀率、以流通中的现金衡量的货币供应量①、实际资本

① 舒元和王曦（2002）建立开放经济条件下的通货膨胀模型，结果发现 $M_0$ 比 $M_1$、$M_2$ 更能解释货币供应量对通货膨胀的影响，基于此研究我们选择 $M_0$ 作为影响通货膨胀的货币供应量。不过，为了谨慎，我们仍然利用三种货币供应量做了协整分析，发现结论大致相同，但 $M_0$ 的系数更为显著。

形成总额、实际货币量、实际 GDP，计算实际资本形成总额和实际货币量所使用的国内价格水平是消费价格指数，FDI 的样本期间为 1982 ~ 2003 年，名义货币量是广泛的货币量 $M_2$，其余变量的期间为 1978 ~ 2003 年，数据来自于《中国统计年鉴》和《中国金融年鉴》，采用计量软件是 Eviews5.0。

由于宏观经济变量不平稳容易产生缪回归，① 因此我们必须先对各个变量的稳态性进行分析，运用单位根检验来判断数据的随机性质；然后协整分析确定各个变量在长期内的均衡表达式；最后用 Granger 分析法揭示各个变量之间的因果关系。

## 二、单位根检验

我们利用 Enders（1995）方法对变量的对数进行单位根检验，依据经济意义、数据轨迹图选择合适的检验方法，选择适当的滞后阶数使回归残差尽可能地接近白噪声。结果如表 8.1 所示。

表 8.1 单位根检验

| 变量 | 截距 | 时间趋势 | 滞后阶数 | ADF 值 | 5% 临界值 |
|---|---|---|---|---|---|
| Inflation | 无 | 无 | 0 | -1.60 | -1.95 |
| LnRGDP | 有 | 有 | 3 | -3.07 | -3.63 |
| $LnM_0$ | 有 | 有 | 0 | -2.27 | -3.60 |
| Lnk | 有 | 无 | 3 | 1.09 | -3.01 |
| Lnm | 有 | 有 | 3 | -3.08 | -3.62 |
| LnFDI | 有 | 有 | 1 | -1.22 | -3.65 |
| 变量 | 截距 | 时间趋势 | 滞后阶数 | ADF 值 | 5% 临界值 |
| D（Inflation） | 无 | 无 | 3 | -3.76* | -1.95 |
| D（LnRGDP） | 无 | 无 | 4 | -3.51 | -3.02 |
| D（$LnM_0$） | 有 | 无 | 0 | -3.56 | -2.99 |
| D（Lnk） | 无 | 无 | 3 | -1.95 | -1.95 |
| D（Lnm） | 无 | 无 | 3 | -3.60* | -3.01 |
| D（LnFDI） | 无 | 无 | 0 | -2.41 | -1.95 |

注：* 表示在 1% 的显著性水平下拒绝单位根检验，D 表示一阶差分。

① 宏观经济变量的时间序列大多是不平稳的，Charles Nelson 和 Charles Plosser（1982）研究发现美国大多数宏观经济变量的时间序列数据是不平稳的，它们是 I（1）过程。

从表 8.1 中可以看出，各变量序列都存在单位根，而它们的一阶差分都在 5% 的显著性水平下拒绝了单位根假设，从而各变量都是 I （1） 序列。基于此检验我们就可进行协整分析。

## 三、协整分析

我们根据模型的分析，将协整分析分为两步。第一步是研究外商直接投资流入对通货膨胀的影响，第二步则是研究通货膨胀与经济增长的长期均衡关系。

1. FDI 流入引发通货膨胀的协整分析

我们用 Johansen 最大似然法分析通货膨胀率与 FDI、货币供应量 $M_0$ 的协整关系。由于 FDI 统计了 1979～1982 年总数，处理方法是将 1979～1982 总数作为一年的数据，然后计算 1979～1982 年的总通货膨胀、$M_0$ 供应量，确定协整变量具有线性趋势并且截距和时间趋势项，综合 AIC 等信息选择滞后三期，具体协整检验如表 8.2 所示。

**表 8.2　Inflation、FDI 和 $M_0$ 的协整关系**

| 协整秩 $H_0$ | 最大特征值 | 似然估计值 | 5% 的临界值 | 1% 的临界值 |
|---|---|---|---|---|
| r = 0** | 0.90 | 68.66 | 42.91 | 48.45 |
| r≤1* | 0.57 | 27.03 | 25.87 | 30.45 |
| r≤2 | 0.48 | 11.81 | 12.52 | 16.26 |

注：**、* 表明在 1%、5% 的显著性水平下存在协整关系。

从表 8.2 可以看出三个变量之间至少存在一个以上的协整关系。协整方程为：

$$\text{Inflation} = 4.99\text{LnFDI} + 5.81\text{Ln } M_0 - 2.95t + 38.21$$

在长期稳定关系中，FDI 每增加 1% 会引发通货膨胀上升 1.6% （ = In4.99），这验证了理论分析中外资流入会引发通货膨胀的结论，$M_0$ 每增加 1% 会导致通货膨胀率上升 1.75% （ = In5.81），这与舒元和王曦（2002）的结论相一致。并且各个变量都显著地进入协整方程，因此通货膨胀率不仅受到国内因素（货币供应量）而且受到外部因素（外资流入）的影响。

2. 通货膨胀与经济增长的协整关系

同理我们分析通货膨胀率与实际 GDP 以及生产要素（实际资本形成总额和实际货币量）的长期均衡关系，样本期间为 1978～2003 年，协整变量具有线性趋势并且截距项限制在协整空间里。综合 AIC、Schwarz、LR 等信息选择滞后二期，具体协整检验如表 8.3 所示。

表 8.3 Inflation、LnRGDP、Lnk 和 Lnm 的协整关系

| 协整秩 $H_0$ | 最大特征值 | 似然估计值 | 5% 的临界值 | 1% 的临界值 |
|---|---|---|---|---|
| r = 0 ** | 0.90 | 110.30 | 47.86 | 54.46 |
| r≤1 ** | 0.80 | 56.35 | 29.79 | 35.65 |
| r≤2 * | 0.51 | 18.77 | 15.49 | 20.04 |
| r≤3 | 0.099 | 2.40 | 3.84 | 6.65 |

注：**、*表明在 1%、5% 的显著性水平下存在协整关系。

从表 8.3 中可以看出三个变量之间至少存在两个以上的协整关系。其中一个为：

$$LnRGDP = -0.004\ Inflation + 0.007Lnk + 0.66Lnm - 3.29$$

在长期稳定关系中，通货膨胀每增加 1% 会使得长期经济增长率下降 0.004%（$=e^{-0.004}-1$），虽然通货膨胀对经济增长的影响非常有限，但是仍然可以证明两者之间的负相关关系，正如 Fischer（1994）所说的“不管证据多么微弱，我们仍然可以毫不犹豫地讲，通货膨胀对于长期的经济增长来说并非好事”。这与模型分析结果完全吻合。两种生产要素对经济增长具有促进作用，实际资本形成总额每增加 1% 会引起长期经济增长 0.007%，而相对而言实际货币量对于经济增长作用更大，可达到 0.66%，这也从另一方面说明我们模型中将货币引入生产函数的正确性。所以通货膨胀会引起生产要素（实际货币量和实际资本量）的增长速度下降，进而影响到长期的经济增长率。

## 四、Granger 因果分析法

为了揭示各变量的因果关系，我们采用 Granger（1980）提出的因果分析法，对各个变量之间的因果关系进行分析（见表 8.4）。

表 8.4 各变量之间 Granger 因果检验

| 零假设 | 滞后期 | F 统计量 | P 值 |
|---|---|---|---|
| LnFDI 不是 Inflation 的 Granger 原因 | 3 | 3.74 ** | 0.041 |
| Inflation 不是 LnFDI 的 Granger 原因 | 3 | 0.56 | 0.65 |
| 零假设 | 滞后期 | F 统计量 | P 值 |
| $LnM_0$ 不是 Inflation 的 Granger 原因 | 3 | 2.54 * | 0.09 |
| Inflation 不是 $LnM_0$ 的 Granger 原因 | 3 | 1.24 | 0.33 |
| 零假设 | 滞后期 | F 统计量 | P 值 |
| Inflation 不是 LnRGDP 的 Granger 原因 | 2 | 4.79 ** | 0.021 |
| LnRGDP 不是 Inflation 的 Granger 原因 | 2 | 4.46 ** | 0.026 |

注：**、*表明通过显著性水平为 5%、1% 的 Granger 因果检验，限于篇幅我们省略了其他检验结果。

表 8.4 的结果可以表明：不仅是货币供应量 $M_0$ 是引起通货膨胀的原因，FDI 也是引发通货膨胀的 Granger 原因。因此通货膨胀主要是由内因（货币供应量）和外因（FDI 流入）引起的。而通货膨胀与实际 GDP 互为因果关系，说明通货膨胀是引起长期经济增长放缓的原因。

## 本章小结

本章在开放经济框架下，假定通货膨胀可由外资流入等其他外部条件引发，货币以交易成本方式进入经济，采用货币进入生产函数的设定，在包含货币因素的 Ramsey 模型基础上研究通货膨胀与经济增长的关系，并用中国的数据进行协整分析和因果检验，结论是：

（1）外资流入引发了国内的通货膨胀，实证发现 FDI 每增加 1% 会引发通货膨胀上升 1.6%，并且外资流入（FDI）是引发通货膨胀的原因。

（2）实证研究表明物质资本和货币资本对经济增长具有促进作用，两者是经济增长的动力和生产要素，这与 Sidrauski（1967）的理论相一致，实际物质资本每增加 1% 会引起长期经济增长 0.007%，实际货币量增加 1% 会引起长期经济增长 0.66%。

（3）当模型达到唯一的稳定状态下，通货膨胀率的提高，代表性个体持有两种投入要素物质资本和货币的资本积累的速度降低，最终导致减缓了长期的经济增长。实证分析支持模型的结论，而且研究还发现通货膨胀是引起长期经济增长放缓的原因。

（4）通货膨胀是由外资流入和货币供应量引起的，因此要抑制通货膨胀率，不仅要控制国内货币供应量，同时还要制定好利用外资政策，使外资流入的规模控制在合理范围内。

# 第九章 FDI与中国经济增长的总效应分析

从上面分析可知，FDI 与中国经济增长存在双重影响，一方面 FDI 的流入扩大了中国贸易总额，促进中国经济增长；另一方面 FDI 会通过国际收支、国内投资和国内货币供给量提高中国通货膨胀率，进而对中国经济增长产生影响。本章将 FDI 与中国经济增长的效应分解为正向效应和负向效应。正向效应是指 FDI 对中国经济增长的促进作用，负向效应是指通货膨胀减缓中国经济增长。下面我们依次分析 FDI 与中国经济增长的正向效应和负向效应，并在 VAR 模型中研究 FDI、通货膨胀和中国经济增长的总效应。

## 第一节 正向效应

### 一、国外关于 FDI 与经济增长的研究

FDI 会提高东道国的资本结构、技术水平、人力资本，在规模报酬递增的生产函数基础上极大地提高生产率以促进经济增长。在理论模型方面，MacDougall（1960）在研究 FDI 的一般福利效应时，首次把技术外溢作为 FDI 的一个重要现象做了分析。Findlay（1974）构建了一个简单的内生动态化模型，检验了诸如技术差距、FDI 份额等静态特征对技术扩散的影响，Koizumi 和 Kopecky（1980）构建了一个国际资本长期流动的模型，用于研究 FDI 对一国经济增长的影响，他假设 FDI 内含的技术具有公共产品的性质，能给社会带来额外的利益。Walz（1997）的实证研究表明技术创新是一个动态过程，具有创新能力的公司主要存在于发达国家，但通过 FDI，知识便得到间接性转移，这为发展中国家的技术创新和地区经济增长起到关键性的激励作用。

在实证分析方面，国外学者主要是利用计量回归模型分析外国直接投资与东道国生产力之间的关系，当外国直接投资变量的估计系数为正值且在统计上显著时，则认为外国直接投资在东道国经济增长中起正面作用，有利于东道国生产力

的提高。De Gregorio（1992）通过对12个拉美国家1950~1985年的面板数据进行分析，发现外国直接投资与经济增长有显著的正相关关系，同时还发现外国直接投资引发的经济增长的生产率要高于国内投资的生产率。Firebaugh（1992）比较了国内和外国直接投资的经济效果，他发现尽管国内资本对经济增长的贡献超过外国资本，但二者都有助于国家的经济发展。Borensztein等（1998）通过对69个发展中国家1970~1989年的数据进行分析，认为外国直接投资是引进新技术的重要渠道，其对国民经济的贡献超过国内投资。Aminihmadi和Wu（1994）甚至将经济衰退部分归因于外国投资的缺乏。De Mello（1999）对经合组织国家和非经合组织国家1970~1990年的数据进行时间序列分析和横截面分析，认为外国直接投资作为国内资本的补充，对经济增长有积极的促进作用。Helleiner（1989）指出外国直接投资特别是大型跨国公司的进入，将可以把先进的技术、管理和营销经验转移到东道国，从而改善东道国的生产率和要素生产率，外国直接投资对增强东道国国内部门技术水平的这种作用可能是巨大的，虽然这种作用有时难以衡量。

## 二、FDI与中国经济增长促进效应的实证分析

关于FDI与中国经济增长促进效应的研究，学者多采用实证分析来检验。江锦凡（2003）证明中国GDP每增加1个百分点，就有19.3%是由外国直接投资贡献的，这种外国直接投资与中国经济增长的正相关关系已经被许多学者证实（沈坤荣、耿强，2001；萧政、沈艳，2002；魏后凯，2002；于津平，2004）。大多数学者研究FDI通过改变中国的经济增长方式来提高中国经济增长的质量，比如提高劳动生产率、技术外溢效应提高人力资本和R&D资本（Graham、Krugman，1995）、技术转移促进经济增长、通过开放度的增加来引起制度变迁、通过示范效应促进中国企业改革以加快中国的国际化步伐。

（1）生产率增长效应。发展中国家通过开放市场和引进外国直接投资可以达到提高技术水平，实现经济增长的目的（Romer，1993）。Woo（1995）认为FDI与全要素生产率（TFP）有密切的关系，因为FDI的密度是经济自由度的一个很好的度量，这与Wei（1995）的结论相一致。沈坤荣（1999）认为FDI会通过外溢效应和学习效应，提高中国经济的技术水平。组织效率不断提高，从而提高国民经济的综合要素生产率，并利用各省的外国直接投资变量与各省的综合要素生产率作横截面的相关性分析，得出FDI占国内生产总值的比重每增加1个单位可以带来0.37个单位的综合要素生产率增长的结论。

（2）技术外溢效应。何洁和许罗丹（1999）借鉴Feder（1982）的计量方法，利用生产要素建立回归方程，得出的结论是：FDI带来的技术水平每增加1

个百分点，我国内资工业企业的技术外溢作用（产量的增加）就提高2.3个百分点。沈坤荣和耿强（2001）建立模型发现FDI引进技术，降低了技术进步的风险，提高人力资本存量，导致了中国经济增长率的增加。喻世友等（2005）运用随机前沿生产函数，分析1999~2002年中国37个工业行业中内资企业的总体技术效率，结果发现FDI对各行业内资企业技术效率的总体正向效应是存在的，其对内资企业技术效率具有显著的促进作用。

（3）资本效应。李东阳（2002）将FDI的资本效应分为直接效应和间接效应。直接效应是指FDI的流入可以增加用于投资的储蓄，有利于弥补现实存在的储蓄缺口，并且能直接形成生产能力，促进中国的资本形成和GDP增长。间接效应主要表现为产业连锁效应和示范牵动效应，比如外国直接投资能够刺激国内部门的增长，这种产业联系既包括前向联系，为当地企业提供中间投入，也包括后向联系，从当地购买投入品，外国直接投资所产生的这种诱导性要素需求，将对国内部门产生多方面的需求，由此对国内投资、产出和就业产生乘数和加速作用（Jansen，1995；Sun，1996）。江锦凡（2003）在经济增长模型Solow（1956）模型引入外国直接投资变量，利用计量分析方法发现外国直接投资在中国经济增长中存在着资本效应和外溢效应两方面的作用，并用Granger因果关系加以证实。

（4）制度变迁效应。随着FDI的不断深入，中国对外开放的程度也会相应加深，由跨国公司带入的合理完善的制度要素与制度特征，必然为中国企业所模仿和学习，从而使中国的产权制度和收入分配制度等因素发生变化，同时中国为了吸收FDI必然改善环境，使中国市场化开放程度不断提高，江锦凡（2003）采用金玉国构造的制度变迁指数，利用Granger因果检验发现FDI是引起中国制度变迁的重要因素。

（5）区域发展效应。Sun（1998）则分析了外国直接投资对中国区域经济增长的影响，他认为外国直接投资是导致改革开放以来东部和西部地区间经济增长差异和收入不平等的最重要的因素。魏后凯（2002）在研究中国区域经济发展的二元结构时发现，二元结构形成与外商投资分布的不平衡密切相关，利用1983~1999年时间序列和横截面数据，对外商投资对中国区域经济增长的影响进行实证分析，结果表明在此期间东部发达地区与西部地区之间GDP增长率的差异，大约有90%是由外商投资引起的。

## 第二节　负向效应

在开放经济框架下，FDI的流入引起了国际收支账户、贸易开放度、国内投资和货币供给量的变化，从而拉动了物价水平的持续上升。FDI 对通货膨胀的拉动效应为0.43，并且 FDI 对通货膨胀的冲击作用存在持续递增的正效应。国内货币供给量和国内投资是引起通货膨胀率上升的重要因素，通过误差修正模型发现某些变量对通货膨胀率的短期作用与长期效应不一致，但是各个变量之间都具有回归正常水平修正机制，使短期非均衡逐渐趋近于长期均衡状态。

另外，在开放经济的货币增长模型中可知，当模型达到一定稳定条件下，通货膨胀率的提高，代表性个体持有两种投入要素物质资本和货币资本积累的速度降低，最终导致减缓了长期的经济增长。实证分析支持模型的结论，而且研究还发现通货膨胀是引起长期经济增长放缓的原因。

## 第三节　协整分析和 ECM 模型

在此需说明的是，关于 FDI 与中国经济增长的正向效应已经有大量的实证研究，从技术外溢、制度变迁、资本效应等方面进行了深入的研究，得出了一致的结论，在此不再赘述。第六章用货币增长模型分析了通货膨胀与中国经济增长的负向效应。本节的处理方法用中国经济增长率、FDI 与通货膨胀率三个变量的季度数据，用协整分析的方法研究 FDI 与中国经济增长的总效应。

由于宏观经济变量不平稳容易产生缪回归，[①] 因此我们必须首先对各个变量的稳态性进行分析，运用单位根检验来判断数据的随机性质，然后协整分析确定各个变量在长期内的均衡表达式，建立 ECM 模型分析短期内各变量的变化趋势之间的关系，最后用 Granger 分析法揭示各个变量之间的因果关系。

### 一、单位根检验

我们利用 ADF 方法对变量的对数进行单位根检验，依据经济意义、数据轨迹图选择合适的检验方法，选择适当的滞后阶数使回归残差尽可能地接近白噪声。结果见表 9.1。

从表 9.1 中可以看出，各变量序列都存在单位根，它们的一阶差分都在 5% 的显著性水平下拒绝了单位根假设，从而各变量的序列都是 I(1) 过程。此前在第三章和第五章中已经检验过实际 GDP、FDI 和通货膨胀的季度数据（1994 年第一季度至 2004 年第四季度）平稳性，它们的序列也是 I(1) 过程。基于此检验我们就可进行协整分析。

① Charles Nelson 和 Charles Plosser（1982）研究发现，美国大多数宏观经济变量的时间序列数据是不平稳的，它们是 I（1）过程。

表 9.1 单位根检验

| 变量 | 截距 | 时间趋势 | 滞后阶数 | ADF 值 | 5%临界值 | 1%临界值 |
|---|---|---|---|---|---|---|
| Ln GDP | 有 | 无 | 5 | 0.46 | -2.94 | -3.62 |
| $\pi_t$ | 无 | 无 | 0 | -1.58 | -1.95 | -2.66 |
| Ln FDI | 无 | 无 | 4 | 1.03 | -1.95 | -2.63 |
| 变量 | 截距 | 时间趋势 | 滞后阶数 | ADF 值 | 5%临界值 | 1%临界值 |
| D (LnGDP) | 有 | 无 | 3 | -2.9* | -2.9 | -3.6 |
| D ($\pi_t$) | 无 | 无 | 3 | -3.61*** | -1.96 | -2.68 |
| D (LnFDI) | 无 | 无 | 3 | -2.94** | -1.95 | -2.63 |

注：***、**、*分别表示在1%、5%和10%的显著性水平下拒绝单位根检验，D表示一阶差分。

## 二、协整分析

我们用 Johansen (1988) 最大似然法分析 FDI 与中国经济增长的总效应，我们确定协整向量具有线性趋势和截距项，具有时间趋势，综合 AIC 等信息选择滞后 2 期，具体协整检验如表 9.2 所示。

表 9.2 协整关系的检验结果

| 协整秩 $H_0$ | 最大特征值 | 似然估计值 | 5%的临界值 | 概率值 |
|---|---|---|---|---|
| r=0** | 0.96 | 152.77 | 42.91 | 0.000 |
| r≤1 | 0.37 | 25.52 | 47.86 | 0.055 |
| r≤2 | 0.14 | 6.35 | 12.52 | 0.42 |

注：***、**分别表示在1%和5%的显著性水平下存在协整关系，r表示协整关系的个数。

从表 9.2 中可以看出五个变量之间存在一个协整关系，协整方程为：

$$LnRGDP = 0.02LnFDI - 0.24LnCPI + 0.02t - 10.44$$
$$(-2.03) \qquad (11.11) \qquad (-84.11)$$

从协整方程中可以看出各变量的系数都通过显著性水平为10%的 t 检验。在长期稳定关系中，通货膨胀与经济增长存在稳定的负相关关系。FDI 与中国经济增长的总效应仍然为正，每增加1%的 FDI 可以提高中国长期经济增长0.02%。

## 三、Granger 因果分析

我们对各个变量之间的因果关系进行分析，结果如表 9.3 所示。

表 9.3 各变量之间 Granger 因果检验

| 零假设 | 滞后期 | F 统计量 | P 值 |
|---|---|---|---|
| LnRGDP 不是$\pi_t$的 Granger 原因 | 2 | 4.83** | 0.02 |
| $\pi_t$不是 LnRGDP 的 Granger 原因 | 2 | 4.97** | 0.02 |
| 零假设 | 样本数 | F 统计量 | P 值 |
| InFDI 不是 LnRGDP 的 Granger 原因 | 42 | 47.62*** | 0.000 |
| LnRGDP 不是 InFDI 的 Granger 原因 | 42 | 11.47*** | 0.000 |

注：***、**、*表明通过显著性水平为1%、5%和10%的 Granger 因果检验。

表9.3的结果可以表明：通货膨胀与实际 GDP 互为因果关系，说明通货膨胀是引起长期经济增长放缓的原因。FDI 和实际 GDP 存在双向的因果关系。

# 本章小结

本章系统分析了 FDI 对中国经济增长的全面影响：正向效应和负向效应，并利用中国的数据进行协整检验和因果检验研究 FDI 对中国经济增长的总效应，结论是：

（1）FDI 对中国经济增长的正向效应主要体现在：生产率增长效应、技术外溢效应、资本效应、制度变迁效应和区域发展效应，通过改变中国经济增长方式促进经济增长。同时由于引发通货膨胀进而对经济增长产生了减缓效应，因此 FDI 对中国经济增长存在双向效应。

（2）FDI 与中国经济增长的长期总效应仍然为正数，并且 FDI 是引发中国经济增长的 Granger 原因，因此中国经济增长的提高可以由要素投入量的增加和 FDI 所引发，同时又要抑制通货膨胀率的提高。因此保证稳定的经济环境成为长期经济增长的前提条件。

# 第十章 结束语

从上面的分析可知，随着改革开放的不断深入，FDI 的大量流入改变了中国经济增长的质量和发展模式，对中国经济增长产生了多方面的影响。本书在一个统一的分析框架内，将 FDI 对中国经济增长的效应分解为正向效应和负向效应：正向效应是 FDI 的大量流入促进了贸易的发展，中国经济增长模式完成了从单纯追求产出的产业集聚到以追求技术含量和产出规模的产业专业化生产的转变，促进了中国经济增长；负向效应是指 FDI 流入会通过影响国际收支、国内投资和货币供给量等因素，进而导致通货膨胀的持续上升。无论是通货膨胀率的持续上升还是持续下降，都会减缓中国经济的长期增长。最后我们总结了 FDI 与中国经济增长的效应，实证表明 FDI 与中国经济增长的总效应仍然为正。根据以上分析，本章根据具体的研究结果提出中国利用 FDI 的政策建议以及进一步的研究方向。

## 第一节 研究的主要结论

随着改革开放的不断深入，中国不断大量吸收 FDI，FDI 不仅扩大了贸易开放度，而且改变了中国经济增长的方式，提高了中国经济增长的质量。中国开放经济的特征逐步形成，一方面 FDI 流入稳步增长，对中国经济贡献越来越大；另一方面贸易总额所占比重越来越高，贸易对中国经济增长的作用日益明显。关于 FDI 流入对中国经济的促进作用的文献汗牛充栋，但是大多忽视了开放条件下通货膨胀不断升高，进而会对中国经济增长产生影响。本书在一个统一的框架内，以实证研究为主，全面分析开放经济对中国经济增长的正负效应，最终为制定利用 FDI 政策和货币政策提供参考性建议。

首先回顾了古典贸易理论、新古典贸易理论和新贸易理论关于贸易与经济增长的影响机制，分析了现有实证研究在模型设定、变量选择和数据处理的问题，提出了关于贸易与中国经济增长两个现实问题：中国是否存在出口导向型经济增长（ELG 假说）？中国的贸易开放度与经济增长的影响机制是什么？

第一个问题，我们主要关注于模型变量的选择和计量方法的检验，在分析了

FDI的出口贸易效应基础上，建立了三变量的VAR模型，利用中国的季度数据检验ELG假说。我们分别运用协整分析、脉冲响应模型、方差分解和因果检验等计量方法进行研究，结论表明：长期而言中国出口贸易开放度与经济增长呈显著的正相关，出口贸易开放度是解释中国经济增长波动的主要因素和引起中国经济增长Granger因果关系，即ELG假说命题在中国成立。

第二个问题，我们从产业发展的角度来分析。基于Lucas（1988）的模型分析，发现在国际贸易中，由于干中学和技术进步产生了比较优势，使国家更加专业化于更高学习能力的部门，贸易开放度的增加会不断加深专业化的程度，专业于更高学习能力的国家具有更高的经济增长率。利用1986～2003年中国制造业39个行业的数据，构造了三种产业专业化指数：总产值的产业专业化指数、增加值的产业专业化指数和以生产率为权重的产业专业化指数，协整分析和因果检验的结果显示，以生产率为权重的产业专业化指数能够较好地刻画贸易开放度与中国经济增长的相互作用机制。贸易开放度的增加，促进生产率高的产业发展和产业专业化程度的提高，加快优势行业如电子及通信设备制造业、电力蒸汽热水生产供应业、交通运输设备制造业、电器机械及器材制造业等行业的技术进步，导致中国专业化于在生产率较高的行业生产，从而促进中国经济的长期增长。

其次我们分析了FDI与通货膨胀的影响机制，建立一个包括FDI与通货膨胀率在内的六个变量的VAR和误差修正模型，用1994～2004年的中国季度数据研究FDI与通货膨胀率的长期关系。结果发现FDI的流入引起了全社会固定资产投资和货币供给量的扩张，从而拉动了通货膨胀的持续上升，而且从脉冲响应函数来看，FDI对通货膨胀率的冲击作用存在持续递增的正效应。同时实证研究还显示，还有一些变量对通货膨胀上升起抑制作用，贸易开放度与通货膨胀在长期内呈负相关关系，与Romer（1993）的通货膨胀一致性理论的结论一致。为了深入揭示两者之间的影响机制，我们在开放经济和价格粘性的模型中，从货币冲击出发，研究贸易开放度与通货膨胀的影响关系，结果表明：未被预期到的扩张性货币冲击会形成通货膨胀缺口，通货膨胀缺口会带来社会福利的增加，政府可以从通货膨胀缺口中受益。贸易开放度越高，政府从通货膨胀缺口所获得的收益越小，因此政府会采取紧缩的货币政策来降低通货膨胀率。实证结果再次论证了贸易开放度是降低通货膨胀率的原因，维持两者的长期稳定有利于降低通货膨胀率。

由于第五章分析表明FDI流入引起通货膨胀率的上升，因此通货膨胀与经济增长成为我们关注的重点。综观此前的文献，运用不同的理论模型和计量方法导致结论不一致。我们主要从两方面论述：一是通货膨胀下降即通货收缩对产出损失的影响，二是通货膨胀与经济增长的长期关系。第七章通过计算实际产出牺牲率来测量实际产出的损失与趋势通货膨胀率下降的比率，以 Ball（1994）的特定周期法估算中国实际产出牺牲率，结果显示，中国有一个季度通货收缩周期和四个年度通货收缩周期，平均实际产出牺牲率分别为 2.8% 和 0.3%，基于中国与西方七国的数据，实证分析发现快速的通货收缩速度、偏高的初始通货膨胀率和较高的贸易开放度都是导致中国的实际产出牺牲率偏低的主要原因。在分析通货膨胀与中国经济增长的长期关系时，我们采用货币进入生产函数的设定，在货币增长模型基础上进行协整分析，结论显示：物质资本和货币资本都是促进长期经济增长的要素，在长期内通货膨胀率与经济增长呈负相关关系，通货膨胀是引起长期经济增长变化的原因。因此降低通货膨胀率和维持协整关系有助于提高长期的经济增长率。

最后我们总结了 FDI 与中国经济增长的效应，一方面 FDI 的流入扩大了中国贸易总额，促进中国经济增长；另一方面 FDI 提高了中国通货膨胀率，进而对中国经济增长产生影响，实证表明 FDI 与中国经济增长的总效应仍然为正。

至此我们完成了开放经济→通货膨胀→中国经济增长这一主线的研究路径，由此得出的结论是：中国改革开放以来，FDI 的大量流入改变了中国经济增长的质量和发展模式，促进了贸易的发展，并且出口贸易促进中国长期经济增长，随着中国贸易开放度的不断扩大，中国经济增长模式完成了从单纯追求产出的产业集聚到以追求技术含量和产出规模的产业专业化生产的转变。同时 FDI 会通过影响国际收支、国内投资和货币供给量等因素，进而导致通货膨胀的持续上升。无论是通货膨胀率的持续上升还是持续下降，都会减缓中国经济的长期增长，维持稳定的通货膨胀率有助于中国经济的长期增长。

## 第二节　政策建议

第一，加大中国优势行业的技术改造，加快产业化进程。从第四章可知，随着中国贸易开放进程的不断深入，具有比较优势的行业不断壮大，主要体现在两方面：一方面优势行业的技术水平不断优化，全员生产率逐渐升高；另一方面优势行业产出规模不断扩大，内涵式产业发展拉动中国经济增长。因此，必须加快对电子信息、电气器材和交通运输设备等行业的技术改造和研发补贴，发挥市场经济自由配置资源的优势，促进产业专业化水平的提高。

第二，加强 FDI 引进和利用的管理。研究揭示，在开放经济条件下，FDI 会通过国际收支状况、国内投资和货币供给量等渠道对通货膨胀率产生影响，进而影响中国经济的长期增长。因此，应加强 FDI 的规模管理，平衡与 FDI 配套的本币资金；完善FDI的结构管理，适当控制国际贷款规模，尤其是短期贷款部分；加强FDI投向管理，指引FDI投向生产领域，严格控制消费型项目的审批，防止国内的总供给总需求的非平衡局面；等等。此外加强其他配置体制的改革，如外汇管理体制等。

第三，维持稳定的物价水平，实施稳健的货币政策。由于通货膨胀与通货紧缩对经济增长具有减缓效应，因此必须保持货币政策的稳定性、连续性和必要的灵活性，灵活运用多种货币政策工具，促进货币信贷总量稳定增长。对货币供应量的增长加强监测，促进经济增长的良性发展。

# 参考文献

## 一、英文文献


1. Adler, Michael, and Guy V. G. Stevens, 1974, The trade effects of direct investment [J] . *Journal of Finance*, 29 (2): 655 ~ 76.

2. Ahion and Howitt, 1992, Model Of Growth Through Creative Destruction [J]. *Econometrica*, 60: 323 ~ 51.

3. Aghion and Howitt, 1998, Endogenous Growth Theory [M]. MIT Press.

4. Aitken, B. , G. D. Hanson and A. Harrison, 1994, Spillover, Foreign Investment, and Export Behavior [J]. NBER Working Paper, No. 4967.

5. Akerlof, G. and Yellen, J, 1985, A near rational model of the business cycle, with wage and price inertia [J]. *Quarterly Journal of Economics*, 100: 823 ~ 838.

6. Alexander, W. and Robert J, 1997, Inflation and economic growth: evidence from a growth equation [J]. *Applied Economics*, Feb. , Vol. 29, Issue 2.

7. Anderson, Palle, and Williams Wascher, 1999, Sacrifice Ratios and the Conduct of Monetary Policy in Conditions of Low Inflation. Bank of International Settlements Working Paper No. 82, Novermber.

8. Anne O Kureger, 1983, The effects of trade strategies on growth [J]. *Finance & Development*, June.

9. Anne O Kureger, 1974, The Political economy of the rent seeking society [J]. *American Economic Review*, 64.

10. Baldwin, R. E. and Sbergami F, 2000, Non – Linearity in Openness and Growth Links: Theory and Evidence [J]. paper presented at the European Trade Study Group, Second Annual Conference, Glasgow, October.

11. Barro, R. J, 1995, Inflation and economic growth [J] . *Bank of England Quarterly Bulletin*, 5.

12. Barro, R. and D. Gordon, 1983, A Positive Theory of Monetary Policy in a Natural Rate Model [J]. *Journal of Political Economy*, 91: 589 ~ 610.

13. Barro, R. and Lee, 1993, International Comparison of Educational Attainment [J]. *Journal of Monetary Economics*. Vol. 32, No. 3: 363 ~ 394.

14. Barro, R. J. and X. Sala – i – Martin, 1995, Economic Growth [M]. New York, McGraw – Hill.

15. Balassa , B. , 1978, Exports And Economic Growth : Further Evidence [J]. *Journal of Development Economics*, Vol. 5: 181 ~ 189.

16. Balasubramanyam, Salisu and Sapsford, 1996, Foreign Direct Investment and Growth in EP and IS Countries [J]. *The Economic Journal*, Vol. 106: 92 ~ 105.

17. Balasubramanyam, Salisu and Sapsford, 1999, Foreign Direct Investment as an Engine of Growth [J]. *The Journal of International Trade and Economic Development*, Vol. 8: 27 ~ 40.

18. Baldwin, Robert, 2003, Openness and Growth: What is the Empirical Relationship? [J]. NBER Working Paper No. 9578 (Cambridge: National Bureau of Economic Research) 2003.

19. Ball, L and Romer, D. , 1990, Real rigidities and the nonneutrality [J]. *Reviews of Economic Studies*, 57: 183 ~ 203.

20. Ball, Laurence, 1994, What Determines the Sacrifice Ratio? . in N. G. Mankiw (eds. ) [M]. *Monetary Policy*, University of Chicago, 155 ~ 193.

21. Ball, Laurence, 1999, Aggregate Demand and Long – Run Unemployment [J]. *Brookings Papers on Economic Activity* 2, 189 ~ 251.

22. Ball, Laurence, and N. Greogory Mankiw and David Romer, 1988, The New Keynesian Economics and the Output – Inflation Trade – Off [J]. *Brookings Papers on Economic Activities*, 1: 1 ~ 65.

23. Barro, R. J. , 1997, Determinants of Economic Growth: A Cross – Country Empirical Study [M]. Cambridge, MA: The MIT Press.

24. Barrel, R. and N. Pain, 1997, Foreign Direct Investment, Technological Change, and Economic Growth within Europe [J]. *The Economic Journal*, Vol. 107: 1770 ~ 1786.

25. Barro, Robert J. , 1991, Economic Growth in a Cross Section of Countries [J]. *The Quarterly Journal of Economics*, 106 (2): 407 ~ 443.

26. Bernanke, Ben S. , Thomas Laubach, Frederic S. Mishkin, and Adam S. Posen, 1999, Inflation Targeting: Lessons from the International Experience [M]. Princeton: Princeton University Press.

27. Berthelemy, J. C. , and Sylvie Demurger, 2000, Foreign Direct Investment and

Economic Growth: Theory and Applications to China [J]. *Review of Development Economics*, *4* (*2*): *140 ~ 155.*

28. Bhalla, S., and L. J. Lau., 1992, Openness, technological progress, and economic growth in developing countries [C]. World Bank.

29. Bhatia, R, 1960, Inflation, deflation and economic development [J]. IMF Staff Papers 1960 ~ 61, 8: 101 ~ 14.

30. Blanchard, O. and Kiyotaki, N., 1987, Monopolistic competition and the effect of aggregate demand [J]. *American Economic Review*. 77: 667 ~ 687.

31. Blanchard, Oliver, 1997, Comment, in Christina Romer and David Romer (eds.), Reducing Inflation: Motivation and Strategy, University of Chicago Press, 1997: 185 ~ 192.

32. Bhagwati, J. N. and Kruger, Anne, O., 1973, Exchange Control, Liberalization and Economic Development [J]. *American Economic Review*, 63 (2): 19 ~ 427.

33. Bhagwati, J. N., 1978, Anatomy and the Consequences of Exchange Rate Regimes, Studies of International Economic Realtions [J]. NBER working paper No. 10.

34. Blomstrom, M Globerman, S and A, Kokko, 2000, The Determinants of Host Country Spillovers from Foreign Direct Investmen [J]. CEPR Discussion Paper.

35. Blomstrom, Magnus, Gunnar Fors, and Robert Lipsey, 1997, Foreign direct investment and employment: Home country experience in the United States and Sweden [J]. *Economic Journal*, 107: 1787 ~ 97.

36. Borensztein, E, J De Gregorio, J and J, W, Lee, 1998, How Does Foreign Direct Investment Affect Economic Growth [J]. *Journal of International Economics*, Vol. 45: 115 ~ 135.

37. Boschen, John F. and Charles L. Weise, 2003, What starts inflation: Evidence from the OECD countries [J]. *Journal of Money*, *Credit*, *and Banking*, Vol. 35: No. 3.

38. Bosworth, B., P and S, M. Collins, 1999, Capital Flow to Developing Economics: Implications for Saving and Investment [J]. Brookings Papers on Economic Activity, No1, Brookings Institution: 146 ~ 169.

39. Brandt L. and Xiaodong Zhu, 2000, Redistribution In A Decentralized Economy: Growth And Inflation In China Under Reform [J]. *Journal of Political Economy*, 108: 422 ~ 439.

40. Branstetter, Lee and R. Feenstra, 2002, Trade and Foreign Direct Investment

in China: A Political Economy Approach [J]. *Journal of International Economics*, 58 (2): 335 ~ 358.

41. Bruno, Michael and Jeffrey Sachs, 1985, Economics of Worldwide Stagflation [M]. Cambridge, Massachusetts: Harvard University Press.

42. Chen, C, 1996, Regional determinants of foreign direct investment in mainland China [J]. *Journal of Economic Studies* 23: 18 ~ 30.

43. Chinitz, Benjamin, 1961, Contrasts in Agglomeration: New York and Pittsburgh [J]. *American Economic Review*, Vol. 51, No. 2: 279 ~ 289.

44. Chow, Gregory, C, 1993, Capital Formation And Economic Growth In China [J]. *Quarterly Journal of Economics*, August: 809 ~ 42.

45. Christiano, Lauerence J, Martin Eichenbaum, and Charles Evans, 1978, The Effects of Monetary Policy Shocks: Evidence from the Flow of Funds [J]. *Review of Economics and Statistics*, 16 ~ 34.

46. Ciccone, Antonio and Robert E. Hall, 1996, Productivity and the Density of Economic Activity [J]. *American Economic Review*, Vol. 86, No. 1 (1996): 54 ~ 70.

47. Clarida, R., Gali, J. and M. Gertler, 2001, Optimal Monetary Policy in Open vs. Closed Economies: An Integrated Approach [J]. *American Economic Review*, 91: 248 ~ 252.

48. Clark, Todd E, 1997, Cross - country evidence on long - run growth and inflation [J]. *Economic Inquiry*. Huntington Beach: 1, Vol. 35, Issue 1.

49. Cooper, Richard N, 1964, Foreign trade and economic growth [J]. *Journal of Economic History* 23 (December): 609 ~ 28.

50. Crafts, N. F. R., and Mark Thomas, 1986, Comparative advantage in UK manufacturing trade [J]. *Economic Journal*, 96 (September): 629 ~ 45.

51. Danny Quah and James E. Rauch, 1990, Openness and the rate of economic growth [J]. Preliminary Draft, UCSD.

52. David K. Backus, Patrick J. Kehoe, and Timothy J, Kehoe, 1992, In search of scale effects in trade and growth [J]. *Journal of Economic Theory*, 58, December 1992.

53. De Gregorio, J, 1992, Economic Growth in Latin American [J]. *Journal of Development Economics*, Vol. 39: 59 ~ 84.

54. De Gregorio, J, Giovannini, A, and Wolf, H, 1994, International evidence on tradables and nontradables inflation [J]. *European Economic Review*, Vol. 38:

1225 ~ 1245.

55. De Long, J. Bradford, 1988, Productivity growth, convergence and welfare: Comment [J] . *American Economic Review*, 78 (December): 1138 ~ 54.

56. De Mello, L, R. Jr, 1997, Foreign Direct Investment in Developing Countries and Growth: A Selective Survey [J]. *The Journal of Development Studies*, Vol. 34, No. 1: 1 ~ 34.

57. Diana Weinhold, James E. Rauch, 1999, Openness Speialization, and Productivity Growth in Less Developed Countries [J] . *The Canadian Journal of Economics*. Aug. , Vol. 32, Iss. 4: 1009.

58. Dixit, A. , and V. Norman, 1980, Theory of International Trade [M] . Cambridge: Cambridge University Press.

59. Dixon, H. D. and J. S. Stiglitz, 1977, Monopolistic Competition and Optimum Product Diversity [J]. *American Economic Review*, 67: 297 ~ 308.

60. Dixon, H. D, 1994, Imperfect competition and open economy macroeconomics [M]. In The Handbook of International Macroeconomics [J]. edited by Fredrick van der Ploeg Cambrige, Mass: Blackwe.

61. Dollars, D, 1992, Outward – Oriented Developing Economics Really Do Grow More Rapidly: Evidence From 95 LDCs 1976 ~ 1985 [J]. *Economic Development and Cultural Change*, 523 ~ 544.

62. Dornbush, R. , 1976, Expectation and exchange rate dynamics [J]. *Journal of Political Economy*, 84: 1161 ~ 1176.

63. Edmund S. Phelps, 1967, Phillips Curves, Expectations of Inflation and Optimal Unemployment Over Time [J]. *Economica*.

64. Edwards S, 1992, Trade Orientation, Distortion, and Growth in Developing Countries [J]. *Journal of Developing Economics*, 39 (1): 31 ~ 57.

65. Edwards, S, 1993, Openness, Trade Liberation and Growth in Developing Countries [J]. *Journal of Economic Literature*, Vol. 31: 1358 ~ 1393.

66. Edwards, Sebastian, 1998, Openness, Productivity and Growth: What Do We Really Know? [J]. *Economic Journal*, Vol. 108, No. 447: 383 ~ 39.

67. Edwards, S. 1995, Crisis and Reform in Latin America: From Despair to Hope [M]. Oxford: Oxford University Press.

68. Ellison, Glenn, Glaeser, Edward L. and Kerr, William, 2007, What Causes Industry Agglomeration? Evidence from Coagglomeration Patterns, NBER Working Paper.

69. Engle, R. F. and Granger, C. W. J, 1987, Cointegration and Error Correc-

tion: Representation, Estimation and Testing [J]. *Econometrica*, 55: 251 ~ 276.

70. E. S. Phelps, 1967, Phillips Curves, Expectations of Inflation and Optimal Unemployment Over Time [J]. *Economica*, August : 254 ~ 81.

71. Ethier, W, 1982, National and International Returns to Scale in the Modern Theory of International Trade [J]. *American Economic Review*, 72: 389 ~ 405.

72. Feder, G, 1982, On exports and economic growth [J]. *Journal of Development Economics*, 12: 59 ~ 73.

73. Findlay, R, 1978, Relative Backwardness, Direct Foreign Investment and the Transfer of Technology: A Simple Dynamic Model [J] . *Quartely of Journal of Economics*, February: 1 ~ 16.

74. Fischer, S, 1974, Money and the Production Function [J]. *Economic Inquiry*, 12: 517 ~ 533.

75. Fischer, S, 1993, The Role of Macroeconomic Factors in Growth [J] . *Journal of Monetary Economics*, 32 (3) .

76. Fischer, S, 1994, Modern central banking. in F. Cape, C. Goodhart and N. Schmidt (eds), The Future of Central Banking: The Tercentenary Symposium of the Bank of England, Cambridge: Cambridge University Press.

77. Francisco, R. and D. Rodrik, 1999, Trade Policy and Economic Growth: Askeptic Guide to the Cross – National Evidence [J]. NBER Working Paper, No. 7081.

78. Frankel, Jeffrey A. , David Romer, 1999, Does Trade Cause Growth? [J]. *American Economic Review*, Vol. 89 (3): 379 ~ 399.

79. Friedman, M, 1969, The Optimum Quantity of Money and Other Essays [M]. Chicago: Aldine.

80. Friedman, Milton , 1972, Have Monetary Policies Failed? [J]. *American Economic Review* (Papers and Proceedings), Vol. 62 (2): 11 ~ 18.

81. Friedman, Milton, and Anna J. Schwartz , 1963, A Monetary History of the United States, 1867 ~ 1960 [M] . Princeton, N. J. : Princeton University Press.

82. Froot, Kenneth A. , and Jeremy Stein, 1991, Exchange rates and foreign direct investment: An imperfect capital markets approach [J] . *Quarterly Journal of Economics*, 11: 91 ~ 217.

83. Gabaix, Xavier, 1999, Zipf's Law and the Growth of Cities [J] . *American Economic Review*, Vol. 89, No. 2: 129 ~ 32.

84. Galenson, Walter, ed. , 1986, Foreign trade and investment: Economic development in the newly industrializing Asian countries [M]. Madison: University of

Wisconsin Press.

85. Ghosh, Atish and Steven Phillips, 1998, Warning: Inflation may be harmful to your growth. International Monetary Fund, Staff Papers-International Monetary Fund, 12, Vol. 45, Issue 4.

86. Giles, J. A. and Williams, C. L, 2000, Export – led Growth: a Survey of the Empirical Literature and some Non – Causality Results. Part 1 [J]. *Journal of International Trade and Economic Development*, 9, 261 ~ 337.

87. Goldberg, S and W., Klein, 1999, International Trade and Factor Mobility: an Empirical Investgation, NBER Working Paper No. 7196.

88. Gordon, Robert, 1982, Why Stopping Inflation May Be Costly: Evidence from Fourteen Historical Episodes [J]. in Robert Hall. Inflation: Cause and Effects. University of Chicago Press.

89. Gorodnichenko, Yuriy and Matthew D. Shapiro, 2007, Monetary Policy When Potential Output Is Uncertain: Understanding the Growth Gamble of the 1990s [J]. *Journal of Monetary Economics*, Vol. 54 (4): 1132 ~ 1162.

90. Grossman, G and Helpman, 1991, Innovation and Growth in the Global Economy [M]. Cambridge, Mass: MIT Press.

91. Grossman, G and Helpman, 1991, Quality Ladders in the Theory of Growth [J]. *Review of Economic Studies*, 58: 43 ~ 61.

92. Grossman, G and Helpman, 1991, Quality ladders and Product Cycles [J]. *Quarterly Journal of Economics*, 106: 557 ~ 586.

93. Grubb. Dennis, Richard Jackman, and Richard Layard, 1983, Wage Rigidity and Unemployment in OECD Countries [J]. *European Economic Review*, 21: 11 ~ 39.

94. Grimes, A, 1991, The effects of inflation on growth: some international evidence [J]. Weltwirtschaftliches Archive, 127: 631 ~ 44.

95. Grossman, Gene M. and Helpman, 1991, Innovation and Growth in the Global Economy [M]. Cambridge: The MIT press.

96. Hanson, James A, 1983, The Short – Run Relation Between Growth and Inflation in Latin America: Reply [J]. *American Economic Review*, 6, Vol. 73, Issue 3.

97. Harrigan, Frank, Peter G. McGregor, Kim. Swales and Ya Ping Yin, 1993, Openness, Imperfect Competiton and the NAIRU [J]. *Journal of Economic Studies*, 20: 52 ~ 72.

98. Harrison, A, 1995, Openness and Growth: A Time – series, Cross – country Analysis for Developing Countries [J]. NBER Working Paper, No. 5221.

99. Helpman, Elhanan, 1987, Imperfect competition and international trade: Evidence from fourteen industrial countries [J] . *Journal of the Japanese and International Economies* 1 (March): 62 ~81.

100. Helpman, Elhanan and Paul Krugman, 1985, Market structure and foreign trade [M]. Cambridge, Mass: MIT Press.

101. Johansen, S, 1988, Stasitical analysis of co – integration vectors [J]. *Journal of Economic Dynamics and Control*, 12: 231 ~254.

102. Jones, Charles, 1999, Growth: With or Without Scale Effects? [J]. *American Economic Review*, 89: 139 ~144.

103. Jones, C. , 1998, Introduction to Economic Growth, New York: W. W. Norton.

104. Jones, L, E and Manuelli, R, 1990, A Convex Model of Equilibruim Growth [J]. *Journal of Political Economy*, 98: 1008 ~1037.

105. Jordan, Thomas J, 1997, Disinflation Costs, Accelerating Inflation Gains, and Central Bank Independece [J]. *Review of World Economics*, 133: 1 ~21.

106. Jonguito, Roberto, 1998, The Costs of and Benefits of Disinflation: Implication for Columbia [J]. Central Bank of Columbia.

107. Jordan, Thomas J. 1997, Disinflation Costs, Accelerating Inflation Gains, and Central Bank Independece [J]. Welt. Archiv 133: 1 ~21.

108. Judson, Ruth and Orphanides. Athanasios, 1994, Inflation, Volatility and Growth [J]. *International Finance*, 1999, 4, Vol. 2, Issue 1.

109. K. Brunner and A. H. Meltzer, 1993, Money and the Economy: Issues in Monetary Analysis [M]. Raffaele Mattiolli Lectures, Cambridge: Cambridge University Press.

110. Khan, Mohsin S and Abdelhak S Senhadji, 2001, Threshold effects in the relationship between inflation and growth. IMF Staff Papers, Washington, Vol. 48, Issue 1.

111. Kim, Sung and Willett, Thomas D, 2000, Is the negative correlation between inflation and growth real? An analysis of the effects of the oil supply shocks [J]. *Applied Economics* Letters, Mar. , Vol. 7, Issue 3.

112. Koizumi, T and K, J, Kopecky, 1980, Foreign Direct Investment, Technology Transfer and Domestic Employment Effects [J] . *Journal of International Economics*, 10, February, 1 ~20.

113. Krugman, Paul , 1991, Geography and Trade. Cambridge, MA: MIT Press.

114. Krueger, Ronald A. , 1970, Inflation and Growth: The Case of Latin America [J] . *Columbia Journal of World Business*, Vol. 5, Issue 6.

115. Krugman , Paul R, 1981, Intraindustry Specialization and the Gains from Trade [J]. *Journal of Political Economy*, 89: 59 ~ 973.

116. Krugman , Paul R. and E. Helpman, 1985, Market Structure and Foreign Trade [M]. MIT Press, Cambridge, MA.

117. Krugman , Paul R. , Maurice Obstfeld, 1997, International Economics : Theory And Policy [M]. 4th Edition , Addison – Wesley Longman, 中文版，中国人民出版社.

118. Kydland, F and Prescott, E. , 1977, Rules rather than discretion: the inconsistency of optimal plans [J]. *Journal of Political Economy*, 85: 473 ~ 492.

119. Kyland, Finn and Prescott, Edward C. , 1980, "A Competitive Theory of Fluctuations and the Feasibility and Desirability of Stabilization Policy," in Stanley Fischer, ed. , Rational Expectations and Economic Policy, Chicago: University of Chicago Press.

120. Kunst R. M. and Marin, D, 1989, On Exports and Productivity: a Causal Analysis [J]. *Review of Economics and Statistics*, 71: 699 ~ 703.

121. Lane, P, 1997, Openness and Inflation [J]. *Journal of International Economics*, 42: 327 ~ 347.

122. L. Ball, 1994, Credible Disinflation with Staggered Price – Setting [J]. *American Economic Review*, March , 282 ~ 9.

123. Leamer, E, 1988, Measuring of Openness, Trade Policy and Empirical Analysis [M]. Chicago: University of Chicago Press.

124. Lee, J, W, 1993, International Trade, Distortion and Long – run Economic Growth [J]. *International Monetary Fund Staff Papers*, 40 (2): 299 ~ 328.

125. Levine, R. and Renelt, D, 1992, A sensitivity analysis of cross – country growth regressions [J]. *American Economic Review*, 82: 942 ~ 63.

126. Levine, R. and Zervos, S, 1993, What have we learned about policy and growth from cross – country regressions? [J]. *American Economic Review*, 1993, 82: 426 ~ 30.

127. Lin, Justin Yifu and Jeffrey B. Nugent, 1994, Institutions and Economic Development [J]. *Handbook of Development Economics Volume* 3A, Chapter 38.

128. Lin, Justin Yifu, Cai, Fang and Li, Zhou, 1998, Competition, Policy Burdens, and State – Owned Enterprise Reform [J]. *American Economic Review*, 88 (2): 422 ~ 27.

129. Lin, Justin Yifu, and Tan, Guofu, 1999, Policy Burdens, Accountability

and Soft Budget Constraint [J]. *American Economic Review*, 89 (2): 426 ~ 31.

130. Lin, Justin Yifu, 2003, Development Strategy and Economic Convergence [J]. *Economic Development and Cultural Change*, 51 (2): 277 ~ 308.

131. Liu, X. H., P. Burridge, and P. J. N. Sinclair, 2002, Relations between Economic Growth, Foreign Direct Investment and Trade: Evidence from China [J]. *Applied Economics*, 34: 1433 ~ 1440.

132. Loungani, Prakash, and Nathan Sheets, 1997, Central bank independence, inflation, and growth in transition economies [J]. *Journal of Money*, *Credit*, and Banking, Columbus, 8. Vol. 29, Issue 3.

133. Lucas, R. E., Jr, 1973, Some International Evidence on Output – Inflation Tradeoffs [J]. *American Economics Review*, 1973 (6).

134. Lucas, Robert E, 1988, On the mechanics of economic development [J]. *Journal of Monetary Economics*, 22 (3) June 1988: 3 ~ 42.

135. Lucas, Robert E, 1967, Adjustment Costs and the Theory of Supply [J]. *Journal of Political Economy*, 75: 321 ~ 334.

136. Lucas R., 2000, Some Macroeconomics for the 21st Century [J]. *Journal of Economic Perspectives*, 14: 159 ~ 168.

137. Lucas, Robert E, and Rapping, Leonard, 1969, Real Wages, Employment and Inflation [J]. *Journal of Political Economy*, 77: 721 ~ 754.

138. MacDougall, G. D, 1960, The Benefits and Costs of Private Investment from Abords: A Theoretical Approach [J]. *Economic Record*, March: 13 ~ 35.

139. M. Bronfenbrenner, and F. D. Holzman, 1963, Survey of Inflation Theory [J]. *American Economic Review* 52, September: 593 ~ 661.

140. Mankiw, N. Gregory, 1990, A Quick Refresher Course in Macroeconomics [J]. *Journal of Economic Literature* 28, December: 1645 ~ 1660.

141. Mankiw, N. Gregory, Romer David, and Weil, David N, 1992, A Contribution to the Empirics of Economic Growth [J]. *Quarterly Journal of Economics*. Cambridge, 5, Vol. 107, Issue 2.

142. Mankiw, N. Gregory, 1985, Small menu costs and large business cycles: a macroeconomic model of monopoly [J]. *Quarterly Journal of Economics*, 100: 529 ~ 537.

143. Mankiw, N. Gregory, 1990, A Quick Refresher Course in Macroeconomics [J]. *Journal of Economic Literature* 28, December: 1645 ~ 1660.

144. Markusen, James R., and Anthony J. Venables, 1997, Foreign direct investment as a catalyst for industrial development [C]. NBER Working Paper No. 6241.

Cambridge, Mass: National Bureau of Economic Research.

145. Marquis, Milton H., and Reffett, Kevin L, 1995, The inflation tax in a convex model of equilibrium growth. Economica, 2, Vol. 62, Issue 245.

146. M. Friedman, 1968, The Role of Monetary Policy [J]. *American Economic Review*, March: 1～17.

147. Michaely M, 1977, Exports And Growth: An Empirical Investigation [J]. *Journal of Development Economics*, Vol. 4: 49～53.

148. Michael Bleaney, 1999, The Disappearing Openness – Inflation Relationship: A Cross – Country Analysis of Inflation Rates [J]. IMF Working Paper.

149. Munisamy Gopinath and Upadhyay, 2002, Human Capital, Technology, and Specialization: A Comparison of Developed and Developing Countries [J]. *Journal of Economics*, 2002, Vol. 75, No. 2: 161～179.

150. Neiss K, 1999, Discretionary Inflation in a General Equilibrium Model [J]. *Journal of Money Credit and Banking*, 31: 357～372.

151. Nelson, Edward, 2005, The Great Inflation of the Seventies: What Really Happened? [J]. Advances in Macroeconomics 3, Article 3.

152. Nelson, Edward, and Kalin Nikolov, 2004, Monetary Policy and Stagflation in the U. K., Journal of Money, Credit, and Banking, Vol. 36 (3): 293～318.

153. Okun, Arthur, 1978, Efficient Disinflationary Policies [J]. *American Economic Review.*

154. Obstfeld Maurice, and Kenneth Rogoff, 1996, Foundations of International Macroeconomics [M]. Cambridge: MIT Press.

155. Obstfeld M, and Rogoff K, 1995, Exchange Rate Dynamics Redux [J]. *Journal of Political Economy*, 103: 624～660.

156. Orphanides, Athanasios, 2003, The Quest for Prosperity without Inflation [J]. *Journal of Monetary Economics*, Vol. 50 (3): 633～663.

157. P. A. Samuelson, and R. M. Solow, 1960, Problem of Achieving and Maintaining a Stable Price Level: Analytical Aspects of Anti – Inflation Policy [J]. *American Economic Review*, Papers and Proceedings, May: 177～94.

158. Posen Adams, 1998, Central Bank Independence and Disinflation Credibility: a Missing Link [J]. *Oxford Economic Papers* 50: 335～359.

159. Quah D, 1997, Empirical for Growth and Distribution: Stratification, Polarization, and convergence club [J]. *Journal of Economic Growth*, 2: 27～59.

160. R. H. Clarida, J. Gali, and M. Gertler, 1999, The Science of Monetary

Policy -A New Keynesian Perspective [J]. The Journal of Economic Literature, 37 (4), December: 1661 ~ 1707.

161. Ramsey F, 1928, A Mathematical Theory of Saving [J]. *Economic Journal*, 38: 543 ~ 559.

162. Richardson, J. D, 1971, Constant – market – shares analysis of export growth [J]. *Journal of International Economics.*

163. Robertson, Dennis, 1938, The future of international trade [J]. Economic Journal, 48: 1 ~ 14.

164. Richards, D. G, 2001, Exports as a Determinant of Long – Run Growth in Paraguay, 1966.

165. Rodriguez, and Rodrik, 2000, Trade Policy and Economic Growth: A Skeptic Guide to the Cross – National Evidence, in Ben, S, Gernake and Kenneth Rogoff (ed. ), NBER Macroeconomics Annual 2000: 261 ~ 325.

166. Rogoff K, 1985, The Optimal Degree of Commitment to an Intermediate Monetary Target [J]. *Quarterly Journal of Economics*, 100: 1169 ~ 1190.

167. Romer D, 1993, Openness and Inflation: Theory and Evidence [J]. *Quarterly Journal of Economics*, 108: 870 ~ 903.

168. Romer D, 1996, Advanced Macroeconomics [M]. The McGraw – Hill Companies, Inc.

169. Romer D, 1998, A New Assessment of Openness and Inflation: Reply [J]. *Quarterly Journal of Economics*, 113: 649 ~ 652.

170. Romer, Paul M. , 1986, Increasing Returns and Long – Run Growth [J]. *Journal of Political Economy*, 94: 1002 ~ 1037.

171. Romer, Paul M. , 1987, Growth Based on Increasing Returns Due to Specialization [J]. *American Eeonomie Review*, 77, 2 (may): 56 ~ 62.

172. Romer, Paul M. , 1990, Endogenous Technological Change [J]. *Journal of Political Economy*, 98, 5 (October), Part H: 71 ~ 102.

173. Romer, Paul M, 1994, New goods, old theory, and the welfare costs of trade restrictions [J]. *Journal of Development Economics*, 43: 5 ~ 38.

174. Romer P. , 1994, The Origins of Endogenous Growth [J]. *Journal of Economic Perspectives*, 8: 3 ~ 21.

175. Sala – i – Martin, X. , 1996, The Classical Approach To Convergence Analysis [J]. *The Economic Journal*, 106: 1019 ~ 1036.

176. Sachs, J. , and A. Warner, 1995, Economic Reform and the Process of

Global Integration [J]. *Brookings Papers of Economic Activity*, 1: 1 ~ 118.

177. Samuelson, Paul A., and Robert M. Solow, 1960, Analytical Aspects of Anti – Inflation Policy [J]. *American Economic Review* (Papers and Proceedings), Vol. 50 (2): 177 ~ 194.

178. Sargent, Thomas, 1983, Stopping Moderate Inflations: The Methods of Poincare and Thatcher, in Dornbush and Simonsen (eds.) Inflation, Debt, and Indexation, Cambridge, MIT Press.

179. Sargent, Thomas J., 1999, The Conquest of American Inflation [M]. Princeton: Princeton University Press.

180. Schumpeter, Joseph, 1934, The theory of economic development [M]. Oxford: Oxford University Press.

181. Shan, J and F, Sun, 1998, On the export – led growth hypothesis: the econometric evidence from China [J]. *Applied Economics*, 30: 1055 ~ 1065.

182. Solow, Robert M, 1956, A Contribution to the Theory of Economic Growth, The *Quarterly Journal of Economics*, 70 (1): 65 ~ 94.

183. Stevens, Guy V. G., and Robert E. Lipsey, 1994, Interactions between domestic and foreign investment [J]. *Journal of International Money and Finance* 11 (1): 40 ~ 62.

184. Taylor, John B., 1983, Union Wage Settlements During a Disinflation [J]. *American Economic Review*, 73, December: 981 ~ 993.

185. Talyor, J, 1983, Comments [J]. *Journal of Monetary Economics*, 12: 123 ~ 125.

186. Taylor, John B., 1992, The Great Inflation, the Great Disinflation, and Policies for Future Price Stability [J]. In A. Blundell – Wignall (ed.), *Inflation, Disinflation and Monetary Policy*, Sydney: Ambassador Press: 9 ~ 31.

187. Temple, J., 2002, Openness, Inflation and the Phillips Curve: A Puzzle [J]. *Journal of Money, Credit and Banking.*

188. Terra, M, 1997, Debt Crisis and Inflation [J]. Revista de Econometrica, 17: 21 ~ 48.

189. Terra, M, 1998, Openness and Inflation [J]. *Quarterly Journal of Economics*, 113: 641 ~ 648.

190. Toda, H, and Yamamoto, T, 1995, Statistical Inference in Vector Auto – regressions with Possibly Integrated Processes [J]. *Journal of Econometrics*, 66: 225 ~ 250.

191. Turnovsky, Stephen T, 1997, Equilibrium Growth in a Small Economy Fa-

cing an Imperfect World Capital Market [J]. *Review of Development Economics*, 1 (1): 1 ~22.

192. Vamvakidis, A., 2002, How Robust is the Growth – Openness Connection? Historical Evidence [J]. *Journal of Economic Growth*, 7: 57 ~80.

193. Venezia, Itzhak, and Brenner, Menachem, 1979, The Optimal Duration of Growth Investments and Search [J]. *Journal of Business*, 7, Vol. 52, Issue 3.

194. Wacziarg, R., 1998, Measuring the Dynamic Gains from Trade [J]. *World Bank Working Paper*, No (2001), November.

195. Wacziarg, R., 2002, Review of Easterly's the Elusive Quest for Growth [J]. *Journal of Economic Literature*, XL: 907 ~918.

196. Wei, Shang – Jin, 1996, Foreign direct investment in China: Sources and consequences. In Financial deregulation and integration in East Asia [M]. ed. Takatoshi Ito and Anne O. Krueger. Chicago: University of Chicago Press.

197. Young Alwyn, 1998, Growth without Scale Effects [J]. *Journal of Political Economy*, 106: 41 ~63.

198. Young, Alwyn, 2000, The Razor's Edge: Distortions And Incremental ReformIn The People's Republic Of China [J]. *The Quarterly Journal of Economics*, Vol. CXV (Nov.): 1091 ~1135.

199. Young, Alwyn, 1995, The tyranny of numbers: Confronting the statistical realities of the East Asian growth experience [C]. *Quarterly Journal of Economics*, 110: 641 ~80.

## 二、中文文献

1. 白重恩、杜颖娟、陶志刚、仝月婷：《地方保护主义及产业地区集中度的决定因素和变动趋势》，《经济研究》2004 年第 4 期。

2. 白雪梅、赵松山：《我国对外开放与经济增长因果关系的实证研究》，《数量经济技术经济研究》1999 年第 11 期。

3. 包群、许和连、赖明勇：《出口贸易如何促进经济增长？——基于全要素生产率的实证研究》，《上海经济研究》2003 年第 3 期。

4. 包群、许和连、赖明勇：《贸易开放度与经济增长：理论及中国的经验研究》，《世界经济》2003 年第 1 期。

5. 包群、赖明勇：《FDI 技术外溢的动态测算及原因解释》，《统计研究》2003 年第 6 期。

6. 陈国宏、郑兆濂、桑赓陶：《外商直接投资与技术转移关系的实证研究》，

《科研管理》2000 年第 2 期。

7. 陈剑锋、唐振鹏：《国外产业集群研究综述》，《外国经济与管理》2002 年第 8 期。

8. 陈玉宇、谭松涛：《稳态通货膨胀下经济增长率的估计》，《经济研究》2005 年第 4 期。

9. 陈家勤：《我国外贸出口依存度比较研究》，《财贸经济》2002 年第 2 期。

10. 崔新健：《FDI 微观理论：OL 模型》，《管理世界》2001 年第 3 期。

11. 范柏乃、王益兵：《我国进口贸易与经济增长的互动关系研究》，《国际贸易问题》2004 年第 4 期。

12. 范剑勇：《产业集聚与地区间劳动生产率差异》，《经济研究》2006 年第 11 期。

13. 高峰、范炳全、王金田：《我国进出口贸易与经济增长的关系——基于误差修正模型的实证分析》，《国际贸易问题》2005 年第 7 期。

14. 龚艳萍、周维：《我国出口贸易结构与外国直接投资的相关分析》，《国际贸易问题》2005 年第 9 期。

15. 郭克莎：《外商直接投资对我国产业结构的影响研究》，《管理世界》2000 年第 2 期。

16. 何洁、许罗丹：《中国工业部门引进外商直接投资外溢效应的实证研究》，《世界经济文汇》1999 年第 2 期。

17. 何洁：《外商直接投资对中国工业部门外溢效应的进一步精确量化》，《世界经济》2000 年第 12 期。

18. 何雄浪、李国平：《专业化产业集聚、空间成本与区域工业化》，《经济学（季刊）》2007 年第 4 期。

19. 贺胜兵、杨文虎：《FDI 对我国进出口贸易的非线性效应研究——基于面板平滑转换模型》，《数量经济技术经济研究》2008 年第 10 期。

20. 洪银兴：《WTO 条件下贸易结构调整和产业升级》，《管理世界》2001 年第 2 期。

21. 黄先开、邓述慧：《货币政策中性与非对称性的实证研究》，《管理科学学报》2000 年第 6 期。

22. 黄繁华：《90 年代度量贸易开放度的新方法及其启示》，《外国经济与管理》2001 年第 1 期。

23. 黄静波、付健：《FDI 与广东技术进步关系的实证分析》，《管理世界》2004 年第 9 期。

24. 黄静波：《新自由贸易政策论及其演进》，《经济学动态》2003 年第 11 期。

25. 黄新飞：《基于 VAR 模型的中国出口导向型经济增长假说检验》，《财贸研究》2008 年第 2 期。

26. 黄新飞、舒元：《贸易开放度、产业专业化与中国经济增长》，《国际贸易问题》2008 年第 12 期。

27. 黄新飞、舒元：《基于 VAR 模型的 FDI 与中国通货膨胀的经验分析》，《世界经济》2007 年第 10 期。

28. 黄新飞、谭秋梅：《贸易开放度与中国经济增长的产业影响机制》，《学术研究》2007 年第 10 期。

29. 黄新飞：《贸易开放度与通货膨胀：基于社会福利的分析框架》，《南方经济》2007 年第 2 期。

30. 黄新飞、郑华懋：《区域一体化、地区专业化与趋同分析——基于珠江三角洲地区 9 城市的实证分析》，《统计研究》2010 年第 1 期。

31. 黄新飞、舒元：《基于 HP 滤波分析的中国牺牲率的长期影响研究》，《数量经济技术经济研究》2010 年第 3 期。

32. 舒元、黄新飞：《中国牺牲率的估算及其影响因素分析：基于国际比较的实证研究》，《统计研究》2006 年第 5 期。

33. 黄新飞、舒元：《中国省际贸易开放与经济增长的内生性研究》，《管理世界》2010 年第 7 期。

34. 赖明勇、许和连、包群：《出口贸易与经济增长：理论、模型及实证》，上海三联书店，2003 年版。

35. 江锦凡：《外商直接投资在中国经济增长中的作用机制》，《世界经济》2004 年第 1 期。

36. 江小涓：《中国的 FDI 经济——对增长、结构升级和竞争力的贡献》，中国人民大学出版社，2002 年版。

37. 金玉国：《宏观制度变迁对转型时期中国经济增长的贡献》，《财经科学》2001 年第 2 期。

38. 康赞亮、张必松：《FDI、国际贸易及我国经济增长的协整分析与 VECM 模型》，《国际贸易问题》2006 年第 2 期。

39. 李东阳：《国际直接投资与经济发展》，经济科学出版社，2002 年版。

40. 李国荣：《我国外商直接投资与出口贸易关系的实证研究》，《国际贸易问题》2006 年第 4 期。

41. 大卫·李嘉图：《政治经济学及赋税原理》，商务印书馆，1962 年版。

42. 李槿一：《FDI 引致的通货膨胀对经济增长的影响——基于增长模型的研究》，中山大学硕士论文，2004 年版。

43. 李平、钱利：《进口贸易与外国直接投资的技术溢出效应——对中国各地区技术进步的实证研究》，《财贸研究》2005 年第 6 期。

44. 李荣林：《国际贸易与直接投资的关系：文献综述》，《世界经济》2002 年第 4 期。

45. 李笋雨：《对外开放对中国经济增长的影响》，《金融研究》2000 年第 12 期。

46. 李永江、郭培兴：《利用 FDI 与通货膨胀的关系》，《国际贸易》1996 年第 4 期。

47. 梁琦、施晓苏：《中国对外贸易和 FDI 相互关系的研究》，《经济学（季刊)》2004 年第 3 期。

48. 林毅夫、蔡昉、李周：《中国的奇迹：发展战略与经济改革》，上海三联书店、上海人民出版社，1994 年版。

49. 林毅夫、蔡昉、李周：《充分信息与国有企业改革》. 上海三联书店、上海人民出版社，1997 年版。

50. 林毅夫、蔡昉、李周：《中国的奇迹：发展战略与经济改革增订版》，上海三联书店、上海人民出版社，1999 年版。

51. 林毅夫：《发展战略、自生能力和经济收敛》，《经济学（季刊)》2002 年。

52. 刘源超：《发展中国家对外直接投资的理论与模式研究》，北京大学硕士论文，2008 年。

53. 刘金全、谢卫东：《中国经济增长与通货膨胀的动态相关性》，《世界经济》2003 年第 6 期。

54. 刘霖、勒云汇：《货币供应、通货膨胀与中国经济增长——基于协整的实证分析》，《统计研究》2005 年第 3 期。

55. 刘树成：《论中国的菲利普斯曲线》，《管理世界》1997 年第 6 期。

56. 刘舜佳：《外商直接投资与我国出口商品结构优化》，《财经科学》2004 年第 2 期。

57. 刘国专：《外商直接投资的出口贸易效应分析》，《当代经济科学》1999 年第 2 期。

58. 刘似臣：《中国贸易开放度的比较分析》，《统计研究》2005 年第 6 期。

59. 刘学武：《投资、消费、国际贸易与中国经济增长：1989 ~ 1999 年经验分析》，《世界经济》2000 年第 9 期。

60. 陆军、舒元：《长期货币中性：理论及其中国的实证》，《金融研究》2002 年第 6 期。

61. 路江涌、陶志刚：《中国制造业区域聚集及国际比较》，《经济研究》2006年第3期。

62. 罗剑宏、林常青、练松柏：《海外对中国内地贸易与直接投资的相互关系》，《国际贸易问题》2005年第9期。

63. 罗勇、曹丽莉：《中国制造业集聚程度变动趋势实证研究》，《经济研究》2005年第8期。

64. 吕世平、汪来喜：《正确认识进口贸易对经济增长的作用》，《经济经纬》2003年第3期。

65. 潘爱民：《中国服务贸易开放与经济增长的长期均衡与短期波动研究》，《国际贸易问题》2006年第2期。

66. 潘文卿：《外商投资对中国工业部门的外溢效应：基于面板数据的分析》，《世界经济》2003年第6期。

67. 彭福伟：《怎样看待目前对外贸易对国民经济增长的作用》，《国际贸易问题》1999年第1期。

68. 秦政强：《FDI作用下的产业集群与网络治理模式》，浙江大学博士论文，2006年。

69. 沈程翔：《中国出口导向型经济增长的实证分析：1977～1998》，《世界经济》1999年第12期。

70. 沈利生：《论外贸依存度——兼论计算外贸依存度的新公式》，《数量经济技术经济研究》2005年第7期。

71. 沈坤荣：《中国外资引入与进出口贸易的政策效应——经济计量检验与分析》，《统计研究》1998年第5期。

72. 沈坤荣、李剑：《中国贸易发展与经济增长影响机制的经验研究》，《经济研究》2003年第5期。

73. 沈坤荣、耿强：《外国直接投资的外溢效应分析》，《金融研究》2000年第3期。

74. 沈坤荣、耿强：《外国直接投资、技术外溢与内生经济增长——中国数据的计量检验与实证分析》，《中国社会科学》2001年第5期。

75. 史小龙、张峰：《外商直接投资对我国进出口贸易影响的协整分析》，《世界经济研究》2004年第4期。

76. 舒元：《中国经济增长分析》，复旦大学出版社，1993年版。

77. 舒元等：《现代经济增长模型》，复旦大学出版社，1998年版。

78. 舒元、徐现祥：《中国经济增长模型的设定：1952～1998》，《经济研究》2002年第11期。

79. 舒元、王曦：《中国经济增长、通货膨胀与就业关系研究》，中山大学出版社，2002 年版。

80. 孙楚仁、沈玉良、赵红军：《加工贸易和其他贸易对经济增长贡献率的估计》，《世界经济研究》2006 年第 3 期。

81. 孙明春：《论外汇体制改革对我国货币政策的影响》，《经济研究》1994 年第 8 期。

82. 孙婉洁、臧旭恒：《试析外资流入对我国通货膨胀的影响》，《经济研究》1995 年第 9 期。

83. 孙焱林：《我国出口与经济增长的实证分析》，《国际贸易问题》2000 年第 2 期。

84. 陶士贵：《影响通货膨胀的新因素：FDI 流入与外汇占款》，《国际贸易问题》1995 年第 3 期。

85. 汪炜、史晋川、孙福国：《经济增长的区域影响与集聚效应分析》，《数量经济技术经济研究》2001 年第 5 期。

86. 王健超：《外商直接投资通货膨胀效应的实证分析》，《世界经济研究》2005 年第 4 期。

87. 王建刚、赵进：《产业集聚现象分析》，《管理世界》2001 年第 6 期。

88. 王涛生、刘宏青：《湖南省对外贸易与经济增长关系的实证分析》，《国际贸易问题》2006 年第 8 期。

89. 王志鹏：《外商直接投资"挤入"还是"挤出"了国内投资》，《当代财经》2004 年第 8 期。

90. 王子龙、谭清美、许箫迪：《产业集聚水平测度的实证研究》，《中国软科学》2006 年第 3 期。

91. 吴林海、陈继海：《集聚效应、外商直接投资与经济增长》，《管理世界》2003 年第 8 期。

92. 吴勤堂：《产业集群与区域经济发展耦合机理分析》，《管理世界》2004 年第 2 期。

93. 吴振宇、沈利生：《中国对外贸易对 GDP 贡献的经验分析》，《世界经济》2004 年第 2 期。

94. 武剑：《货币政策与经济增长——中国货币政策发展趋向研究》，上海三联书店、上海人民出版社，2000 年版。

95. 小岛清：《对外贸易论》，南开大学出版社，1987 年版。

96. 萧政、沈艳：《外国直接投资与经济增长的关系及影响》，《经济理论与经济管理》2002 年第 1 期。

97. 谢平、罗雄：《泰勒规则及其在中国货币政策中的检验》，《经济研究》2002 年第 3 期。

98. 熊启泉、杨十二：《重新审视进口在经济增长中的作用——基于中国的实证研究》，《国际贸易问题》2005 年第 2 期。

99. 徐晓岭、王蓉华、晋亮、吴生荣、赵辉：《加工贸易对经济增长的贡献率》，《中国现场统计研究会第十三届学术年会论文集》，2007 年版。

100. 许和连、赖明勇：《出口导向经济增长（ELG）的经验研究：综述与评论》，《世界经济》2002 年第 2 期。

101. 许和连、包群、赖明勇：《贸易开放度与中国经济增长》，《中国软科学》2003 年第 5 期。

102. 许统生：《开放中的贸易保护准则与实证分析》，经济管理出版社，2002 年版。

103. 许召元：《中国的潜在产出、产出缺口及产量——通货膨胀交替关系——基于“Kalman 滤波”方法的研究》，《数量经济技术经济研究》2005 年第 12 期。

104. 闫先东、冯克然：《通货膨胀——国际收支角度的考察》，《财贸经济》1997 年第 4 期。

105. 杨全发、舒元：《中国出口贸易对经济增长的影响》，《世界经济与政治》1998 年第 8 期 。

106. 杨全发：《中国地区出口贸易的产出效应分析》，《经济研究》1998 年第 7 期。

107. 杨迤：《外商直接投资对中国进出口影响的相关分析》，《世界经济》2000 年第 2 期。

108. 姚丽芳：《对外贸易对我国经济增长的贡献分析》，《统计研究》2001 年第 9 期。

109. 喻美辞、喻春娇：《中国进口贸易技术溢出效应的实证分析》，《国际贸易问题》2006 年第 3 期。

110. 喻世友、史卫、林敏：《外商直接投资对内资企业技术效率的溢出渠道研究》，《世界经济》2005 年第 6 期。

111. 袁宇彤、袁博：《FDI 流入对通货膨胀的影响及对策研究》，《当代经济研究》1997 年第 3 期。

112. 易纲：《中国的货币供求与通货膨胀》，《经济研究》1995 年第 5 期。

113. 张卉、詹宇波、周凯：《集聚、多样性和地区经济增长：来自中国制造业的实证研究》，《世界经济文汇》2007 年第 3 期。

114. 张军：《改革以来中国的资本形成与经济增长：一些发现及其解释》，《世界经济文汇》2002 年第 1 期。

115. 张军、方红：《投资与通货膨胀—紧缩的联系：来自中国的经验证据》，《经济学家》2007 年第 1 期。

116. 张明玉：《我国对外开放、通货膨胀与经济增长相关关系的模型检测》，《经济科学》1998 年第 3 期。

117. 张鹏、李荣林：《外商直接投资对中国贸易影响的动态分析》，《世界经济研究》2006 年第 6 期。

118. 张远鹏：《进口贸易与美国的经济增长》，《国际贸易问题》2005 年第 5 期。

119. 郑晶：《对外贸易对广东省经济增长作用的实证研究》，《国际贸易问题》2006 年第 4 期。

120. 赵陵、宋少华、宋泓明：《中国出口导向型经济增长的经验分析》，《世界经济》2001 年第 8 期。

121. 郑超愚：《近年来中国通货膨胀与 FDI 流入——另一种可能的解释以及相关政策理论模型》，《经济研究》1996 年第 3 期。

122. 赵陵、宋少华、宋泓明：《中国出口导向型经济增长的检验分析》，《世界经济》2001 年第 8 期。

123. 周兵、蒲勇健：《一个基于产业集聚的西部经济增长实证分析》，《微量经济技术经济研究》2003 年第 8 期。

124. 周靖祥、刘渝琳：《FDI、外汇储备与净出口贸易——我国改革开放以来的计量经济学检验》，《世界经济文汇》2007 年第 4 期。

125. 周申：《贸易与收入的关系：对中国的案例研究》，《世界经济》2001 年第 4 期。